El Sacerdote No Es Suyo

&

Calvario y la Misa

Una guía espiritual para convertirse en el padre que Dios le ha llamado a ser.

Fulton J. Sheen

El Sacerdote No Es Suyo

&

Calvario y la Misa

(Una guía espiritual para convertirse en el padre que Dios le ha llamado a ser.)

Copyright © 2021 por Allan Smith

Ninguna parte de este libro podrá ser reproducida, almacenada en un sistema de recuperación o transmitida de ninguna forma ni por ningún medio, electrónico, mecánico, fotocopiado o de otro tipo, sin el permiso previo y por escrito del editor, salvo por un crítico, quien podrá citar breves pasajes en una reseña.

Obispo Sheen Hoy
280 John Street
Midland, Ontario, Canadá
L4R 2J5
www.bishopsheentoday.com

A menos que se indique lo contrario, las citas de las Escrituras en el texto principal se toman de la edición Douay-Rheims del Antiguo y Nuevo Testamento, dominio público.

Datos de catalogación en publicación de la Biblioteca del Congreso

Nombres: Sheen, Fulton J. (Fulton John), 1895-1979, autor.

Smith, Allan J., editor.

Sheen, Fulton J. (Fulton John), 1895-1979, El Sacerdote No Es Propio, por Fulton J. Sheen. Registrado a nombre de Fulton J. Sheen, bajo Número de ficha de catálogo de la Biblioteca del Congreso: A 625917, tras la publicación del 10 de mayo de 1963.

Nihil Obstat: *Austin B. Vaughan, S.T.D., Censor Librorum*

Imprimátur: *Francisco Cardenal Spellman, Arzobispo de Nueva York*, 11 de abril de 1963

Sheen, Fulton J. (Fulton John), 1895-1979, Calvario y la Misa: Una Guía Missal. Registrado a nombre de P.J. Kenedy & Sons bajo el número de ficha de catálogo de la Biblioteca del Congreso: A 93597, tras la publicación del 1 de abril de 1936.

Nihil Obstat: *Arthur J. Scanlan, S.T.D., Censor Librorum*

Imprimátur: Patrick Cardenal Spellman, Arzobispo de Nueva York, 17 de marzo de 1936

Smith, Al (Allan J.) editor – El Señor nos enseñe a orar: Una antología de Fulton Sheen. Manchester, New Hampshire: Sophia Institute Press, 2019, ISBN 9781644130834.

Título: El Sacerdote No Es Suyo & El Calvario y la Misa: Una Guía Espiritual para Convertirse en el Padre que Dios le Ha Llamado a Ser.

Identificadores: ISBN: 978-1-997627-90-6 (rústica)

ISBN: 978-1-997627-90-6 (libro electrónico)

Fulton J. Sheen; compilado por Allan J. Smith.

Incluye referencias bibliográficas.

Temas: Jesucristo — Sacerdocio – Paternidad – Victimidad – Siete Palabras Últimas – Calvario – La Misa – La Eucaristía

A María

Quién fue madre de Cristo

Sacerdote y víctima

Y que Madre a todos los Sacerdotes

Tanto oferentes como ofertados

Con su Divino Hijo

Este libro está dedicado

Que Ella pueda, a través de estas páginas

Susúrranos como en Caná

"Todo lo que Él os diga, hacedlo"

Contenido

El Sacerdote No Es Suyo

Introducción 3

Capítulo 1: Más Que un Sacerdote 5

Capítulo 2: El Sacerdote Es Como la Escalera de Jacob 26

Capítulo 3: Generación Espiritual 53

Capítulo 4: La Santidad del Sacerdote 70

Capítulo 5: El Espíritu Santo y el Sacerdote 91

Capítulo 6: El Espíritu y la Conversión 106

Capítulo 7: El Espíritu de Pobreza 121

Capítulo 8: El Espíritu y la Predicación y la Oración 135

Capítulo 9: El Espíritu y el Consejo 152

Capítulo 10: El Sacerdote como Simón y Pedro 166

Capítulo 11: El Retorno al Favor Divino 189

Capítulo 12: Melquisedec y el Pan 204

Capítulo 13: Judas y la Primera Grieta en Su Sacerdocio 219

Capítulo 14: ¿Por qué hacer una Hora Santa? 235

Capítulo 15: Cómo hacer la Hora Santa 248

Capítulo 16: La Eucaristía y el Cuerpo del Sacerdote 262

Capítulo 17: El Sacerdote y Su Madre 277

Calvario y la Misa

Capítulo 18: Introducción al Calvario y la Misa *285*
Capítulo 19: Prólogo *289*
Capítulo 20: El Confiteor *297*
Capítulo 21: La Ofertorio *303*
Capítulo 22: El Sanctus *309*
Capítulo 23: La Consagración *317*
Capítulo 24: La Comunión *324*
Capítulo 25: El Ite, Missa Est *331*
Capítulo 26: El Último Evangelio *337*

El Sacerdote No Es Suyo

El Sacerdote No Es Suyo es mucho más que un libro para sacerdotes o para quienes consideran el sacerdocio como vocación. En estas penetrantes y profundamente meditadas reflexiones sobre el sacerdocio, el Arzobispo Fulton J. Sheen ha producido una obra de valor duradero, un libro que quizá cambie cientos de vidas, y ciertamente un libro que también interesará a lectores que no tienen una relación directa con el sacerdocio como llamado.

La inspiración para este volumen surgió mientras el Arzobispo Sheen escribía su célebre *Vida de Cristo,* y fue en esos "días oscuros", como él los describe, donde se formularon por primera vez los pensamientos sobre el sacerdocio, iluminados por la visión de Cristo Salvador.

Así como la obra anterior se basaba en la tesis de que Cristo no ofreció otro sacrificio que a Sí mismo, en este nuevo libro el Arzobispo Sheen contempla al sacerdote como un hombre que se sacrifica a sí mismo en la prolongación de la Encarnación de Cristo.

El Arzobispo Sheen escribe cómo todos los sacerdotes, ya sean paganos o del Antiguo Testamento, ofrecían víctimas distintas de sí mismos, como corderos. Pero en Cristo y en la concepción cristiana, sacerdote y víctima están inseparablemente unidos.

Basándose en su profundo conocimiento de las Escrituras, el Arzobispo Sheen describe el significado exacto y verdadero del sacerdote individual y, con vívido detalle, su sacrificio constante e incesante — como víctima.

Escribe: "Dios aún truena a sus sacerdotes: *He puesto centinelas, Jerusalén, sobre tus muros, que nunca cesarán de clamar día y noche; vosotros que recordáis al Señor, no toméis descanso, ni le deis descanso a Él tampoco....* (Isaías 62:6-7)

"Centinelas somos," añade el Arzobispo Sheen, "que hemos sido puestos sobre los muros de la Iglesia por el Sumo Sacerdote... Lo que somos nosotros, la Iglesia es, y lo que la Iglesia es, el mundo es... Noche y día, sin dar descanso a Dios, repetiremos una y otra vez: *Me consagro por ellos, para que también ellos sean consagrados en la verdad."* (Juan 17:19)

Al considerar las múltiples obligaciones y roles del sacerdote, y su cada vez más gratificante cumplimiento de los mismos, el Arzobispo Sheen ha creado una serie de meditaciones insuperables y presenta una guía muy concreta sobre las diversas maneras en que cada sacerdote puede enriquecer su propia vida espiritual, así como la vida de todos los que le rodean.

El Sacerdote No Es Suyo es la obra de un gran y amado líder inspirador — un sacerdote de fama mundial que escribe elocuentemente e insistentemente a sus colegas y a quienes desean unirse a él en un llamado que comprende y ha realizado de manera brillante.

✠ J.M.J. ✠

Introducción

La mayoría de los libros sobre el sacerdocio pueden agruparse en tres categorías: teológica, pastoral y sociológica.

Los tratados teológicos enfatizan al sacerdote como ministro y embajador de Cristo; la pastoral se ocupa del sacerdote en el púlpito, el sacerdote en el confesionario, el sacerdote en la oración, etc. La sociológica, que es el tipo más reciente, se abstiene casi por completo de lo espiritual y se interesa por la reacción estadística del estudio de los fieles, los incrédulos y el público en general hacia el sacerdote. ¿Hay lugar para otro más?

Tal posibilidad se presentó al escribir nuestra *Vida de Cristo*. En ese libro, intentamos mostrar que, a diferencia de cualquier otro, Nuestro Señor vino a la tierra no para vivir, sino para morir. La muerte para nuestra redención fue el objetivo de su estancia aquí, el oro que buscaba. Cada parábola, cada incidente en Su vida, incluso la llamada de los Apóstoles, la tentación, la Transfiguración, la larga conversación con la mujer en el pozo, estaban centrados en esa salutífera Muerte. Por lo tanto, Él no fue principalmente un maestro, sino un Salvador.

Los días oscuros en que se escribió esa Vida fueron horas en las que la tinta y la hiel se mezclaron para revelar el misterio del Crucifijo.

Cada vez más, esa visión de Cristo como Salvador comenzó a iluminar el sacerdocio, y de ella surgieron las ideas contenidas en este libro. Para evitar que alguien tenga que leerlo completo, aquí exponemos brevemente la tesis.

Nosotros, que hemos recibido el Sacramento del Orden, nos llamamos a nosotros mismos «sacerdotes». El autor no recuerda que ningún sacerdote haya dicho jamás: «Fui ordenado víctima», ni tampoco que haya dicho: «Estoy estudiando para ser víctima». Eso parecía casi ajeno a ser sacerdote. El seminario siempre nos decía que fuéramos «buenos» sacerdotes; nunca nos dijeron que debíamos ser víctimas voluntarias.

Y sin embargo, ¿no fue Cristo el Sacerdote, una Víctima? ¿No vino Él a morir? Él no ofreció un Cordero, un novillo ni palomas; Él nunca ofreció nada excepto a Sí mismo.

"*Se entregó por nosotros, un sacrificio que exhala fragancia al ofrecerlo a Dios.*"

(Efesios 5:2)

Sacerdotes paganos, sacerdotes del Antiguo Testamento y médicos, todos ofrecían un sacrificio aparte de sí mismos. Pero no Nuestro Señor. Él fue *Sacerdos-Víctima*.

Así pues, así como perdemos mucho en la vida de Cristo al no mostrar que la sombra de la Cruz se proyectó incluso sobre el pesebre y el taller del carpintero, así como sobre Su vida pública, también tenemos un concepto mutilado de nuestro sacerdocio si lo concebimos aparte de hacernos víctimas en la prolongación de Su Encarnación. No hay otra cosa en este libro, sino esa idea. Y si el lector desea escuchar ese acorde repetido cien veces, puede proceder ahora.

✠ J.M.J. ✠

~ 1 ~

Más que un Sacerdote

El sacerdocio de Cristo fue diferente al de todos los sacerdotes paganos y al sacerdocio levítico de la familia de Aarón. En el Antiguo Testamento y en las religiones paganas, *el sacerdote y la víctima eran distintos y separados.* En *Nuestro Señor, estaban unidos inseparablemente.*

Los sacerdotes judíos ofrecían novillos, cabras y ovejas, víctimas que formaban menos parte de sí mismos que las vestiduras que llevaban. Es fácil derramar la sangre de otro, así como es fácil gastar el dinero ajeno. El animal perdió su vida, pero el sacerdote que lo ofreció no perdió nada. A menudo, ni siquiera tenía que sacrificar las víctimas. Excepto en el caso de las ofrendas nacionales, cuando eran sacrificadas por el sacerdote, quien ofrecía la víctima la mataba él mismo (Levítico 1:5). Esta disposición prefiguraba el papel que Israel mismo desempeñaría más tarde como ejecutor de la Víctima Divina. Pero también se aplica a nosotros; en un sentido más profundo, todo pecador debe considerarse a sí mismo como quien pone a muerte al Salvador.

Los pueblos paganos, sin saberlo explícitamente, intuyeron la verdad de que "*sin derramamiento de sangre, no hay remisión de pecados*" (Hebreos 9:22). Desde los tiempos más antiguos, a través de los reyes y sacerdotes, se ofrecían animales, y a veces incluso humanos, para apartar la ira de los dioses. Como en el sacerdocio levítico, sin embargo, *la víctima siempre estaba separada del sacerdote.* El sacrificio era vicario; el animal representaba y tomaba el lugar de los humanos culpables, quienes así buscaban expiar su culpa mediante el derramamiento de sangre.

Pero, ¿por qué, se puede preguntar, los paganos, sin la ayuda de la Revelación, llegaron a la conclusión expresada por San Pablo bajo inspiración divina de que "sin derramamiento de sangre no hay remisión de pecados"? La respuesta es que no es difícil para quien reflexiona sobre el pecado y la culpa reconocer: primero, que el pecado está en la sangre; y segundo, que la vida está en la sangre, de modo que el derramamiento de sangre expresa apropiadamente la verdad de que la vida humana es indigno de presentarse ante el rostro de Dios.

El pecado está en la sangre. Se puede leer en el rostro del libertino, el alcohólico, el criminal y el asesino. El derramamiento de sangre, por tanto, representaba el vaciamiento del pecado. La Agonía del Jardín y su sudor sangriento estaban relacionados con nuestros pecados que el Señor asumió sobre Sí mismo, porque

Cristo nunca conoció el pecado, y Dios lo hizo pecado por nosotros.

(2 Corintios 5:21)

Que ninguna criatura es digna de presentarse ante el rostro de Dios fue dado a conocer al hombre desde muy temprano. Adán y Eva lo descubrieron cuando intentaron cubrir su desnudez con hojas de higuera, después de haber pecado.

Entonces se les abrieron los ojos a ambos, y se dieron cuenta de su desnudez; por lo que cosieron hojas de higuera y se hicieron cinturones.

(Génesis 3:7)

Pero las hojas de higuera no podían cubrir su desnudez, ni física ni espiritual, porque pronto se secaron las hojas. ¿Qué se requería entonces? El sacrificio de un animal, el derramamiento de sangre. Antes de que pudieran ser vestidos con pieles de animales, tuvo que haber una víctima. ¿Y quién hizo las pieles que cubrieron su vergüenza? ¡Dios lo hizo!

> *Y ahora el Señor proveyó vestiduras para Adán y su esposa, hechas de pieles, para vestirlos.*
>
> (Génesis 3:21)

Esta es la primera insinuación en las Escrituras de la desnudez espiritual del hombre cubierta mediante el derramamiento de la sangre de una víctima. Tan pronto como nuestros Primeros Padres perdieron la gracia interior del alma, se necesitó una gloria externa para compensarlo. Siempre es verdad que cuanto más rica es un alma por dentro, menos necesidad tiene de lujos por fuera. Los adornos excesivos y un amor desordenado por los comodidades son prueba de nuestra desnudez interior.

La Biblia contiene muchos incidentes que sugieren que un sacrificio vicario de sangre fue necesario para nuestra salvación. Típicos son los relatos de la curación del leproso y de la expulsión del chivo expiatorio en Levítico. En ambos casos hay una víctima sacrificial, aunque (como en todos los sacrificios anteriores a la Encarnación) la víctima está separada del sacerdote.

El ritual relacionado con la curación de un leproso prefigura claramente nuestra purificación de la lepra del pecado.

> *Estos son dos pájaros vivos.... Uno de los pájaros debe tener su sangre derramada sobre agua de manantial contenida en una vasija de barro; el que queda vivo debe ser sumergido (junto con la madera de cedro, el hilo escarlata y el hisopo) en la sangre del pájaro muerto, y con esto el sacerdote debe rociar al hombre contaminado siete veces, para efectuar su debida purificación.*
>
> (Levítico 14:4-7)

El pájaro vivo fue soltado en los campos abiertos para simbolizar la eliminación de la lepra, pero esta libertad y liberación parecen haber sido adquiridas por el poder purificador de la sangre y el agua del pájaro que fue sacrificado. El sacerdote ofreció un sacrificio, pero la oblación era distinta de sí mismo.

Aquí tenemos un indicio de redención vicaria mediante la sangre. Nuestro Señor, por el contrario, curó la lepra del pecado sin otro holocausto que Su propia voluntad obediente, por medio de la cual ganamos la gloriosa libertad de los hijos de Dios.

La ceremonia del chivo expiatorio, otro ejemplo del sacerdocio y la condición de víctima, se describe en el capítulo 16 de Levítico. El sacerdote debía lavarse completamente —y no solo los pies— antes de la ceremonia, prefigurando que el gran Sumo Sacerdote, Cristo, sería «inmaculado» (Hebreos 7:26); El sacerdote también debía vestirse con lino blanco y prendas doradas. Así como en la ceremonia anterior se usaban dos aves, ahora se elegían dos cabras, una para ser sacrificada y la otra para ser liberada. El ritual previo a la liberación parece casi una anticipación del *Hanc Igitur* en la Misa, pues el sacerdote impone sus manos sobre la cabra.

Debe poner ambas manos sobre su cabeza, confesando todos los pecados, transgresiones y faltas que Israel ha cometido, y cargando sobre ella la culpa de los mismos. Y habrá un hombre dispuesto a llevarla al desierto por él; Así, la cabra llevará todos sus pecados a una tierra deshabitada, liberada en el desierto.

(Levítico 16:21,22)

Así como los pecados de los Israelitas eran llevados por el chivo expiatorio, así nuestros pecados son limpiados no por ningún esfuerzo nuestro, sino únicamente por nuestra incorporación en Cristo.

El chivo expiatorio era expulsado a una tierra de separación, o un desierto, para enseñarnos cuán eficazmente nuestros pecados han sido llevados al olvido por Cristo.

Perdonaré su maldad; No recordaré más sus pecados.
(Hebreos 8:12)

La Encarnación

Cuando el Hijo de Dios se hizo hombre, introdujo algo completamente nuevo en el sacerdocio. Nuestro Señor se distinguió de los sacerdotes del Antiguo Testamento, no solo porque provenía de una línea distinta a la de Aarón, sino también porque, a diferencia de todos los demás, *Él unió en Sí mismo tanto el sacerdocio como la condición de víctima.*

Las consecuencias para todos los sacerdotes son inmensas, porque si Él se ofreció por los pecados, entonces nosotros debemos ofrecernos como víctimas. La conclusión es ineludible.

La Escritura abunda en referencias a la identificación plena de los oficios de sacerdote y víctima en Cristo.

¿Una víctima? Sin embargo, Él mismo se somete al golpe; no sale palabra de Él.

(Isaías 53:7)

La Epístola a los Hebreos cita el Salmo 39 [40, RSV], afirmando que las palabras del Salmo fueron empleadas por nuestro Sumo Sacerdote al entrar en el mundo.

Al entrar Cristo en el mundo, dice, no sacrificio ni oblación fue tu demanda; sino que me has dotado de un cuerpo. No hallaste placer en holocaustos ni en sacrificios por el pecado. Entonces dije: He aquí que vengo para hacer tu voluntad, como está escrito de mí, donde está escrito en el libro; hacer tu voluntad, oh Dios mío.

(Hebreos 10:5-7)

La versión del Salmo citada en la Epístola a los Hebreos es la de la Septuaginta:

"Tú me has dado, en cambio, un cuerpo," como si implicara la Encarnación. De manera similar, David previó el tipo de sacrificio que Dios eventualmente pediría por los pecados cuando declaró: "Tú no quieres sacrificio ni ofrendas quemadas."

(Salmo 50:18 [51:16, RSV])

Sin embargo, no debe considerarse la condición de víctima de nuestro Sumo Sacerdote como una tragedia en el sentido de que Él tuvo que someterse a la muerte, como los corderos debían someterse al cuchillo de los sacerdotes del Antiguo Testamento. Nuestro Señor dijo:

> *Nadie puede arrebatarme la vida; Yo la entrego por mi propia voluntad. Tengo poder para entregarla, y tengo poder para volver a tomarla; este es el mandato que he recibido de mi Padre.*
>
> (Juan 10:18)

Nuestro Señor vino a morir. El resto de nosotros venimos a vivir. Pero Su muerte no fue definitiva. Nunca habló de ser nuestra oblación por el pecado sin hablar de Su gloria. Su Resurrección, Ascensión y glorificación a la derecha del Padre fueron los frutos de Su ofrecimiento voluntario como Sacerdote.

> *Y ahora, alcanzado Su pleno logro, obtiene la salvación eterna para todos aquellos que le rinden obediencia. Un sumo sacerdote en la línea de Melquisedec, así Dios le ha llamado.*
>
> (Hebreos 5:9,10)

La perfección de Su humanidad y Su gloria eterna como sacerdote resultaron de haber estado una vez en el estado de víctima. Su perfección no provino tanto de Su estatura moral como de Su calidad de sacerdote-Salvador. Fue por Su devoción interior y obediencia que adquirió gloria, y no solo por el sacrificio considerado como una muerte vergonzosa.

Describiendo la mansedumbre del Cordero llevado al matadero, la Escritura dice:

> *Cristo, durante Su vida terrenal, ofreció oración y súplica al Dios que podía salvarle de la muerte, no sin un clamor penetrante, no sin lágrimas; sin embargo, con tal piedad que le mereció ser escuchado.*
>
> (Hebreos 5:7)

Existe un dicho judío que distingue tres tipos de oración, cada una más elevada que la anterior: oración, llanto y lágrimas. La oración se realiza en silencio; el llanto con voz alzada, pero no hay puerta por la que no pasen las lágrimas. La oración de la Víctima en Getsemaní fue tal que se elevó a un llanto conmovedor y, más allá, al sudor de lágrimas:

Su sudor cayó a la tierra como gruesas gotas de Sangre.

(Lucas 22:44)

Encontramos una representación simbólica de la unión del Sacerdote y la Víctima en la misma posición de la Cruz suspendida entre la tierra y el Cielo, como si Jesús fuera rechazado por el hombre y abandonado por el Padre. Sin embargo, Él unió a Dios y al hombre en Sí mismo mediante la obediencia a la Voluntad del Padre y a través de un Amor por el hombre tan grande que no lo abandonaría en su pecado. A sus hermanos les reveló el corazón de un Padre; A Su Padre reveló el corazón de cada hijo. Nuestro Señor, por tanto, es siempre sacerdote y víctima. Ninguna víctima era digna del sacerdocio salvo Él mismo. Cristo, además, fue víctima no solo en Su cuerpo, sino en Su alma, que estaba triste hasta la muerte. Ningún sacrificio externo ni interno pudo estar más unido.

Dos textos de la Escritura presentan aspectos paradójicos del sacerdocio y la condición de víctima de Cristo.

Fue contado entre los malhechores.

(Lucas 22:37)

Tal fue el Sumo Sacerdote... santo, inocente e intachable, no contado entre nosotros pecadores.

(Hebreos 7:26)

En realidad, las afirmaciones no son contradictorias; son complementarias. Fue contado entre los pecadores, porque Él fue la víctima por sus pecados. Pero estaba separado de los pecadores, porque era un sacerdote sin pecado. Comía y se mezclaba con pecadores, compartía su naturaleza y asumía sus pecados. Pero estaba separado de ellos por Su inocencia. Uno con los pecadores al compartir su naturaleza, Su sacrificio tuvo un valor infinito, porque no solo era Hombre, sino Dios.

¿Sacerdotes o Sacerdotes-Víctimas?

¿Con qué frecuencia somos como los Gálatas, empeñados en volver a la Antigua Ley, en el sentido de que nos consideramos sacerdotes pero no víctimas? ¿Ofrecemos la Misa como si presentáramos una víctima por el pecado totalmente ajena a nosotros, como el chivo expiatorio o el pájaro? ¿Subimos al altar como sacerdotes y no como víctimas? ¿Ofrecemos al Cristo-Salvador al Padre, como si no muriéramos con Él? ¿Es nuestro sacerdocio una casa de dos pisos que indica nuestra separación, nuestra renuencia a ser víctimas por los demás?

En el primer piso hay una familia que sufre físicamente, está perturbada mentalmente y carece de alimento y bebida. En el segundo piso vivimos nosotros. A través de actos intermitentes de caridad, descendemos a su miseria de vez en cuando para aliviarla; ¿pero volvemos enseguida al relativo confort de nuestro propio alojamiento?

No así con Cristo, el Sacerdote. Cuando Él descendió a las profundidades del sufrimiento y del pecado humanos, nunca retrocedió — no hasta que toda su miseria y culpa fueron aliviadas. Una vez que cruzó esa línea, no hubo pensamiento de retorno hasta que la Redención estuviera completa.

No es como si nuestro Sumo Sacerdote fuera incapaz de compadecerse de nosotros en nuestras humillaciones; Él ha pasado por toda prueba, formado como nosotros, solo que sin pecado.

(Hebreos 4:15)

...en el designio misericordioso de Dios, Él debía probar la muerte y probarla por todos.

(Hebreos 2:9)

Si el sacerdocio y la condición de víctima en Cristo fueran uno, ¿cómo podrían ser duales en nosotros? Más bien,

Vosotros también debéis consideraros muertos al pecado, y vivos con una vida que mira hacia Dios, por medio de Cristo Jesús nuestro Señor.

(Romanos 6:11)

No podemos evitar reproducir en nuestras almas el misterio representado en el altar. *Age quod agitis*. Como Nuestro Señor se inmoló a Sí mismo, así también nosotros nos inmolamos. Ofrecemos nuestro reposo corporal para que otros puedan tener paz del alma; somos puros para reparar los excesos de la carne cometidos por los pecadores.

Con Cristo cuelgo en la Cruz.

(Gálatas 2:20)

La Eucaristía nos recuerda que somos Víctimas.

La Eucaristía nos compromete tanto con la vida como con la muerte, con el sacerdocio y la condición de víctima.

En cuanto a la vida, es indudable que en la Eucaristía comulgamos con ella.

No podéis tener vida en vosotros si no coméis la carne del Hijo del Hombre y bebéis Su Sangre.

(Juan 6:54)

Pero esta es solo la mitad de la realidad. ¿No existe acaso un proceso catabólico además de uno anabólico en la naturaleza, una descomposición en elementos además de una construcción en organismos? En la naturaleza, la muerte es la condición de la vida. Las verduras que comemos en la mesa deben ser sacrificadas. Deben ceder vida y sustancia antes de poder convertirse en el sacramento, la cosa santa que alimenta el cuerpo. Deben ser arrancadas de sus raíces y sometidas al fuego antes de poder dar una vida más abundante a la carne. Antes de que el animal en el campo pueda ser nuestra carne, debe ser sometido al cuchillo, al derramamiento de Sangre y al fuego. Solo entonces se convierte en el fuerte sustento del cuerpo. Antes de que Cristo pueda ser nuestra Vida, tuvo que morir por nosotros. La Consagración de la Misa precede a la Comunión.

La herejía suprema de la Reforma fue el divorcio entre sacrificio y sacramento, o la transformación del Sacrificio de la Misa en un "servicio de Comunión", como si pudiera haber entrega de Vida sin Muerte. ¿No hay acaso en la Eucaristía no solo comunión con la Vida, sino también comunión con la Muerte? Pablo no pasó por alto este aspecto:

Así que es la muerte del Señor lo que proclamáis, cada vez que coméis este Pan y bebéis esta copa, hasta que Él venga.

(1 Corintios 11:26)

Si en la Misa comemos y bebemos la Vida Divina y no ofrecemos ninguna muerte propia para incorporar en la muerte de Cristo mediante el Sacrificio, merecemos ser considerados parásitos del Cuerpo Místico de Cristo. ¿Comeremos Pan y no daremos trigo para ser molido? ¿Beberemos vino y no daremos uvas para ser aplastadas? La condición para la incorporación en la Resurrección y Ascensión de Cristo y en Su glorificación es la incorporación en Su muerte.

Los que pertenecen a Cristo han crucificado la naturaleza, con todas sus pasiones, todos sus impulsos.

(Gálatas 5:24)

Como sacerdotes ofrecemos a Cristo en la Misa, pero ¿como víctimas nos ofrecemos a nosotros mismos con Cristo en la Misa? ¿Rasgaremos aquello que Dios ha unido, a saber, el sacerdocio y la condición de víctima? ¿No nos revela también la íntima conexión entre sacrificio y sacramento que no somos sólo sacerdotes, sino también víctimas? Si todo lo que hacemos en nuestra vida sacerdotal es beber cáliz tras cáliz y comer el Pan de Vida, ¿cómo llenará la Iglesia *esos sufrimientos que faltan a la Pasión de Cristo?* (Colosenses 1:24)

¿Elevamos a Cristo en la Cruz en el momento de la elevación, mientras estamos presentes como meros espectadores de un drama en el que se supone que debemos desempeñar el papel principal? ¿Es la Misa una repetición vacía del Calvario? Si es así, ¿qué hacemos con la cruz que se nos mandó llevar cada día? ¿Cómo puede Cristo renovar Su Muerte en nuestros propios cuerpos? Él muere de nuevo en nosotros.

¿Y el pueblo de Dios? ¿Les enseñamos que no sólo deben «recibir» la Comunión, sino también «dar»? No pueden aceptar la Vida sin ofrecer sacrificio. La balaustrada de la Comunión es un lugar de intercambio. Dan tiempo y reciben eternidad, dan renuncia y reciben vida, dan la nada y reciben todo. La Sagrada Comunión compromete a cada uno a una unión más estrecha no solo con la Vida de Cristo, sino también con Su Muerte — a un mayor desapego del mundo, a la renuncia de lujos por amor a los pobres, a la muerte del viejo Adán para el renacimiento en Cristo, el nuevo Adán.

Primera Aplicación:
Tres Tipos de Sacerdotes-Víctimas

El Canon de la Misa enumera tres tipos de víctimas que, al prefigurar el Sacrificio de Cristo, se convirtieron en modelos para todos los sacerdotes. Fueron, en orden, las ofrendas del justo hijo, Abel; el sacrificio de nuestro patriarca, Abraham; y aquel que ofreció el Sumo Sacerdote Melquisedec. Abel ofreció un sacrificio de *Sangre*, Abraham un sacrificio *voluntario* y Melquisedec un sacrificio *sacramental*. Un sacerdote puede ser víctima de cada una de estas maneras.

Abel ofreció a Dios el cordero más escogido de su rebaño, mientras que su hermano Caín sólo ofreció los frutos de la tierra (Génesis 4:3-4). Dios miró con favor a Abel y a su sacrificio de sangre, pero rechazó el sacrificio de Caín, como si implicara que el pecado pudiera ser perdonado sin el derramamiento de sangre. El sacrificio de sangre de Abel es, por tanto, un modelo para los misioneros que son martirizados por su fe, para los sacerdotes que son víctimas de la persecución anti-Dios, y para todos los fieles que sufren hasta la muerte antes que negar la fe.

El sacrificio de Abraham sirve como modelo para el sacrificio de muchos en nuestros días, aquellos que soportan todas las etapas del martirio bajo la tiranía comunista y, sin embargo, se les niega la corona formal del derramamiento de su sangre. Es especialmente para ellos que fue destinada la figura del sacrificio de Abraham. Para ellos se enfatizó que el sacrificio recibió su plena recompensa aunque la sangre de la víctima no fue derramada (Hebreos 11:19). Esta es la seguridad para todos aquellos que padecen mil martirios al no ser permitidos morir a manos de sus perseguidores, para quienes son lavados del cerebro y pasan sus vidas en prisión o en campos de trabajo. Participan en la promesa y en la recompensa otorgada a Abraham porque estuvo dispuesto a sacrificar su propia carne y sangre, su hijo Isaac.

El tercer tipo de condición de sacerdote-víctima es la de Melquisedec. Es ofrecida por todos los sacerdotes que viven el misterio que escenifican sacramentalmente en la Misa. Pero, ¿cómo? Comprendiendo el significado secundario de las palabras de consagración. El significado primario es claro y no requiere elaboración. El misterio de la transubstanciación ocurre al pronunciar las palabras de consagración. Sin embargo, existe un significado secundario porque somos sacerdotes-víctimas. Cuando digo «Este es Mi Cuerpo», también debo querer decir: «Este es mi cuerpo»; cuando digo «Esta es Mi Sangre», también debo querer decir: «Esta es mi sangre.» «Tú, oh Jesús, no estás solo en la Misa», debe orar el sacerdote consagrante en su alma. "En la Cruz estuviste solo; en esta Misa, yo estoy contigo. En la Cruz, Te ofreciste al Padre celestial; en la Misa, Tú aún te ofreces, pero ahora yo me ofrezco contigo."

La consagración no es, por tanto, una mera y estéril repetición de las palabras de la Última Cena; es una acción, una representación, otra Pasión en mí. "Aquí, querido Jesús, está mi cuerpo, tómalo; aquí está mi sangre, tómala. No me importa si las 'especies' de mi vida permanecen — mis deberes particulares en la escuela, parroquia u oficina; estas son solo las 'apariencias.' Pero lo que soy, en mi intelecto y mi voluntad — toma, posee, diviniza, para que pueda morir contigo en el altar. Entonces el Padre celestial, mirando hacia abajo, dirá a Ti y a mí en Ti:

Eres mi Hijo amado; en Ti me complazco.

(Marcos 1:11)

Cuando baje del altar, estaré entonces, más que nunca, en las manos de María, como cuando Ella Te bajó de la Cruz. Ella no era sacerdote, pero pudo pronunciar las palabras de la consagración de una manera que ningún sacerdote jamás pronunció sobre ese Cuerpo y Sangre. Mientras Te sostenía, pudo decir, como en Belén: Esto es mi Cuerpo; Esto es mi Sangre.' Nadie en todo el mundo le dio Cuerpo y Sangre sino yo."

Que Ella, que fue víctima con su Hijo, nos enseñe a no ir jamás al Calvario sin tener el corazón traspasado por una espada. ¡Ay de nosotros, si bajamos del Calvario con las manos sin cicatrices y blancas! Pero gloriosos seremos como sacerdotes y víctimas, cuando el Señor vea en nuestras manos las marcas de Su Pasión, porque de tales dijo:

Porque he grabado tu imagen en las palmas de mis manos.

(Isaías 49:16)

Segunda Aplicación:
Sé una Víctima en la Fracción del Pan

Un ritual inmutable de la Misa es la Fracción del Pan para recordarnos, cada vez que celebramos, que el Señor fue «quebrado» por nuestros pecados como víctima. El Antiguo Testamento ya prefiguraba la ofrenda de Cristo de Sí mismo en el pan que fue partido, pues se prescribía que el pan que el sacerdote debía ofrecer fuera «cortado en pedazos pequeños» (Levítico 2:6). Incluso la palabra hebrea para los panes usados en este pasaje deriva de un verbo que significaba «perforado» o «herido». En esto, el pan prefiguraba la condición de la víctima que simbolizaba:

No, aquí está uno despreciado, excluido de todo cálculo humano; doblado por la miseria, y no ajeno a la debilidad; ¿Cómo reconoceremos ese rostro? ¿Cómo podremos tomar en cuenta a Él, un Hombre tan despreciado?

(Isaías 53:3)

Así como el pan fue triturado, así también sería triturado Cristo:

Ay, fue la voluntad del Señor que Él fuera abrumado con el sufrimiento.

(Isaías 53:10)

¿Cuál fue la señal por la que los discípulos en la tarde del Domingo de Pascua reconocieron a Cristo Resucitado?

Lo reconocieron cuando partió el pan.

(Lucas 24:35)

San El relato de Pablo sobre la Eucaristía enfatizó este estado de víctima de Nuestro Señor:

... y dio gracias, y lo partió.

(1 Corintios 11:24)

Nuestro sacerdocio debe ser como las vasijas que el ejército de trescientos de Gedeón llevó a la batalla. Dentro de cada una había una vela encendida (Jueces 7:18-20). La luz estaba allí, pero no brillaba para confundir y derrotar al enemigo hasta que las vasijas fueron quebradas. Solo cuando estamos "quebrados" derramamos la luz de Cristo para derrotar las fuerzas de Satanás. No solo el alma y la mente del sacerdote están involucradas en el ejercicio de su ministerio: también lo está su cuerpo, el cuerpo quebrantado, mortificado y hecho víctima.

Vuestros cuerpos... son para el Señor, y el Señor reclama vuestros cuerpos.

(1 Corintios 6:13)

¿Podemos pensar que Dios estará más satisfecho con nosotros si solo somos ofertantes y no también ofrecidos, que lo estuvo con los sacerdotes del Antiguo Testamento? ¿No expresó Él disgusto cuando ofrecían algo aparte y separado de sí mismos?

¿Qué me importa, dice el Señor, cómo multiplicáis esas víctimas vuestras? Ya estoy harto y me sobra. Los holocaustos de carneros, la grasa de animales cebados y la sangre de terneros, corderos y cabras no me sirven de nada.

(Isaías 1:11)

¿No se quejará de que nuestro sacerdocio está incompleto, a menos que «partamos el Pan» que es nuestro cuerpo? ¿Qué es entonces lo que Él quiere de nosotros? Es la ofrenda de nosotros mismos.

Os ruego, pues, por las misericordias de Dios, que presentéis vuestros cuerpos como sacrificio vivo, santo y agradable a Dios; esta es la adoración que os es debida como criaturas racionales.

(Romanos 12:1)

El papel del cuerpo es con frecuencia olvidado. Ciertamente, el cuerpo puede ser ocasión e instrumento del pecado, pero también es ocasión e instrumento de mérito. ¿Puede ser tan vil como sugirieron algunos antiguos escritores espirituales, si está "*destinado al Señor*" (1 Corintios 6:13), si "*lo que se siembra cuerpo natural, resucita cuerpo espiritual*" (1 Corintios 15:44), y si por medio de la Eucaristía ha sido dotado de inmortalidad? No es nuestra alma la que ora; es la persona, el compuesto de cuerpo y alma. En el sacrificio, en particular, el cuerpo es importante. Es a través de su agotamiento en los ministerios sacerdotales, su uso constante en la predicación, enseñanza y conversión, que se convierte en una "víctima viviente."

Cada vez que los sacerdotes "parten el Pan" durante la Misa, no solo reconocerán el sacrificio de Cristo por ellos, como hicieron los discípulos en Emaús, sino que Él también los reconocerá. No habrá pan sin romper, ni cuerpos sin romper, que el Sumo Sacerdote acepte de nuestras manos. ¿Acaso no fue ya quebrado el trigo para convertirse en pan? ¿Acaso no fueron ya aplastadas las uvas para convertirse en vino? Incluso la naturaleza sugiere la condición de víctima como inseparable del sacerdocio de ofrecer pan y vino en la mesa.

San Pablo simplemente enfatizaba una vez más la inseparabilidad del sacerdote y la víctima cuando escribió al joven sacerdote, Timoteo:

Entonces, como buen soldado de Cristo Jesús, soporta las dificultades... Debemos compartir Su Vida, porque hemos compartido Su Muerte.

(2 Timoteo 2:3,11)

Tercera Aplicación:
Vocaciones y Condición de Víctima

Los seminaristas dicen: «Estoy estudiando para el sacerdocio.» ¿Con qué frecuencia un seminarista dice o incluso piensa: «Estoy estudiando para ser sacerdote-víctima»? Insistimos en la dignidad de nuestro sacerdocio reprimiendo rápidamente a quienes nos muestran falta de respeto. ¿Pero acaso insistimos alguna vez en la indignidad de nuestra condición de víctima? Nos jactamos de que nuestro Sumo Sacerdote es Ofertante y Ofrecido.*Decimos que ofrecemos la Misa, pero ¿alguna vez pensamos que somos ofrecidos en la Misa?* Nuestro Señor no quiere más novillos ni cabras; Él quiere a aquellos que «han crucificado la naturaleza, con todas sus pasiones, todos sus impulsos» (Gálatas 5,24). San Agustín dijo que no hay necesidad de buscar fuera de uno mismo una oveja para ofrecer a Dios. Cada uno tiene dentro de sí aquello que puede crucificar.

¿Podría ser que una razón para la escasez de vocaciones sea nuestra falta de énfasis en el sacrificio? Los jóvenes tienen un sentido de condición de víctima que subestimamos. ¡Quieren una misión, un desafío! Cuando seguimos el tipo de apelación publicitaria usada por Madison Avenue para vender pasta de dientes, cuando empleamos técnicas comerciales en nuestra literatura vocacional, ¿no rechazan los corazones de los jóvenes nuestra distancia de la Cruz? ¿No reclutamos frutos de propaganda en lugar de frutos dignos de penitencia?

¿No podría también ser que nuestro fracaso en ser víctimas desanime a quienes ingresan en el seminario a perseverar y llegar a ser sacerdotes? Les decimos que no pueden esperar ser buenos sacerdotes a menos que hagan una meditación cada mañana antes de la Misa, pero ¿acaso no hay ocasiones en que nosotros mismos saltamos directamente de la cama al altar? ¿No escandaliza esto a los seminaristas? Por otro lado, ¡cuánto se edifican cuando ven a sus profesores en la meditación temprana con ellos y en sus ejercicios espirituales! Sin este ejemplo, fácilmente llegan a pensar que la espiritualidad es algo que se practica solo hasta el día de la ordenación.

Una encuesta entre 300 jóvenes para determinar qué tipo de sacerdote les inspiraba más reveló que la primera preferencia era por el misionero extranjero; la segunda, por aquellos que se preocupaban por los pobres; la tercera, por un apostolado entre los trabajadores. La cuestión es que los jóvenes prefieren al sacerdote heroico o sacrificial.

Las vocaciones son más abundantes de lo que muchos sospechan. De 3.500 niños menores de quince años encuestados en un país sudamericano, 1.800 manifestaron sentir que tenían una vocación. Y, sin embargo, no más de cuarenta jóvenes son ordenados sacerdotes en ese país cada año. ¿Qué sucede con los demás? ¿El mundanismo, la carne? Sí. Pero es pertinente preguntar: ¿Les hemos mostrado a Cristo Crucificado? ¿No se retraerán esos jóvenes que se sienten llamados a una vida de sacrificio cuando vean que su ideal no se realiza en nosotros? ¿Qué estímulo reciben cuando dicen: «Ese es el tipo de sacerdote que quiero ser»? Una razón por la que las sociedades misioneras atraen a los jóvenes es porque sus miembros dan un testimonio vivo de su celo por Cristo. Las dificultades que soportan, las almas que convierten, la confianza plena en Dios a pesar de la pobreza e incluso la persecución, hacen que los jóvenes amen su sacerdocio a través de su condición de víctimas. Una encuesta entre un grupo de seminaristas reveló que el 60 por ciento de ellos se había inspirado para ingresar al seminario por el contacto con sacerdotes mortificados y santos.

Es tan fácil para nosotros estar preparados, como Pedro en Cesarea de Filipo, para confesar al Cristo Divino, pero muy lejos de estar preparados para aceptar al Cristo sufriente. Fue el mismo Pedro quien dijo: "*Tú eres el Cristo, el Hijo del Dios Vivo*" (Mateo 16:16), y quien, "*al acercarlo a sí, comenzó a reprenderle: Nunca, Señor, dijo; no te sucederá tal cosa*" (Mateo 16:22).

Por esto, Nuestro Señor lo llamó Satanás, porque fue Satanás quien, al comienzo del ministerio público, le tentó a rechazar el camino del sufrimiento ofreciéndole tres atajos a Su Reino sin la Cruz (Mateo 4:1-11). La negación de Su condición de víctima aparece a Cristo como algo satánico.

"Cuando "*Satanás se sienta entronizado*" (Revelación 2:13) al final de los tiempos, Nuestro Señor dijo que él aparecería tan semejante a Él "*que, si fuera posible, hasta los elegidos serían engañados*" (Mateo 24:24). Pero si Satanás obra milagros, si pone sus manos suavemente sobre los niños, si aparece benigno y amante de los pobres, ¿cómo lo reconoceremos de Cristo? Satanás no tendrá cicatrices en las manos, ni en los pies, ni en el costado. Él aparecerá como sacerdote, pero no como víctima.

Reconocemos a los padres y a los hijos, a los hermanos y hermanas, por los parecidos familiares. De ningún otro modo Nuestro Señor nos conocerá a nosotros y nosotros a Él. Por consiguiente, nuestra preparación para el día de Su venida debe consistir en profundizar nuestra afinidad con el Sacerdote-Víctima:

En este cuerpo mortal mío, ayudo a pagar la deuda que las aflicciones de Cristo aún dejan por pagar, por amor a Su Cuerpo, la Iglesia.

(Colosenses 1:24)

Kenosis y Pleroma

Dos palabras en las Escrituras a menudo se consideran por separado, cuando en realidad están relacionadas como causa y efecto. Las dos palabras, que representan otra fase de la relación ofertante-ofrecido, son *kenosis* y *pleroma*, es decir, «vaciamiento» y «llenado». Es casi como si las montañas se hicieran por el vaciamiento de los valles. San Pablo, en una descripción clásica de la humillación y exaltación de Nuestro Señor, escribe:

Él se despojó a Sí mismo, tomando la naturaleza de esclavo, hecho a semejanza de los hombres, y presentándose a nosotros en forma humana; y luego rebajó Su propia dignidad, aceptando una obediencia que le condujo a la muerte, muerte en la Cruz. Por eso Dios lo exaltó hasta lo sumo y le dio un Nombre que es sobre todo nombre; para que en el cielo, en la tierra y debajo de la tierra toda rodilla se doble ante el nombre de Jesús, y toda lengua confiese que Jesucristo es el Señor, para gloria de Dios Padre.

(Filipenses 2:7-11)

Porque Él se despojó a Sí mismo, fue exaltado. Porque hubo Calvario, hubo el envío del Espíritu Santo. Porque Su Cuerpo físico fue quebrantado, Su Cuerpo Místico crece en edad, gracia y sabiduría ante Dios y los hombres.

Aplicando este principio al sacerdocio, el vaciamiento de sí mismo por el pueblo de la parroquia produce la prosperidad espiritual de la parroquia. La desegoización de nuestras vidas prepara para la guía del Espíritu Santo; el letrero de "vacante" en nuestro corazón hace que Cristo venga llamando a la puerta. Él no derriba puertas cerradas con llave. Él sólo entrará si le abrimos. Una caja llena de pimienta no puede llenarse de sal; Un sacerdote lleno de sus propios deseos no puede llenarse con el "poder del Espíritu Santo" (Hechos 1:2). San Pablo distinguió a Timoteo entre sus amigos como aquel que siempre se interesaba por los demás y menos por sí mismo. En él, el "pleroma" estaba completo debido a la "kenosis" del egoísmo.

No tengo aquí a nadie más que comparta mis pensamientos como él, nadie que se preocupe tan desinteresadamente por vuestros asuntos; todos tienen sus propios intereses en el corazón, no los de Cristo.

(Filipenses 2:20-21)

Pastor – Cordero

Para cambiar la imagen, nosotros los sacerdotes no somos solo pastores, sino también corderos. ¿No fue Nuestro Señor mismo tanto el "Buen Pastor" como el "Cordero de Dios" (Juan 1,29)? Como Ofertante, Él es el Pastor. Como Ofrecido, Él es el Cordero. Es este doble papel de Cristo lo que explica por qué habló en ciertos momentos durante Su juicio y en otros permaneció en silencio. Habló como el Pastor; Guardó silencio como el Cordero.

El sacerdote, también, no es solo el Pastor que cuida de sus ovejas; es también el Cordero que se ofrece al cuidarlas. Este cuidado es lo que lo distingue del mercenario. Quien cuida de otro asume el peso de la condición del otro sobre su propio corazón y lo lleva con amor. Los parroquianos no son perturbadores; son nuestro corazón, nuestro cuerpo, nuestra sangre.

El sacerdote que desempeña el papel de pastor a menudo va a su muerte como Cordero. El pastor que desea dar vida más abundante a la oveja perdida está destinado a tener lobos aullando a su alrededor y, por tanto, a ser llevado finalmente a su muerte. Solo la visión del Pastor crucificado hizo que las ovejas comprendieran cuánto se preocupaba el Pastor. Es interesante que San Pedro describiera a Nuestro Señor como "*tu Pastor, que vela por vuestras almas*" (1 Pedro 2:25).

El deber primordial del pastor es buscar a la oveja perdida y permanecer con ella una vez encontrada. Esto es lo que distingue al verdadero pastor del mercenario, al intelectual de la intelligentsia. Ambos poseen títulos, son eruditos y académicos. La diferencia radica en su relación con el pueblo. El intelectual nunca pierde esa compasión por la multitud que caracterizó al Verbo Encarnado. La intelligentsia, por el contrario, vive alejada de las lágrimas y el hambre, el cáncer y los duelos, la pobreza y la ignorancia. Carecen del contacto común. Solo la crema del saber académico, y no la leche de la bondad humana, fluye por sus venas.

Así ocurre con el sacerdote. El contacto con las personas por amor a Cristo es la condición de víctima que constituye el sacerdocio. Sólo siendo también un Cordero ofrecido mediante el olvido de la superioridad mundana, el sacerdote se convierte en pastor de las almas.

✠ J.M.J. ✠

~ 2 ~

El Sacerdote es como La escalera de Jacob

Todo sacerdote sabe, por elección Divina, que es mediador entre Dios y el Hombre, llevando a Dios al Hombre y al Hombre a Dios. Como tal, el sacerdote continúa la Encarnación de Jesucristo, que fue tanto Dios como Hombre. Nuestro Señor no fue sacerdote porque fuera engendrado eternamente por el Padre. Fue sacerdote por la naturaleza humana que asumió y ofreció por nuestra salvación. De ahí deriva la plenitud de todo sacerdocio, o para usar la magnífica expresión de Santo Tomás de Aquino, Él se convirtió en «fons totius sacerdotii».

San Pablo ya había utilizado una expresión igualmente definitiva para indicar nuestra relación sacerdotal con Cristo por un lado, y con el pueblo por otro:

> *Así es como debemos ser considerados, como siervos de Cristo y administradores de los misterios de Dios.*
> (1 Corintios 4:1)

Como siervos de Cristo, dependemos de Él para nuestros poderes tanto como los rayos de luz dependen del sol. Pero Pablo insiste simultáneamente en que también somos los administradores de los misterios de Dios para indicar que permanecemos ligados a nuestros semejantes.

Cada sacerdote es como otra escalera de Jacob. Exiliado de su hogar, huyendo de un hermano resentido, el hijo errante de Isaac hizo de la tierra su lecho vespertino, una losa de piedra su almohada. El hombre está más indefenso cuando duerme, y fue en esa condición cuando Dios se apareció a Jacob.

Soñó que veía una escalera apoyada en la tierra, cuyo extremo superior llegaba hasta el cielo; una escalera para que los ángeles de Dios subieran y bajaran. Sobre esta escalera el mismo Señor se inclinó y habló a Jacob: Yo soy el Señor, dijo, el Dios de tu padre Abraham, el Dios de Isaac.

(Génesis 28:12,13)

Jacob inmediatamente cambió el nombre del lugar donde tuvo esta visión de Luz a Betel. El nombre Luz originalmente significaba *"separación,"* mientras que Betel significaba la *"Casa de Dios"* (Génesis 28,19). Nosotros, asimismo, llamados a mediar entre Dios y el hombre, nos hacemos sacerdotes dignos de la Casa de Dios sólo separándonos del espíritu del mundo. Dios compensa toda abnegación con una bendición mayor. La condición para servir en "Betel" es "Luz", el desapego del mundo.

La escalera es una imagen sencilla y encantadora del sacerdocio de Cristo:

Yo soy el camino.

(Juan 14,6)

Es a través de Su Muerte, Resurrección y Ascensión a la diestra de Dios que Cristo se ha convertido en el Mediador y ha restablecido las relaciones entre Dios y el Hombre.

Ciertos detalles de la visión son particularmente dignos de atención:

1. La escalera estaba apoyada sobre la tierra. Así se estableció el vínculo entre la tierra y el cielo mediante Cristo, quien se hizo carne, caminó por nuestra tierra y fue elevado en el Calvario.

2. La escalera alcanzaba el Cielo, simbolizando que Cristo resucitado y glorificado está a la derecha del Padre.

3. Los ángeles que suben y bajan representan una de las funciones del sacerdote, cuya misión es llevar sacrificios y oraciones al Cielo y traer de vuelta gracias y bendiciones a la tierra.

La Cruz, la escalera de mediación, fue erigida en la tierra. Era de origen terrenal, en el sentido de que los soldados de Pilato la fabricaron; pero no era de origen terrenal como medio de expiación, en cuanto surgió de la historia y de los designios divinos. Su cima alcanza el Cielo, porque el Mediador divino está sentado a la derecha del Padre. Como dijo Nuestro Señor Bendito: "*Nadie ha subido jamás al Cielo; pero hay Uno que ha descendido del Cielo*" (Juan 3:13). Él es la escalera por la que ascendemos a Dios; nadie va al Padre sino por Él.

En la medida en que todo sacerdote es un alter Christus, cada uno de nosotros es otra escalera de Jacob — manteniendo relaciones verticales con Cristo en el Cielo y relaciones horizontales con los hombres en la tierra.

La cima de la escalera:
Relación vertical con Cristo en el Cielo

De las muchas maneras en que estamos relacionados con Cristo, nuestro Sumo Sacerdote en el Cielo, dos merecen ser mencionadas aquí:

1. Nuestra vocación deriva de Él: «Su vocación (la del sacerdote) viene de Dios, como la de Aarón; nadie puede asumir para sí un privilegio tal como este» (Hebreos 5:4).

2. Toda la eficacia de nuestro sacerdocio proviene de Él: los sacramentos que administramos, la verdad que predicamos, la gracia por la cual se rescatan las ovejas perdidas, los jóvenes cuyas vocaciones fomentamos, cualquier obra sobrenatural que realicemos.

¿Qué está haciendo el Cristo glorificado en el Cielo mientras ejercemos nuestro sacerdocio? Él vive aún para interceder por

nosotros» (Hebreos 7:25). Usando palabras humanas para describir cosas divinas, podemos decir que cada vez que ofrecemos la Misa, Nuestro Señor muestra a Su Padre celestial las cicatrices en Sus manos, Sus pies y Su costado; por esta misma razón las conservó. En la Consagración de la Misa, podemos imaginar a Nuestro Señor diciendo: «En Mi Mano he grabado sus corazones. No por su dignidad, sino por Mi amor hasta la muerte, concédeles gracias por medio del Espíritu Santo. Mis heridas sanaron, pero mis cicatrices guardé, para que siempre las sostenga ante Ti, oh Padre, como prenda de Mi amor.» Si no pudiste castigar con justicia al pueblo pecador porque las manos levantadas de Abraham se interpusieron, ¿no ganarán Mis Manos para ellos la misericordia que les obtuve en el Calvario? No soy sólo un Sacerdos in aeternum; Soy una Víctima in aeternum.»

¿Cómo entró nuestro Sumo Sacerdote en el santuario celestial? A través del rasgamiento del velo de Su carne. La Epístola a los Hebreos (9:11) compara el velo que colgaba ante el Santo de los Santos con la carne humana de Cristo. Sólo una vez al año, y tras el derramamiento de sangre en sacrificio, podía el Sumo Sacerdote pasar a través del velo que ocultaba el Santo de los Santos. Sólo después del derramamiento de Su Sangre en el Calvario pudo Cristo, el Sumo Sacerdote, entrar en el Santo de los Santos del cielo.

La vida terrenal de Nuestro Señor podría considerarse como llevada fuera del velo, ya que muchas de las ceremonias de expiación en el Antiguo Testamento se realizaban en el santuario fuera del Santo de los Santos. En otro sentido, la predicación y los milagros de Nuestro Señor se limitaron a una parte muy pequeña del mundo. Su misión en la tierra se confinó a Galilea y Judea. Pero tras Su Ascensión y la venida del Espíritu, Su sacerdocio se ejerció hasta los confines de la tierra. Su naturaleza humana fue un velo que le impidió por un tiempo manifestar toda Su gloria. Ese velo de la carne tuvo que ser rasgado en el Calvario antes de que Él pudiera ejercer plenamente su sacerdocio.

El Viernes Santo presenció un doble rasgamiento del velo: uno fue el del velo del Templo, que se desgarró de arriba abajo. Esto significaba que el Santo de los Santos estaría ahora abierto a todos los hombres:

Y de repente, el velo del templo se rasgó de un lado a otro, de arriba abajo.

(Mateo 27,51)

Pero cuando Nuestro Señor dijo «Consumado es» (Juan 19,30), la carne humana que había sido un velo ocultando lo Invisible al hombre fue desgarrada por la herida de la lanza del centurión, y se reveló el Corazón del Amor Eterno,

invitándonos a aferrarnos a la esperanza que tenemos ante nosotros, el ancla de nuestras almas. Seguro e inamovible, alcanza ese santuario interior más allá del velo, al que Jesucristo, nuestro guía, ya ha entrado, sumo sacerdote, ahora y eternamente con el sacerdocio de Melquisedec.

(Hebreos 6:18-20)

Mientras ese velo de la carne permaneciera, impedía al Hombre la visión plena del Santo Dios, revelándolo solo como «un reflejo confuso en un espejo» (1 Corintios 13,12). Pero la mediación y la intercesión se volvieron celestiales tras el derramamiento de sangre.

El Sumo Sacerdote en el Antiguo Testamento podía maravillarse ante la belleza del velo, pero no podía atravesarlo, salvo por la sangre. Así con Cristo:

Es Su propia sangre, no la sangre de cabras y terneros, la que le ha permitido entrar, de una vez para siempre, en el santuario; el rescate que ha ganado dura para siempre.

(Hebreos 9,12)

Y de nuevo:

Podemos entrar en el santuario con confianza por medio de la Sangre de Cristo.

(Hebreos 10,19)

El rasgado del velo del Templo de arriba abajo no fue obra del hombre, sino acto de Dios. Así, nuestra Redención no es obra del hombre, sino de Dios hecho Hombre.

Cristo Nuestro Único Mediador

La única intercesión es la de nuestro Sumo Sacerdote en el Cielo, porque no hay otro nombre dado a los hombres en que puedan ser salvos (Hechos 4:12). La arena del musulmán, las penitencias del hindú, el quietismo del budista no pueden valer para la salvación. Si fuera necesaria prueba de esta afirmación, bastaría citar el ejemplo de Moisés.

La razón por la que a Moisés no se le permitió entrar en la Tierra Prometida fue que desobedeció el Mandato Divino y golpeó la roca cuando sólo se le había ordenado hablarle. Dos incidentes que involucran una roca están registrados en la historia bíblica de Moisés. Uno fue en Refidim, en el segundo año después de haberlos conducido fuera de la esclavitud egipcia. El otro fue en Cadés, en el trigésimo octavo año del vagar. En ambos casos el pueblo sufría de gran sed y la roca los salvó, la roca que, como dice San Pablo, era Cristo (1 Corintios 10:4).

La primera vez que el pueblo necesitó agua, Dios le dijo a Moisés: «Solo tienes que golpear esa roca» (Éxodo 17:6); y de inmediato brotó agua de ella. Unos treinta y seis años después, cuando nuevamente hubo una sequía aguda, Dios le dijo a Moisés que «mandara sobre la roca aquí» (Números 20:8), es decir, «hablara». En cambio, hablando de manera egoísta, Moisés se dirigió al pueblo:

Escuchadme, dijo, rebeldes infieles; ¿vamos a sacaros agua de esta roca? (Números 20:10)

Entonces Moisés golpeó la roca en lugar de hablarle. A pesar de su orgullo, Dios le dio el agua, pero le dijo que, como castigo, no entraría en la Tierra Prometida.

¿Por qué no confiaste en Mí y no vindicaste Mi Santidad ante Israel? No te será dado conducir a esta multitud a la tierra que quiero darles.

(Números 20:12)

El texto hebreo utiliza una palabra distinta para «roca» en los dos relatos. En el incidente anterior, es *Tsur*, llamado así para indicar su aspereza; en el posterior, *sela*, enfatizando su elevación. De San Pablo sabemos que la roca era Cristo. Podemos, por tanto, suponer que la roca áspera, ordenada por Dios para ser golpeada, era el símbolo de Cristo herido en la aspereza de la Cruz, de quien brotarían las aguas de la Redención y el Espíritu (Juan 7:39).

¿No es acaso la segunda roca elevada, que no debía ser golpeada sino hablada o intercedida, símbolo de Cristo resucitado y glorificado en el Cielo, a quien solo necesitamos dirigir la palabra para recibir las aguas vivas (Juan 7:37)? La Redención ya está completa. No se necesitan más Calvarios.

La muerte que Él murió fue muerte, una vez para siempre, al pecado; la vida que Él ahora vive es una vida que se dirige hacia Dios.

(Romanos 6:10)

Nunca más habrá una Roca que, al ser golpeada, produzca las aguas de la vida eterna. La redención está sólo en Cristo. Sin embargo, Su misión no ha concluido. Él continúa siendo nuestro Abogado ante el Padre y aplicando los frutos de la Redención. En esto también se diferencia de los sacerdotes del Antiguo Testamento.

Alguien que no necesita actuar como aquellos otros sacerdotes. ..... Lo que Él ha hecho, lo ha hecho una vez para siempre; y la ofrenda fue Él mismo.

(Hebreos 7:27)

¿Cómo podrían ser perdonados nuestros pecados sino a través de Su perdón permanente? No hay duda de que los tribunales civiles son de gran utilidad para dirimir disputas. Pero, ¿qué hay de los grandes pecados contra Dios, no sólo en la Iglesia, sino fuera de ella? Para esto necesitamos la Redención Divina.

Los dos hijos de Elí abusaron de su oficio mediante la opresión y la corrupción. Ellos, como sacerdotes, tenían derecho a una parte determinada de los sacrificios de animales que se ofrecían; en lugar de contentarse con las partes que Dios les asignaba, robaban carne que Dios había ordenado quemar. A tal desobediencia, los jóvenes sacerdotes añadían impureza y escándalo, lo que desanimaba a la gente a acudir a la casa del Señor. Su padre les dijo:

Si el Hombre hace mal al Hombre, la justicia de Dios aún puede ser satisfecha; si el Hombre peca contra el Señor, ¿quién intercederá por él?

(1 Reyes 2:25 [1 Samuel 2:25, RSV])

A esa pregunta no podían dar respuesta.

Pero Dios, en Su tiempo señalado, respondió Él mismo, y la respuesta es la Sangre del Sumo Sacerdote cuyo acto eterno de Amor el sacerdote tiene el poder de renovar en el Sacrificio de la Misa. Si Él no es invocado, o si es rechazado, entonces no hay perdón.

Si seguimos pecando voluntariamente, una vez que se nos ha concedido el pleno conocimiento de la Verdad, no tenemos más Sacrificio por el pecado al que esperar.

(Hebreos 10:26)

¿Quién podrá ser nuestro adversario si Dios está de nuestra parte? Él no perdonó ni a su propio Hijo, sino que lo entregó por todos nosotros; ¿y no debe ese don ir acompañado del don de todo lo demás? ¿Quién acusará a los elegidos de Dios, si Dios nos justifica? ¿Quién condenará, si Jesucristo, que murió, más aún, que resucitó y está sentado a la derecha de Dios, intercede por nosotros? ¿Quién nos separará del amor de Cristo?

(Romanos 8:31-35)

Nuestra relación específica como sacerdotes es con la cima de la escalera. Nos corresponde contactar al Amante Eterno en el cielo que «vive para interceder por nosotros» (Hebreos 7:25).

El sacerdocio de Cristo en el cielo es permanente y continuo. Sea cual sea la necesidad del hombre como hombre en cada circunstancia de esfuerzo, conflicto o pecado, tiene una eficaz intercesión a través de Cristo, que aboga por nuestra causa ante el Padre:

> *...si alguno de nosotros cae en pecado, tenemos un Abogado que intercede por nosotros ante el Padre en el Justo, Jesucristo. Él, en su propia Persona, es la expiación por nuestros pecados, y no sólo por los nuestros, sino también por los pecados de todo el mundo.* (1 Juan 2:1,2)

Este es el aspecto vertical de nuestro sacerdocio, por el cual contactamos el Santo de los Santos, y por el cual tenemos derecho a ser llamados "*ministros Christi*." En todo momento de nuestro sacerdocio, estamos o deberíamos estar en contacto con el Divino Intercesor. Muy a menudo, cuando alguien pide ayuda en la tribulación y expone al sacerdote su alma deprimida, le decimos que rece. ¡Ciertamente! ¿Pero intercedemos? Tenemos comunicación directa con el Divino Abogado; tenemos los privilegios de un embajador. Decir a aquel a quien es nuestro oficio ayudar que debe rezar mientras nosotros no intercedemos, es ser infieles a nuestro alto oficio. Ofrecer la Misa de vez en cuando por todos los que "*trabajan y están cargados*" (Mateo 11:28) es la señal de un sacerdote santo que conoce el camino al Santo de los Santos.

La Base de la Escalera:
Relaciones Horizontales con el Pueblo

Para ser nuestro sacerdote, Cristo asumió la naturaleza humana. Asimismo, continuamos Su Sacerdocio no solo teniendo contacto con Él en el Cielo, sino también permaneciendo humanos y hablándole en nombre de toda la humanidad. Verticalmente estamos relacionados con Cristo en el Cielo; Horizontalmente, estamos relacionados con los hombres en la tierra. Así como Cristo asumió nuestras infirmedades y llevó nuestros males, también nosotros somos representantes de la humanidad pecadora:

El propósito por el cual cualquier sumo sacerdote es elegido entre sus semejantes y hecho representante de los hombres en sus tratos con Dios es ofrecer dones y sacrificios en expiación de sus pecados. Está cualificado para esto por ser capaz de compadecerse de ellos cuando son ignorantes y cometen errores, ya que Él también está rodeado de humillaciones.

(Hebreos 5:1,2)

¿Por qué Nuestro Señor nos eligió a nosotros, que somos tan débiles? Cada uno de nosotros conoce a muchos que seguramente habrían respondido mejor a la gracia de la ordenación. Sería un insulto a la Sabiduría Divina imaginar que somos el mejor material disponible. ¿Por qué Dios no eligió a los ángeles para mediar entre los pecadores y Dios? Porque la simpatía, la compasión, el sufrir junto con otro, que solo quien ha sufrido conoce, faltarían experimentalmente al ángel. Nuestro Señor mismo asumió la «naturaleza de esclavo» (Filipenses 2:7), para compartir más específicamente nuestras penas y nuestras heridas. Nadie puede decir jamás que Dios no sabe lo que es sufrir como Él lo hace. Incluso la única cosa ausente en Su naturaleza humana, la cualidad de la feminidad, la compensó en la mayor medida posible llamando a «la Mujer» para compartir (en la medida en que María pudo) Su Pasión con Él.

Incluso fuera de Su Pasión, todo lo que hizo por el hombre, movido por Su compasión hacia sus males, "Le costó" algo. Nunca se inmunizó contra nuestras infirmedades. Incluso pareció perder algo cuando sanó: *"una fuerza ha salido de Mí"* (Lucas 8,46). Gimió cuando resucitó a Lázaro de entre los muertos. *"Y Jesús... suspiró profundamente y se angustió por ello"* (Juan 11,33).

Nunca ofrecemos la Misa ni rezamos nuestro Breviario como individuos. Esa es una razón por la cual un monaguillo u otro debe asistir en la Misa. Y aunque la Misa es Ofrecida al Padre celestial por la Iglesia, su intercesión no es solo por la Iglesia, sino también por aquellos que aún no son de la casa de Israel, a quienes también somos enviados. Tal es el significado de aquellas palabras que recitamos en el Ofertorio cuando ofrecemos en las cuatro direcciones de la tierra el cáliz de la Salvación *"pro nostra et totius mundi salute."*

Al sacerdote en el Antiguo Testamento se le dieron instrucciones detalladas que enfatizaban su vínculo con su pueblo.

Y siempre que Aarón entre en el santuario, llevará sobre su pecho, en el pectoral que da consejo, los nombres de los hijos de Israel, poniendo al Señor en memoria de ellos eternamente. Y dentro del pectoral que da consejo pondrás las piedras de toque de la sabiduría y de la verdad. Estas estarán sobre el pecho de Aarón cuando entre en la presencia del Señor; mientras esté allí, llevará sobre su pecho el arbitraje de los hijos de Israel.

(Éxodo 28:29,30)

Los nombres en las piedras de los hombros pueden entenderse como la carga que su pueblo representaba para él, así como la Cruz sería nuestra carga. Pero el pectoral, colocado sobre el corazón, indicaba que aún los llevaba con afecto y amor. Debido a nuestras relaciones horizontales con el mundo, debemos llevar el nombre del Hombre en nuestro corazón, y no solo en nuestra oración privada, sino siempre que ofrecemos el sacrificio de reparación y la intercesión llorosa al gran Sumo Sacerdote en el Cielo. Las intenciones de nuestras Misas son más amplias que las de quienes las solicitaron. Ellos abrazan a los fieles y al mundo.

Escucha cómo los sacerdotes, que sirven al Señor, lamentan entre el pórtico y el altar, clamando en voz alta: ¡Perdona a tu pueblo, Señor, perdónalos; tu pueblo escogido, no los pongas en la vergüenza de obedecer a amos paganos!

(Joel 2,17)

Siempre tocados por la simpatía hacia las flaquezas humanas, llevamos la carga de las naciones en nuestro corazón. Entre el santuario y el tabernáculo, revestidos con las vestiduras que nos identifican como representantes de Cristo, hablamos por los mudos, expiamos por los pecadores, suplicamos por los Judas e intercedemos por aquellos *"que no saben lo que hacen"* (Lucas 23,34).

La intercesión del sacerdote ante el trono de Dios debe ser una intercesión llorosa. En esto nuestro Sumo Sacerdote nos ha dado un ejemplo de simpatía humana, pues Él lloró tres veces: una por el dolor humano, la miseria, la desolación y la muerte, en la tumba de Lázaro; una vez por una ciudad, una civilización, una cultura decadente, un gobierno corrupto, sacerdotes corruptos, en Jerusalén; finalmente, por el pecado humano, el orgullo, la avaricia, el egoísmo y todo ese catálogo de pecados capitales, en Getsemaní. Si comenzamos (como debemos) desde el fondo de la escala, teniendo compasión de todos los hombres, nada de lo que les sucede a los demás nos es ajeno. Su dolor es nuestro dolor, su pobreza nuestra pobreza. No importa de quién sean las almas que se fatigan, no importa de quién sean las manos que llevan cargas pesadas, nuestra reacción es siempre la misma. "¡Mi aflicción!", clamamos en lo profundo de nuestro propio espíritu afligido y compasivo, "¡mi dolor, mi cruz!"

Cómo la intercesión afecta Nuestra Misa

Dada nuestra identificación con aquellos que son ignorantes y cometen errores (Hebreos 5:2), nuestros pensamientos serán sus pensamientos al ofrecer el Santo Sacrificio de la Misa.

En el Ofertorio, por ejemplo, veremos a toda la humanidad sobre la patena y en el cáliz. Así como Nuestro Señor obtuvo los primeros elementos de Su propio Cuerpo humano de una mujer, así para la Eucaristía toma pan y vino de la tierra. El pan y el vino son, por tanto, representativos de la humanidad. Dos de las sustancias que más ampliamente han nutrido al Hombre son el pan y el vino. El pan ha sido llamado la médula de la tierra; el vino, su misma Sangre. Al dar lo que tradicionalmente ha constituido nuestra carne y Sangre, estamos ofreciendo de manera equivalente a toda la humanidad sobre la patena.

El pueblo ya no trae pan y vino como en la Iglesia primitiva, pero sus contribuciones a la colecta del ofertorio permiten la compra del pan y el vino. Habría menos resistencia al cepillo si hiciéramos un mayor esfuerzo por presentarlo como un símbolo de la incorporación de toda la congregación al Sacrificio de la Misa. De igual modo, podríamos simultáneamente edificar y obtener la bendición del Señor si nosotros mismos diéramos generosamente a cada colecta a la que pedimos que el pueblo contribuya. ¿Por qué deberíamos estar exentos de un sacrificio para la Propagación de la Fe en el Domingo de las Misiones? "Sé tan generoso como sea posible" es una frase vacía, si la generosidad del pastor no ha precedido a la generosidad de su rebaño.

Antes de que el pan pudiera ser colocado en la patena y el vino vertido en el cáliz, ¡cuántos elementos del mundo económico, financiero y técnico tuvieron que ponerse en juego! El trigo necesitaba agricultores, campos, sacos, camiones, molinos, comercio, finanzas, compra y venta. Las uvas requerían viñedos, botellas, prensas, tiempo, espacio, química, mil años de habilidades acumuladas.

En el Ofertorio, por tanto, reunimos todo el mundo en la estrecha extensión de un plato y una copa. Cada gota de sudor, cada día de trabajo, las decisiones del economista, el financiero, el delineante y el ingeniero, cada esfuerzo e invención que intervino en la preparación de los elementos del Ofertorio son simbólicamente redimidos, justificados y santificados por nuestro acto. Traemos no solo al hombre redimido, sino a la creación no redimida a los pies del Calvario y al umbral de la Redención.

Así como el trigo que María comió y el vino que bebió se convirtieron en una especie de Eucaristía natural para preparar al Cordero de Dios que se sacrificaría por el mundo, así todas las cosas materiales son santificadas mediante el Ofertorio de la Misa.

En la Consagración, Cristo renueva Su sacrificio de manera incruenta. El acto de amor que motivó ese sacrificio es eterno, porque Él es el Cordero *"molido en sacrificio desde la creación del mundo"* (Revelación 13:8). Lo que el sacerdote hace cada vez que pronuncia las palabras de la Consagración es aplicar el Calvario y sus frutos a un lugar y un tiempo determinados. Localizado en un punto del espacio y un momento del tiempo, el Calvario ahora se universaliza en espacio y tiempo. El sacerdote toma la Cruz del Calvario con Cristo aún colgado en ella, y la planta en Nueva York, París, El Cairo, Tokio y en la misión más pobre del mundo. No estamos solos en el altar; estamos en relaciones horizontales con África, Asia, nuestra propia parroquia, nuestra ciudad — con todos.

Aferradas a la casulla de cada sacerdote, por ejemplo, están 600 millones de almas en China que aún no conocen a Cristo. Cuando el sacerdote toma la hostia en su mano, contempla dedos deformados por la esclavitud en las minas de sal de Siberia. Al estar ante el altar, sus pies son los pies sangrantes de refugiados que marchan hacia el oeste, hacia alambre de púas más allá del cual yace la libertad. La llama de las velas refleja el flujo de los altos hornos atendidos por hombres demacrados que, por su trabajo, carecen de justicia económica. Los ojos que contemplan la hostia están húmedos con las lágrimas de la viuda, del sufriente y del huérfano. La estola es una honda en la que el sacerdote lleva sobre su hombro piedras vivas, la carga de las iglesias, las misiones de todo el mundo. Él arrastra a toda la humanidad al altar, donde une el cielo y la tierra. Porque sus manos elevadas en la Consagración se funden con las Manos de Cristo en el Cielo, quien «vive aún para interceder por nosotros» (Hebreos 7:25).

En el Ofertorio, el sacerdote es como un cordero llevado al matadero. En la Consagración, Él es el cordero sacrificado como víctima propiciatoria. En la Comunión, descubre que en realidad no ha muerto, sino que ha llegado a la vida abundante que es la unión con Cristo. Quien se entrega a lo material y se deja poseer por ello, es como un hombre que se ahoga, cargado por el agua que ha entrado y tomado posesión de sus pulmones. Tal persona nunca puede recuperarse. Pero donde la entrega es a Dios, nos reencontramos ennoblecidos y enriquecidos. Descubrimos que nuestra muerte no fue más permanente en la Consagración que la muerte del Calvario, pues la Sagrada Comunión es una especie de Pascua. Renunciamos a nuestro tiempo y recibimos Su eternidad; renunciamos a nuestro pecado y recibimos Su gracia; renunciamos a amores mezquinos y recibimos la Llama de Amor.

En esta unión con Cristo no estamos solos, porque la Comunión no es meramente la unión del alma individual con Cristo; sino que une a Cristo con todos los miembros del Cuerpo Místico y, de manera extendida, mediante la oración, con toda la humanidad.

El único Pan nos hace un solo Cuerpo, aunque seamos muchos en número; el mismo Pan es compartido por todos.
(1 Corintios 10:17)

Participar del Cuerpo de Cristo en la Sagrada Comunión elimina todas las distinciones accidentales de raza, clase o condición. Aquí somos uno con toda la humanidad redimida e indirectamente con la tierra, de la cual Cristo describió a sus verdaderos seguidores como la sal.

Pero nosotros, que ofrecemos este Cáliz y comemos de este Pan, debemos recordarnos constantemente que este oficio sacerdotal impone obligaciones espirituales. Los Israelitas en el desierto fueron alimentados con maná en su camino y bebieron agua de la roca, y sin embargo

A pesar de todo, Dios estaba disgustado con la mayoría de ellos; mira cómo fueron humillados en el desierto.
(1 Corintios 10:5)

No todo el que recibe la Comunión se salva. No nos sirve de nada ser sacerdotes a menos que seamos víctimas, porque sólo aquellos que mueren con Él vivirán con Él.

Nuestra necesidad de morir en Cristo antes de poder vivir para Cristo refleja una de las grandes diferencias entre el Sumo Sacerdote y sus sacerdotes humanos; Él era sin pecado, pero nosotros no lo somos. Por tanto, el sacerdote debe ofrecer la Misa, no sólo por el pueblo sino también — y esto a menudo se olvida — por sí mismo:

> *Y, por esa razón, debe necesariamente presentar ofrendas por el pecado para sí mismo, tal como lo hace por el pueblo.*
>
> (Hebreos 5:3)

En la Cruz, Nuestro Señor, como sacerdote, pidió perdón por los pecadores: «Padre, perdónalos» (Lucas 23:34); sin pecado, no pidió perdón para Sí mismo. Con nosotros, en cambio, no es así. Debemos ofrecer el Santo Sacrificio por nuestras propias faltas y pecados.

El sacerdote del Antiguo Testamento estaba obligado a ofrecer para sí mismo un sacrificio mayor, un animal más costoso. Puesto que sus bendiciones eran mayores, también lo eran sus pecados.

> *Él ofrecerá el novillo para hacer intercesión por sí mismo.*
>
> (Levítico 16:6)

El análisis de este texto desarrollado en la Epístola a los Hebreos impresionó tanto al autor cuando era seminarista que resolvió no dejar pasar ninguna semana de su vida sacerdotal sin ofrecer una Misa en honor a Nuestra Señora y al Gran Sumo Sacerdote, en reparación por sus faltas y pecados. Esta resolución la ha mantenido durante décadas y espera, con la gracia de Dios, conservarla hasta que la Misericordia Divina finalmente lo llame a la unión eterna con el Tremendo Amante.

Conclusión

Ningún sacerdote debería jamás actuar de tal manera que el comentario de Jacob sobre sí mismo pudiera aplicarse a sus meditaciones sobre el sacerdocio. Cuando Jacob se levantó de su visión en Betel, dijo:

> *¡Claro que este es el lugar donde habita el Señor, y yo dormí aquí sin darme cuenta!* (Génesis 28:16)

Así como Jacob no reconoció la cercanía de Dios, el sacerdote a menudo no reconoce la grandeza de su vocación. ¡Cuántas veces dormimos, sin tener presente la Eucaristía, Su morada! Solo en momentos excepcionales llegamos a la aterradora realización de nuestra vocación. Somos más conscientes de la base de la escalera que de la cima. La humanidad está más cerca de nosotros; podemos sentirla. Pero la cima solo se ve por la Fe. Se necesita una especie de Luza, de separación del mundo, para hacernos ver Betel, la Casa de Dios. Nuestro sacerdocio se ilumina mejor en los fuegos de la condición de víctima. Nos volvemos significativos para nuestros semejantes no siendo un "tipo común", sino siendo "otro Cristo". Nuestra eficacia en la base de la escalera depende de nuestra comunicación con la cima. La popularidad no es necesariamente influencia. "¡Ay de vosotros!", dijo Nuestro Señor, "*cuando todos los hombres hablen bien de vosotros*" (Lucas 6:26). La mayor de nuestras compasiones hacia los demás y nuestra capacidad para elevarlos se manifiesta cuando hemos descendido del Cielo (Juan 3:13). La base de la escalera se descubre mejor desde la cima.

Primera Aplicación:
Separación del Mundo

Aunque, como sacerdotes, somos tomados de entre los hombres y, por tanto, nunca debemos ser insensibles a sus aflicciones, aunque estamos en el mundo, nunca somos de él, porque nuestro Sumo Sacerdote nos ha llamado fuera de este mundo. La Epístola a los Hebreos presenta una profunda razón por la cual esto debe ser así:

Salgamos también nosotros a Él, fuera del campamento, llevando su ignominia.

(Hebreos 13:13)

¿Qué significaba «fuera del campamento»? Significaba ser el rechazado del mundo. El «campamento» en la Escritura era la ciudad de Jerusalén, el centro religioso del mundo. El Templo lo había expulsado, los sacerdotes lo entregaron a los Gentiles; Le negaron un lugar para morir en la ciudad, así como le negaron posada en su nacimiento. Fuera del campamento siempre estaba el lugar de la afrenta. Allí se arrojaban los desechos y la basura.

Y ahora, para enmendar su falta, ... la piel y toda la carne... los llevará fuera del campamento... y los quemará sobre un fuego de leña.

(Levítico 4:8,11,12)

A menos que el mundo perciba una diferencia en los lugares que frecuentamos, en nuestras actividades y en los placeres en que nos entregamos, en el lenguaje que usamos, en nuestro vestir, no respetará nuestro testimonio. Separados del mundo, separados para Dios: estos son los aspectos negativos y positivos de nuestro sacerdocio.

De hecho, cuanto más éxito y prestigio disfrutamos en el mundo, y cuantos más honores se nos imponen, más debemos negarnos a aprovechar las recompensas y consolaciones mundanas. La tentación de ser «del mundo» se vuelve grande cuando a un sacerdote se le impone la popularidad porque su trabajo le exige utilizar los medios masivos, la prensa, la televisión o la radio. Entonces, más que nunca, debe imponerse a sí mismo que una cosa es ser popular y otra muy distinta ser influyente. El Papa Juan XXIII dio gracias a Dios porque un clérigo muy conocido, que había tenido gran éxito entre todas las clases sociales, había sufrido. Esto es lo que le mantiene humilde, dijo. En la medida en que buscamos lo que el mundo puede dar, nos volvemos incapaces de dar lo que el mundo necesita. Las grandes inspiraciones surgen en el desierto, o alejadas del mundo.

La Palabra de Dios vino sobre Juan, el hijo de Zacarías, en el desierto.

(Lucas 3:2)

El silencio constituye una parte integral de este aislamiento. No siempre es apropiado decir todo lo que sabemos.

El Sacerdote es como La escalera de Jacob

No echéis las perlas a los cerdos.

(Mateo 7:6)

A algunos les gusta hablar interminablemente sobre la religión, como Herodes, hasta que Juan el Bautista le presentó el propio problema moral de Herodes. La religión es menos un tema para discusión que para decisión.

Asegúrate de no decírselo a ningún hombre.

(Mateo 8:4)

Asegúrate de que nadie se entere de esto.

(Mateo 9:30)

Nuestro Sumo Sacerdote se interpone entre nosotros y las muestras de aplauso popular, de aprobación superficial. Como la escalera de Jacob, aunque estamos arraigados en la tierra, debemos ser sostenidos por el cielo; de lo contrario, no habría ascenso ni descenso de los ángeles. En cada momento de nuestro apostolado, el mundo debe decir de nosotros lo que el Sanedrín dijo de Pedro y Juan después de la Resurrección: que «los reconocieron ahora como los que habían estado con Jesús» (Hechos 4:13). Si los fuegos que encienden nuestra actividad son otros que la llama del Espíritu Santo, no somos más que «bronce que resuena o címbalos que retiñen» (1 Corintios 13:1).

Todo sacerdote debe meditar frecuentemente en los dos sacerdotes recién ordenados, los hijos de Aarón. Aarón y Moisés habían ofrecido sus sacrificios y Dios mostró su aprobación consumiéndolos con fuego milagroso. Los nuevos sacerdotes, Nadab y Abiú, sin esperar instrucciones, se prepararon para hacer una ofrenda a Dios por Su don mediante la ofrenda de incienso, que simbolizaba la oración. Pero encendieron sus turíbulos, no con el fuego sagrado del altar (Levítico 16,12), sino con un fuego extraño que Dios había prohibido.

Había dos hijos de Aarón, Nadab y Abiú, que tomaron sus incensarios y pusieron en ellos brasas e incienso, para quemar fuego profano en la presencia del Señor, no conforme a Su mandato; por lo cual el Señor envió fuego que los consumió, y murieron allí en la presencia del Señor.

(Levítico 10,1-2)

No sabemos qué fue exactamente ese fuego extraño que ofrecieron. Lo único que sabemos es que, al llegar a la puerta del tabernáculo donde estaban Moisés y Aarón, fueron alcanzados por una ráfaga de fuego consumidora. Habían usado algún fuego del mundo, no el fuego de Dios, símbolo del Espíritu Santo.

La escena recuerda otra similar descrita en los Hechos de los Apóstoles (5:1-10), la destrucción de Ananías y Safira, quienes no usaron el espíritu del Pentecostés en su entrega, así como Nadab y Abiú no usaron el fuego de Dios en su sacerdocio. El fuego que es de nuestra propia lumbre no constituye un sacrificio agradable a Dios. Solo el Espíritu de Dios puede proporcionar un fuego aceptable.

Aquellos que siguen la guía del Espíritu de Dios son todos hijos de Dios.

(Romanos 8:14)

Cuanto más cerca están los hombres de Dios, más expuestos están al toque de Sus manos castigadoras. Lo que podría pasar desapercibido en otros será castigado en ellos.

El sacerdote que no depende del Espíritu Santo, sino que busca proveer un fuego o un espíritu propio, provoca al Señor por presunción. Dios acepta sólo lo que Su Espíritu inspira. Debemos devolver a Dios lo que Él ha dado. Él rechaza toda falsificación. Tendrá fuego Divino o ninguno. De lo contrario, el fuego de la aprobación Divina se convierte en el fuego de la ira Divina. El fuego extraño fue castigado con fuego consagrado. El fuego de Dios apagó sus incensarios junto con la luz de su vida.

Se nos recuerda dos veces que Nadab y Abiú no tuvieron hijos (Números 3:4 y 1 Paralipómena 24:2 [1 Crónicas 24:2, RSV]). Los sacerdotes cuyo ministerio no está inspirado por el Espíritu Santo tienen un sacerdocio estéril. No se prolonga a través de vocaciones. Si carecen del Espíritu de Cristo, también carecerán de progenie espiritual. La vida sacerdotal encendida por el *ignis alienus* del mundo no puede envejecer con el consuelo de sacerdotes jóvenes cuyas vocaciones fomentó. Pero el sacerdote encendido por el Espíritu Santo nunca será estéril. Su parroquia y su escuela florecerán con vocaciones. Así, todo sacerdote posee una medida del fuego que arde en su alma. Los Nadab y los Abiú no pueden encender el amor a Cristo, pero ¿acaso hubo algún Pablo sin un Timoteo?

Segunda Aplicación: Pérdida de Nuestro Ego

Cristo nuestro Sumo Sacerdote, la Escalera de Jacob, no fue una Persona humana, aunque poseía naturaleza humana. Su humanidad no fue el centro de la personalidad; la naturaleza humana no tenía existencia concebible aparte del Verbo Eterno que la llamó a la existencia y la hizo suya.

La naturaleza humana fue un vestido con el que Él vistió su Persona Divina, o más bien un *instrumentum conjunctum Divinitatis* por el cual actuaba sobre la humanidad. No era un instrumento separable, como lo es un lápiz de la mano del escritor, sino uno eternamente unido al Verbo, incluso ahora en el Cielo, como prenda, modelo y patrón de nuestra resurrección y gloria.

A través de la instrumentalidad de esta naturaleza humana, Nuestro Señor Bendito ejerció tres oficios. Él fue Maestro, Rey y Sacerdote; estos tres oficios que Él comunicó a Su Iglesia para ser ejercidos por los instrumentos humanos que eligió como Sus ministros. En consecuencia, en Su Cuerpo Místico, Él continúa enseñando, gobernando y santificando. Lo que hizo a través del

Cuerpo que tomó de María, ahora lo hace a través del Cuerpo que tomó de la humanidad y llenó con Su Espíritu en Pentecostés.

Ahora bien, si nuestro Mediador unió a Dios y al hombre, el Cielo y la tierra, la eternidad y el tiempo, en la unidad de Su Persona Divina, ¿qué significa eso para nosotros, los sacerdotes? ¿Cómo afecta eso al ideal del sacerdocio en la Iglesia? Lo que específicamente hace es sumergir la personalidad humana del sacerdote para que pueda decir: «Ya no soy mío.» La personalidad humana responde a la pregunta: «¿Quién es?» Nuestra naturaleza humana responde a la pregunta: «¿Qué es?» El sacerdote que continúa la Vida de Cristo busca ser uno con Él tan completamente que la Personalidad que gobierna cada uno de sus pensamientos, palabras y acciones sea la Personalidad del mismo Cristo. Así como la naturaleza humana de Cristo no tenía persona humana, así el sacerdote busca no tener otra fuente de responsabilidad que Cristo mismo. Nos esforzamos por eliminar el «Ego» y sustituirlo por el *«Christus-Sacerdos-Víctima.»*

Aunque la Unión Hipostática nunca puede repetirse, todo sacerdote debe intentar, de manera distante e imperfecta, reproducirla en su sacerdocio. Nosotros también buscamos tener "dos naturalezas en una Persona." Una naturaleza la hemos heredado de Adán; la otra "naturaleza" es la gracia, por la cual somos hechos "partícipes de la Naturaleza Divina." Aunque, en sentido estricto, no son como las dos naturalezas en Cristo, ayudan a señalar el problema de nuestro "yo." El ideal es sumergir nuestra personalidad en la Persona de Cristo hasta pensar con Él, querer lo que Él quiere, hacer de Él la fuente de nuestra responsabilidad y de nuestro poder.

Si un pintor sintiera el impulso de crear un cuadro hermoso pero sólo tuviera disponible un lienzo que no le perteneciera, podría decidir que no valdría la pena el esfuerzo. La analogía es aplicable al gran Sumo Sacerdote; si Él no nos posee, si no es la Personalidad que dirige todas nuestras acciones, no obrará a través de nosotros como obra a través de aquellos que le pertenecen. Operamos demasiado a través de nuestro poder, no del Suyo.

Yo, como persona, utilizo un lápiz como instrumento. Si el lápiz estuviera dotado de su propia personalidad, podría decir: «No escribiré», o «Subiré cuando quieras que baje», o «Embolsaré mi punta». Habría poco que pudiera hacer con ese instrumento. Así somos nosotros, si nuestra personalidad está en conflicto con la Suya; o si tiene un pequeño jardín secreto de algún amor mezquino o pecado oculto, al que Él no puede entrar. En tal caso, la culpa de nuestro sacerdocio no está en Él, sino en nosotros. Nuestro ego «frustra» la Divinidad. Él quiere una cosa; nosotros queremos otra. Nos convertimos en peldaños rotos en la escalera hacia el Cielo.

¿Quizás la herejía nestoriana está viva hoy — y en nosotros? Nestorio enseñó que había dos Personas en Cristo. ¿No vivimos a veces como si hubiera dos Personas en nosotros; ¿La persona que desea ser rica y la Persona de Cristo que no tenía dónde reclinar Su Cabeza? ¿La persona que busca escapar del trabajo, y la Persona de Cristo cuyas mayores conversiones se realizaron cuando Él estaba cansado? ¿La persona que nunca hace un converso, y la Persona de Cristo que siempre está en busca de la oveja perdida?

Él nos llamó como personas al sacerdocio, ordenándonos crucificarnos, desegotizarnos y hacernos vasos vacíos para el tesoro celestial. Por eso se nos manda vivir una vida «oculta con Cristo en Dios». Sólo en el olvido de uno mismo reina Cristo en nosotros.

A Cristo Crucificado

No me conmuevo a amarte, oh mi Señor,
Por ningún anhelo de Tu Tierra Prometida;
Ni por el miedo al infierno me desanimo
Para cesar de mi acción o palabra transgresora.

Eres Tú mismo quien me mueve — Tu Sangre derramada
Sobre la Cruz desde pie y mano clavados;
Y todas las heridas que marcaron Tu Cuerpo;
Y toda Tu vergüenza y amarga recompensa de la Muerte.

Sí, a Tu Corazón estoy tan profundamente conmovido

El Sacerdote es como La escalera de Jacob

Que Te amaría aunque no hubiera Cielo en lo alto —
Que Te temería aunque el infierno fuera un cuento absurdo.
Tal es mi deseo, toda duda se vuelve vana;
Aunque la esperanza me niegue esperanza, aún suspiraría,
Y como es ahora mi Amor, así debería permanecer.

Traducido por Thomas Walsh*
Del libro *Una introducción a la literatura española*,
de George Tyler Northup, Universidad de Chicago.

Así como el científico aprende los secretos de la naturaleza siendo pasivo ante ella, así aprendemos los misterios de nuestro Sumo Sacerdote siendo pasivos ante Él. La naturaleza nunca desplegaría las páginas de sus Leyes, si el científico impusiera su mente sobre ella; así tampoco el Sumo Sacerdote nos conferirá esa plenitud de poder, a menos que seamos como vasos vacíos ante Él. San Pablo dice que reprimió su propia voluntad y se hizo débil en todo lo que involucraba su Persona, para que pudiera aumentar en sí mismo en el poder de Dios.

Pero Él me dijo: Mi gracia te basta; Porque mi poder se perfecciona en la debilidad. Por eso, con mayor razón, me gloriaré en mis debilidades, para que repose sobre mí el poder de Cristo. (2 Corintios 12:9)

No hay nada que Dios no pueda hacer sin mí. Pero hay muchas cosas que ha elegido hacer a través de mí, siempre que sea un instrumento dócil en Su Mano. La verdadera continuación del Sacerdocio es, por tanto, entregarnos por completo al gran Sumo Sacerdote, de modo que no tengamos otros sentimientos, emociones ni deseos que Cristo mismo:

Tened entre vosotros la misma actitud que tuvo Cristo Jesús.

(Filipenses 2:5)

¿Por qué, cuando se iba a repartir la tierra entre las doce tribus, la tribu de Leví no recibió ninguna? Porque era la tribu del sacerdocio. ¿Qué necesitaban, si poseían al Señor? ¡Qué lección!

> *Por eso los levitas no tienen tierras asignadas como sus hermanos; el Señor tu Dios les ha prometido que Él mismo será su porción.*
>
> (Deuteronomio 10:9)

Tercera Aplicación:
La importancia del Ex Opere Operantis

Cuando actuamos en nombre de la Iglesia al administrar los sacramentos, somos instrumentos de Dios por los cuales se confiere la gracia mediante la simple realización de la acción, o como decían los escolásticos, ex *opere operato*. La luz del sol no se contamina al pasar por una ventana sucia. Dios puede escribir recto con líneas torcidas. Una persona podría ser bautizada válidamente tanto por un Judas como por un Pedro.

Esto es cierto en los sacramentos. Pero el sacerdote está obligado a cumplir muchos otros deberes: consolar a los enfermos, predicar el Evangelio, convertir a los pecadores, mover las almas a la penitencia, fomentar las vocaciones, y todos estos deberes requieren nuestro propio sacrificio, nuestro desapego y la laboriosa formación de nosotros mismos a la imagen de Cristo. La eficacia de tales acciones *ex opera operantis* requiere la entrega de nuestra personalidad a Cristo.

Hablando de las acciones de Cristo, los teólogos afirman que todo lo que Él hizo fue un acto Divino porque Él es una Persona Divina, principio que expresan con la afirmación *actiones sunt suppositorum*. Este principio puede aplicarse por analogía al sacerdote. Todas las acciones de su naturaleza deben atribuirse a la Persona Cristo:

Sea lo que sea que hagas, en palabra y acción por igual, invoca siempre el nombre del Señor Jesucristo, ofreciendo tu acción de gracias a Dios Padre por medio de Él.

(Colosenses 3:17)

Actuamos, vivimos, pensamos, predicamos no en nuestro nombre o personalidad, sino en el Suyo. Somos sólo ramas. Él es la Vid (Juan 15:1-10). La vid y las ramas tienen la misma vida, son alimentadas por la misma savia y trabajan juntas en la producción del mismo fruto. Forman un solo ser, tienen una misma y única acción. Nuestra unidad en Él es tan total, que clamamos con Pablo:

Yo cuelgo en la Cruz, y sin embargo estoy vivo; o más bien, no soy yo; es Cristo quien vive en mí.

(Gálatas 2:20)

Nuestra sublime dignidad no consiste exclusivamente en el carácter sacerdotal conferido en las Sagradas Órdenes, sino en lo que este carácter también exige como complemento, a saber, que Cristo tome el lugar de nuestra personalidad. Entonces crecemos en Cristo como lo hizo María. Ciertamente, Nuestra Madre Bendita era más rica espiritualmente en el día de Navidad que en el día de la Anunciación; más rica en Caná que en Belén, más rica en el Calvario que en Caná, y más rica en el Cenáculo en Pentecostés que en el Gólgota.

El ideal es, por consiguiente, tener a la Persona de Cristo como la única fuente de nuestra responsabilidad tanto en los actos que producen su efecto *ex opere operato* como en aquellos que son fructíferos *ex opere operantis*. Nuestra vida pecaminosa no destruye el valor esencial del primer tipo. Cuando en el confesionario el sacerdote dice: «Yo te absuelvo», es Cristo quien absuelve; Cuando en la Misa dice, «Este es Mi Cuerpo», es Cristo Quien ofrece Su Cuerpo al Padre. Y así sucede en todos los sacramentos. Pero en los demás actos del sacerdote, debe ser Cristo quien nuevamente visite a los enfermos e instruya a quienes buscan la Verdad. Este tipo de unión con Cristo, sin embargo, no proviene simplemente de la ordenación. Exige mortificación.

El Sacerdote es como La escalera de Jacob

Los fieles ven a Cristo en nosotros en el altar, en el confesionario y en la pila bautismal. ¿Nos ven a Cristo en la mesa, en la escuela, en el campo de golf o en el hospital? ¿Son estos lugares para que nuestro ego se imponga, o son ocasiones para que otros vean a Cristo en el comedor de un Simón o un Lázaro? Cristo no se desprende con la casulla, ni nuestra ordenación se dobla en un bolsillo tan fácilmente como una estola. Los incrédulos no nos ven como inversiones; nos ven en tiendas, en teatros, en reuniones. Que vean a Cristo en nosotros depende de que actuemos como Cristo.

Un cable eléctrico conectado al generador no dará luz si la bombilla está fundida. Una de las razones por las que el cristianismo no influye más en el mundo es que pocos cristianos brillan más que aquellos que carecen de la fe. ¿No es esto también cierto para muchos sacerdotes, a pesar de que el sacerdote debería ser una persona distinta a todas las demás, porque es la Persona de Cristo?

San Francisco de Sales vio a un joven sacerdote en el día de su ordenación, a punto de entrar en la iglesia para su primera Misa. El joven sacerdote se detuvo como si hablara con alguien invisible; el problema parecía ser quién debía pasar primero. El sacerdote explicó a San Francisco de Sales: «Acabo de tener la felicidad de ver a mi Ángel Guardián. Antes, él siempre caminaba delante de mí; ahora que soy sacerdote, insiste en caminar detrás de mí.»

Por la entrega de nuestro ego a la Persona del Sumo Sacerdote ejercemos una influencia como la del predicador de la corte francesa del siglo XVIII, el obispo Jean Baptiste Massillon, sobre Luis XIV. «Padre», le elogió el rey un día, «he escuchado a muchos oradores en esta capilla, y siempre he quedado muy satisfecho; pero cada vez que te escucho, me siento insatisfecho conmigo mismo."

Los santos sacerdotes siempre hacen que los pecadores pronuncien lo que la mujer samaritana dijo a los hombres de su ciudad: *Venid a ver a un hombre que me ha contado toda la historia de mi vida; ¿puede ser este el Cristo?*

(Juan 4:29)

~ 3 ~

Generación espiritual

"Creced y multiplicaos" es una ley del sacerdocio no menos que de la vida biológica. La producción de nueva vida es generación, una función que no pertenece exclusivamente ni siquiera principalmente a la carne. Dios es la fuente de toda generación.

Engendrar no es un impulso desde abajo, sino un don desde arriba; más que una evolución desde los animales, es un descenso desde la Deidad.

> *¿Qué, dice el Señor tu Dios, tendré yo que traer hijos al nacimiento, para no tener poder para traerlos al mundo?*
>
> (Isaías 66:9)

Toda madre que engendra un hijo, toda gallina que empolla a sus polluelos, toda mente que concibe una nueva idea, todo obispo que ordena a un sacerdote, todo sacerdote que fomenta una vocación, reflejan ese acto eterno de generación en el que el Padre dice a su Hijo:

> *Tú eres mi Hijo; Te he engendrado hoy.*
>
> (Salmo 2:7)

La comprensión de la generación eterna de la Segunda Persona de la Trinidad proporcionada por tal generación carnal es, sin embargo, muy remota y oscura. Algo más precisa — aunque, por supuesto, todavía analógica — es la operación del intelecto humano cuando "concibe" ideas. ¿De dónde obtenemos la idea de "fortaleza", "relación" o "espiritualidad"? Nunca hemos visto estos conceptos en el mundo pedestre de naranjas, aceras y monedas. ¿De dónde proceden? La mente las generó; una vez engendradas, permanecen distintas de la mente, pero no separadas de ella. Los frutos del pensamiento, es decir, las ideas, no caen de la mente como manzanas de un árbol, ni como el recién nacido de los padres. Existen en la mente y, sin embargo, con caracteres propios.

De igual modo, Dios como el Pensador Eterno tiene un Pensamiento, una Palabra. Debido a que esta Sabiduría fue "generada", llamamos a Dios Quien Piensa el Padre, y a la Palabra o Idea Que es "generada" el Hijo. El Padre no fue primero y luego el Hijo. Un padre incrédulo dijo a su hijo que afirmaba que el Padre y el Hijo eran iguales: «Yo existía antes que tú, y por lo tanto el Padre existía antes que el Hijo.» El niño respondió: «¡Oh no! Tú no comenzaste a ser padre hasta que yo comencé a ser hijo.»

La Santísima Virgen María y la Generación

¿No fue acaso la Madre Bendita generada en la Mente de Dios? Antes de ser concebida inmaculadamente en el vientre de su madre, Santa Ana, ella fue «concebida inmaculadamente» en la Mente de Dios. Por eso se le aplican las palabras del libro de Proverbios (8, 22-30):

El Señor me hizo suya cuando comenzó su obra, al principio del tiempo, antes de que comenzara su Creación. Hace mucho, mucho tiempo, antes de que la tierra fuera formada, yo ya existía. Ya estaba en el vientre, cuando aún no existían las profundidades, cuando no habían brotado manantiales de agua; cuando nací, las montañas aún no se habían hundido sobre sus firmes cimientos, y no había colinas; aún no había hecho la tierra, ni los ríos, ni el sólido entramado del mundo. Estuve allí cuando Él construyó los cielos, cuando encerró las aguas con una bóveda inviolable, cuando fijó el cielo sobre nosotros, y niveló las fuentes profundas del abismo. Estuve allí cuando Él encerró el mar dentro de sus confines, prohibiendo a las aguas que traspasaran sus límites asignados, cuando Él posó los cimientos del mundo. Estuve a Su lado, como maestro de obras, aumentando mi deleite cada día, mientras jugaba delante de Él continuamente.

Los Apóstoles y la Generación

Así como Dios Padre tiene un Hijo Divino y millones incontables de hijos adoptivos por gracia, así María no solo tuvo a Jesús como su Hijo, sino a todos esos otros hijos que, en la persona de Juan, le fueron encomendados en el Calvario.

La fecundidad, la generación y la fructificación marcan las enseñanzas de la Fe, comenzando con el mandato de *"aumentar y multiplicarse"* (Génesis 1:22). Así es hasta el fin, pues el libro final de la Biblia declara que el Árbol de la Vida mismo es fecundo, *"el árbol que da vida, que da fruto doce veces"* (Revelación 22:2). En la misma línea, el Apóstol Pablo describe a sus conversos como los frutos de su generación: *"Fui yo quien os engendró en Jesucristo, cuando os predicaba el Evangelio"* (1 Corintios 4:15). A Timoteo lo llamó "mi propio hijo en la fe" (1 Timoteo 1:2), y nuevamente "su muy amado hijo" *(2 Timoteo 1:2).*

Así también Santiago nos asegura que Dios nos ha engendrado en la Verdad:

Fue Su voluntad darnos el nacimiento, mediante Su verdadera Palabra, haciéndonos como las primicias, por así decirlo, de toda Su Creación.

(Santiago 1:18)

Y Juan enfatiza el tema de nuestra Redención recordándonos que la generación carnal no es nada comparada con la generación espiritual por gracia:

Su nacimiento no provino de linaje humano, ni de voluntad de carne ni de hombre, sino de Dios.

(Juan 1:13)

Dios aborrece la esterilidad. Él castiga la desobediencia con la esterilidad. Cuando Él promete a Su pueblo una bendición, esta se expresa en términos de fecundidad:

No habrá esterilidad en tu tierra.

(Éxodo 23:26)

Pero quien no tiene hijos espirituales está bajo una maldición. Solo aquellos que caminan con el Señor y se entregan al Espíritu son dotados de fecundidad:

Serás bendecido como ningún otro pueblo es bendecido; hombre y mujer, padre y madre engendrarán.

(Deuteronomio 7:14)

La Generación Espiritual de los Sacerdotes

El sacerdote está comprometido con el celibato, no porque la generación humana sea errónea, sino porque debe ceder para que él pueda entregarse por completo a una forma superior de generación: la engendración de hijos en Cristo, trayendo a Él a quienes nunca Le conocieron, restaurando a Él a los perdidos en el pecado, y despertando en quienes ya aman a Cristo la inspiración para servirle más plenamente como religiosos o sacerdotes. La energía que de otro modo se emplearía para el servicio de la carne no se entierra en un pañuelo. Se transforma para que sirva a la generación castamente en el Espíritu.

Con demasiada frecuencia, el voto de castidad se presenta negativamente como la evitación de los placeres carnales y pecaminosos. ¿Acaso el agua pura es solo la ausencia de suciedad, o un diamante blanco meramente la negación del carbono? A veces se llama erróneamente fría a la castidad, pero no así Francis Thompson, quien la proclama una «pasión sin pasión, una tranquila salvaje». La castidad es fuego. No se produce vida sin fuego. Incluso la concepción virginal de Nuestra Señora tuvo su fuego — no humano ciertamente, sino el Fuego del Espíritu Santo. En ese momento, sin duda, experimentó un éxtasis del alma que supera el éxtasis de la carne de todos los humanos juntos. Tal es la alegría de engendrar a través del Amor Puro del Espíritu.

«Padre»

Ninguna forma de tratamiento es tan ampliamente usada para un sacerdote, ni tan apropiada como «Padre». Subraya precisamente la estrecha relación del sacerdote con Dios,

El Padre de Nuestro Señor Jesucristo, ese Padre de quien toda paternidad en el cielo y en la tierra toma su nombre.

(Efesios 3:14-15)

Pero si el sacerdote es así un padre, entonces Dios puede legítimamente preguntarle dónde están sus hijos. Solo el obispo, por supuesto, tiene el poder de engendrar un sacerdote en la ordenación, pero todo sacerdote tiene el poder y el deber de fomentar la vocación. Cuando vayamos ante el tribunal de Dios, a cada uno se le preguntará: «¿A quién has engendrado en Cristo?» ¡Ay de los que son estériles! Cuando Nuestro Señor venga a nosotros buscando el fruto de nuestra paternidad, no debemos ser como la higuera estéril que solo merece una maldición.

La maternidad física no está exenta de su trabajo, y a una madre en trabajo de parto, Nuestro Señor comparó Su Pasión: «*... porque ahora ha llegado su hora*» (Juan 16,21). Pero la paternidad espiritual, nuestra misión, no está exenta de trabajo, como dijo Pablo de Onésimo:

Y te ruego por Onésimo, hijo de mi prisión.

(Filemón 1:10)

La madre de Samuel el Profeta fue, tras muchos años de esterilidad, bendecida con un hijo que sería poderoso en Israel porque su corazón estaba recto con Dios. Aquellos que desean la gloria de Dios, proclamó ella en acción de gracias, encontrarán que la vida que había sido estéril puede volverse extraordinariamente fructífera:

Generación espiritual

Mira cómo al fin el vientre estéril da a luz muchos.

(1 Reyes 2:5 [1 Samuel 2:5, RVR])

¿Y qué, sobre todas las cosas, nos asegurará engendrar hijos en Cristo, si no es nuestra unidad con la Víctima de Cristo? Habiendo enumerado siete milagros o señales que Nuestro Señor realizó para probar Su divinidad, San Juan observó que pocos de los que habían presenciado las señales se habían convencido por ellas (Juan 12:37). Pero Cristo tenía aún otro modo de ganar almas:

Sí, si tan solo soy levantado de la tierra, atraeré a todos los hombres hacia Mí.

(Juan 12:32)

Los milagros no son remedio para la incredulidad. Al ser informados de que Lázaro había resucitado de entre los muertos, algunos de los Fariseos buscaron matarlo para destruir así la evidencia. Pero la cosecha espiritual que Nuestro Señor nos aseguró que vendría de Su Cruz no puede ser negada. Los medios que Él proclamó para atraer las almas hacia Sí mismo constituyen una fuente infalible de fecundidad espiritual para quienes viven a su sombra.

Hacer Convertidos

¿Ha tomado la administración precedencia en la vida de muchos pastores sobre la evangelización? ¿Ha engullido la organización al pastoreo? ¿Se deben contar las almas solo en fichas? ¿Se deben usar las ovejas del redil solo para esquilar, o se debe animar y ayudar a cada miembro de los laicos a desarrollar su propia vocación apostólica específica? La cuestión es una que cada pastor sólo puede responder por sí mismo, buscando en lo profundo de su propia conciencia. Lo que debe recordar es que Él es el Padre no sólo de las ovejas que están en el redil:

Tengo otras ovejas también, que no son de este redil; También debo traerlas.   (Juan 10:16)

Generación espiritual

¿No hace el Derecho Canónico al pastor responsable de todas las almas de su parroquia? ¿Y cuántos pastores se dedican seriamente a intentar incorporar a los que no son del redil en el Cuerpo Místico de Cristo? Cada sacerdote debería preguntarse cuántos adultos bautizó en el último año como fruto de su celo; cuántos católicos alejados trajo de nuevo a la Casa del Padre. ¿Por qué algunos sacerdotes nunca convierten a nadie mientras otros convierten a cientos? ¿Podrá ser porque uno toma en serio su título de «Padre» mientras que el otro no?

Cuando predico el Evangelio, no me atribuyo ningún mérito; actúo bajo constricción; Realmente me costaría mucho si no predicara el Evangelio.

(1 Corintios 9:16)

La administración es absolutamente esencial; ignorarla sería pasar por alto que cada miembro tiene una función específica en el Cuerpo Místico. Pero el Espíritu Santo no nos ha llamado para ser meros banqueros, agentes inmobiliarios o expertos en planos. Tales actividades son, en el mejor de los casos, incidentales a una función primaria que los Apóstoles comprendían. El Espíritu no les fue dado para sentarse en las mesas de recuento:

Es demasiado que tengamos que renunciar a predicar la Palabra de Dios y dedicar nuestro cuidado a las mesas.

(Hechos 6:2)

Por otro lado, no basta con ser sacerdotes de "sacristía" que devotamente suplican al Señor que nos envíe almas, mientras ignoramos Su mandato:

Debéis salir a las esquinas de las calles e invitar a todos los que encontréis allí.

(Mateo 22:9)

A nuestro alrededor abundan potenciales conversos. La tragedia no es solo que carezcan de fe, sino que rara vez les pedimos que la abracen. Un abogado no católico fue preguntado en su lecho de muerte por su socio católico de veinte años: «Ahora que te acercas al final, ¿qué tal si entras en la Iglesia?» El moribundo alzó las cejas. "Si tu fe significó tan poco para ti durante los veinte años que me has conocido," respondió, "no puede hacer tanta diferencia ahora."

Las conversiones no son más difíciles en nuestros tiempos que antes; pero el enfoque debe ser diferente. Hoy, la gente busca a Dios, no por el orden que encuentra en el universo, sino por el desorden que encuentra en sí misma. Están llegando a Dios a través de un disgusto interior, una desesperación que puede llamarse creativa.

Desde lo profundo clamo a Ti, oh Señor.
(Salmo 129:1[130:1, RSV])

A veces se dice que la religión está perdiendo su influencia en el mundo. En la medida en que esto sea cierto, parte de la razón indudablemente es que no aparecemos ante el incrédulo como diferentes de cualquier otra persona. El misionero, el sacerdote que vive en los barrios marginales, el sacerdote santo que se entrega por las almas — estos siempre inspiran, y lo hacen porque revelan a Cristo y a Él Crucificado.

No debe juzgarse con excesiva severidad a Tomás el incrédulo por las condiciones que impuso antes de creer. Todo lo que pidió fue una evidencia justa.

Hasta que no vea la marca de los clavos en Sus manos, hasta que no ponga mi dedo en la marca de los clavos y meta mi mano en Su costado, no creeré.
(Juan 20,25)

No se despierta una convicción profunda en el incrédulo hasta que ve las manos marcadas y el corazón quebrantado del sacerdote que es víctima con Cristo. El sacerdote mortificado, el sacerdote desapegado del mundo — estos inspiran, edifican y cristifican las almas.

Generación espiritual

Ser padre de muchos hijos requiere trabajo. Nuestro Señor hizo a Sus dos mayores conversos cuando estaba cansado. La jornada de ocho horas y la semana de cinco días no están prescritas en las Escrituras. Dios dio a Moisés cientos de detalles sobre el tabernáculo, pero no se mencionó un mueble. Al tabernáculo le faltaba una silla. El altar, la pila, la mesa, la lámpara, los incensarios y los tapices están todos enumerados, *pero no había lugar para que el sacerdote se sentara.* ¿Cuándo se supone que debemos sentarnos en el sentido de descansar de nuestra condición de sacerdote-víctima? Nuestro Señor «se sentó» después de haberse entregado por nuestra Redención:

mientras que Él se sienta para siempre a la derecha de Dios, ofreciendo por nuestros pecados un sacrificio.

(Hebreos 10,12)

También leemos que Él «está de pie» en el Cielo. Cuando Esteban fue apedreado, vio «*A Jesús de pie a la derecha de Dios*» (Hechos 7,55), lo que sugiere que cuando su Iglesia es perseguida, Nuestro Señor está de pie en el Cielo. Si tal es el significado simbólico, el Sumo Sacerdote seguramente está de pie hoy para fortalecer al tercio del pueblo de la tierra que gime interiormente bajo el golpe del martillo y el corte de la hoz del Comunismo.

Ciertamente, para el sacerdote, el trabajo es su suerte mientras está en la tierra: «*Termina tu camino mientras tienes la luz*» (Juan 12,35). No fue un descuido por parte de Dios omitir una silla al amueblar el tabernáculo. El sacerdote no fue ordenado para sentarse. La promesa de Cristo es que aquellos que vencen «se sentarán» con Él en el Banquete Celestial.

El padre terrenal debe trabajar por y estar con su familia; el padre espiritual, de igual manera, debe trabajar por y estar con las almas. Nuestro Señor nos dio el ejemplo:

Allí lo crucificaron, y con Él a otros dos, uno a cada lado, con Jesús en medio.

(Juan 19,18)

En el gran momento del amor redentor, se encuentra en medio de salvados y pecadores, entre ladrones buenos y ladrones malos. Sus mediadores y embajadores no pueden aislarse de los pecadores más de lo que Él lo hizo. Estamos separados de ellos como sacerdotes santos, pero unidos a ellos como víctimas por los pecados. Ni vamos allí entre ellos para convencerlos de su error tanto como para partir el Pan para sus almas hambrientas.

El espíritu del verdadero Padre es menos canónico que evangélico. El Derecho Canónico se refiere a las relaciones entre la Iglesia y sus miembros. El Evangelio se refiere a la misión de la Iglesia hacia el mundo. La parroquia o la diócesis no son el límite de nuestra paternidad. A medida que Nuestro Señor se acercaba a la Cruz, tuvo cada vez más trato con aquellos que no eran Judíos. Después de la Cruz, Su mensaje fue para el mundo. Dos cosas parecen ir siempre juntas en un obispo o sacerdote: el amor por las conversiones y el amor por las misiones extranjeras. A los católicos cercanos a nosotros debemos, en efecto, santificarlos, pero también deben ser redimidas las almas en tierras lejanas que nunca han escuchado las buenas nuevas.

La conversión es condición de Víctima

¿Puede ser que los Comunistas nos superen en su celo por difundir sus creencias? Desgraciadamente, el celo no siempre está en proporción directa con la Verdad. El fuego tiene dos cualidades: luz y calor. La luz es la Verdad. El calor es el Amor. Tenemos la Verdad, pero a veces no el celo ni el Amor; Tenemos la luz, pero no siempre el calor. Pero los Comunistas tienen el calor y no la luz, el celo y no la verdad.

Existe una peligrosa tendencia entre muchos en los tiempos modernos que se llaman cristianos a divorciar a Cristo de la Cruz.

¿Y qué sería Cristo sin la Cruz? Otro maestro como Buda o Laotse; un sociólogo que extiende nata montada sobre comportamientos socialmente desaprobados; un psicoanalista que reduce la culpa a un complejo y destierra el pecado como una «resaca» de la barbarie; un predicador demasiado cortés para mencionar el infierno o el divorcio; un reformador para quien toda disciplina es masoquismo y que proclama la templanza y la moderación como antinaturales y en conflicto con el impulso biológico de la autoexpresión.

¿Y quién toma la Cruz sin Cristo? ¡Los Comunistas! En un mundo desordenado y falsamente liberal, introducen orden, ley, obediencia, disciplina, estudio, conformidad con la voluntad santísima del Partido, desapego de los excesos occidentales y, sobre todo, un aplastamiento del ego por el bien del reino de la tierra. Pero así como el Cristo sin la cruz sería un Cristo débil, afeminado, incapaz de salvarnos del pecado, así la cruz sin Cristo es tiranía, dictadura, campos de concentración, esclavitud y sovietismo.

¿Vivimos acaso en un mundo caracterizado por un abundante derramamiento del Espíritu anti-Pentecostal? ¿Ha prendido fuego parte de la tierra con las llamas del infierno, mientras que los fuegos de Pentecostés chisporrotean en nuestras manos como pequeñas velas incapaces de incendiar el mundo?

Sugerir que los fuegos de Pentecostés se están apagando no sería solo una blasfemia, sino una negación de hechos orgullosos; pues la esperanza y la gloria de nuestra época se encuentran en la perseverancia de la Iglesia del Silencio y en el desvelamiento de nuevos fuegos por parte de nuestros misioneros. ¿No hay acaso muchos sacerdotes individuales que deberían contrastar tristemente su propia autosatisfacción con el celo de los Comunistas y preguntarse por qué algunos que desean ser buenos y que profesan la verdad aún carecen de una convicción apasionada por Cristo? El Señor dijo a Moisés:

> *El fuego sobre el altar debe arder continuamente. Nunca debe el altar estar vacío de este fuego perpetuo.*
>
> (Levítico 6:12,13)

Bajo la Ley de Moisés, el sacerdote debía alimentar cada mañana el fuego con leños frescos y llevar las cenizas fuera del campamento (Levítico 6:10,12). Los fuegos matutinos de la meditación, la mortificación que arranca del corazón las cosas muertas del mundo —estas son las condiciones del fuego perpetuo que ardía en San Pablo para la conversión de toda la raza humana:

Así, nadie tiene derecho sobre mí, y sin embargo me he hecho esclavo de todos, para ganar más almas.... He sido todo para todos, para salvar a todos.

(1 Corintios 9:19,22)

Fomentando Vocaciones

Otro aspecto del papel del padre en la generación de hijos espirituales en Cristo es el fomento de las vocaciones. Por consiguiente, es apropiado que el sacerdote se pregunte qué contribución está realizando. A menudo se dice que hay un descenso en las vocaciones, pero es necesario aquí distinguir entre vocación y respuesta. Dios llama. Ese es el lado Divino. Nosotros respondemos. Ese es el lado humano. Pío XII, en la Encíclica *Menti Nostrae,* dijo:

La Iglesia nunca carecerá de sacerdotes suficientes para su misión.

Cada estudio sobre vocaciones revela que muchos jóvenes menores de quince años sienten el llamado. Una encuesta indicó que el 40 por ciento de los estudiantes en escuelas laicas y el 50 por ciento de los estudiantes en escuelas católicas pensaban en una vocación después de los doce años. En otra encuesta, el 60 por ciento de los chicos en escuela normal, el 23 por ciento en escuelas profesionales, el 37 por ciento en escuelas técnicas y el 66 por ciento en clásicas afirmaron que en algún momento de su vida esperaban convertirse en sacerdotes o religiosos.

Muchos que han sentido el llamado simplemente se alejan. Más que un apartamiento deliberado, hay compromiso o extravío. Los jóvenes con vocaciones, como ovejas en un campo, miran alrededor del mundo en lugar de hacia el Cielo; y antes de darse cuenta, han perdido de vista al Buen Pastor. Las razones son muchas, pero a menudo una de ellas es la falta del sacerdote para hablar con un monaguillo sobre el sacerdocio, el descuido de agradecerle cuando se levanta para servir en la Misa temprana. Una reprimenda severa por una falta trivial puede alterar los planes de un joven — por tal causa Tito abandonó la Iglesia.

> *Ahora, hijo del hombre, profetiza ruina a... los pastores de mi rebaño. Este sea tu mensaje del Señor Dios: ¡Ay de los pastores de Israel, que tenían un rebaño para alimentar, y no alimentaron más que a sí mismos!*

(Ezequiel 34:2)

Debemos ciertamente esperar no caer bajo este Juicio Divino. No obstante, como Palabra de Dios, debe impulsarnos a un mayor cuidado de los jóvenes:

> *La leche bebieron, la lana usaron, los corderos gordos sacrificaron, ¡pero a estas ovejas mías nunca las pastorearon! El cuerpo desperdiciado quedó sin nutrir, el enfermo sin sanar; ni ataron el miembro roto, ni trajeron a casa a la oveja descarriada, ni encontraron a la oveja perdida; la fuerza y la coacción eran todo el gobierno que conocían. Así que mis ovejas se dispersaron, y no hubo pastor; cada bestia salvaje se lanzó sobre ellas, y se dispersaron por todas partes.*

(Ezequiel 34:3-5)

Cuando comparezcamos ante el Señor para ser juzgados por el uso que dimos al crisma con que fueron ungidas nuestras manos, Él nos preguntará si hemos perseverado en nuestro sacerdocio.

> *Los haré responsables por el rebaño que se les confió, y ya no tendrán cargo sobre él, ni se alimentarán de sus ingresos. De su codicioso poder lo rescataré; ya no será su presa.*

(Ezequiel 34:10)

Generación espiritual

¿Qué joven sacerdote y religioso proclamará entonces nuestra fecundidad? ¿Qué ayuda que dimos a la Sociedad para la Propagación de la Fe, o al *Opus Sancti Petri* para la formación de seminaristas nativos, quedará registrada en el Libro de la Vida? ¿En cuántos hogares católicos habremos alentado las vocaciones de jóvenes dignos con nuestras visitas? ¿Qué ejercicios espirituales se habrán señalado como realizados por nosotros para jóvenes varones y mujeres que se sintieron atraídos por el sacerdocio o la vida religiosa?

¡Qué viña tan fructífera de vocaciones es la sacristía! Ver a un sacerdote haciendo su meditación antes de la Misa hace más por la vocación de un monaguillo que mil piezas de literatura inspiradora.

Ser padre espiritual de futuros sacerdotes requiere dedicación. Aarón y los sacerdotes del Antiguo Testamento fueron ungidos en tres lugares: la oreja derecha, el pulgar derecho y el dedo gordo del pie derecho (Levítico 14:14-28). La triple unción sugiere una triple dedicación: estar atento a la escucha de la Palabra de Dios, porque el oído significa obediencia (Éxodo 21:6), como Nuestro Señor fue obediente hasta la muerte en la Cruz (Filipenses 2:8); usar sus manos constantemente en la realización de buenas obras, como Cristo terminó la obra que le dio el Padre (Juan 4:34; 9:4; 18:4; Hebreos 10:5,7); y caminar siempre por los caminos de Dios, porque dulces son los pies de quienes anuncian la buena noticia del Evangelio.

Mirad dónde llevan buenas noticias en las alturas de la montaña, proclamando que todo está bien.
(Nahum 1:15)

El secreto para fomentar vocaciones puede resumirse en esta ceremonia del Antiguo Testamento, a saber, el estímulo de la sensibilidad espiritual, las buenas obras y el alejamiento del mal.

1. Los jóvenes deben primero escuchar el llamado de Dios. Entonces es función del sacerdote mantener su alma sensible a la voz de Dios. Como en el Bautismo, tocamos ambos oídos diciendo, *"Ephphetha"* ("Ábrete"), así, en la preparación para las Órdenes,

mantenemos el alma alerta al susurro de Dios, porque Él no grita una vocación.

2. El oído necesita las manos para traducir en buenas obras la piadosa inspiración de Dios. Los aspirantes al sacerdocio, por tanto, sirven al altar, instruyen a los niños en la fe, actúan como consejeros de los jóvenes, preparando así sus manos para ser ungidas algún día por el obispo.

3. Las vocaciones prosperan también mediante la disciplina, pues el sacerdote debe caminar por el camino estrecho hacia la salvación, no por la senda ancha que conduce a la destrucción (Lucas 13:24). El mundo y la carne ejercen una fuerte seducción sobre la juventud. Deben ser protegidos del pecado como Dios protegió a los judíos al salir de Egipto:

Así, el pueblo obtuvo permiso de Faraón para continuar su camino; pero Dios no los condujo por el camino más corto, el camino a través de Filistea. Allí se habrían encontrado con resistencia armada y, quizás, en desesperación por su empresa, habrían regresado a Egipto.

(Éxodo 13:17)

El Derecho Canónico impone a todo sacerdote, especialmente a los párrocos, la obligación de fomentar los signos de vocación observados en los jóvenes con quienes entran en contacto.

Dent operam sacerdotes, praesertim parochi, ut pueros, qui indicia praebeant ecclesiasticae vocationis, peculiaribus curis a saeculi contagiis arceant, ad pietatem informent, primis litterarum studiis imbuant divinaeque in eis vocationis germen foveant (Canon 1353 from the Code of Canon Law, 1917).

Una parroquia en los Estados Unidos no tuvo vocaciones en cuarenta años. Un nuevo párroco, en un solo año, desarrolló diez vocaciones. La diferencia se debió a su espiritualidad. Su oído escuchaba el llamado del Señor de la Cosecha para las vocaciones, sus manos estaban ocupadas promoviendo las devociones al Sagrado Corazón, y sus pies visitaban a cada familia de su parroquia.

Hace algunos años, estaba comiendo en un restaurante de hotel cuando un niño de unos doce años, que se ganaba la vida lustrando zapatos, comenzó a columpiarse en una cortina de terciopelo en la entrada. El jefe de camareros le gritó y le ordenó salir del hotel.

Seguí al niño hasta la calle. Me dijo que había sido expulsado de una escuela católica por un párroco y una monja, quienes le aseguraron que nunca más podría asistir a una escuela católica. Lo llevé ante el párroco y la monja involucrados y les recordé a otros tres niños "malos" expulsados de escuelas religiosas: uno por dibujar durante la clase de geografía, otro por pelear demasiado, y el tercero por guardar libros inapropiados bajo su colchón. Fueron respectivamente Hitler, Mussolini y Stalin. ¡Cuán diferente, bajo Dios, podría haber sido la historia mundial si sus líderes se hubieran esforzado más en reformarlos!

El pastor y la monja acordaron readmitir al muchacho. A su debido tiempo fue ordenado sacerdote y hoy es misionero en el Ártico.

¡Qué vida tan bendecida es la nuestra! ¡Qué hermoso papel desempeña el celibato cuando facilita un tipo superior de generación, cuando inspira al sacerdote a imitar al Padre en engendrar la Palabra, a imitar a Cristo que nos engendró en el Espíritu como un *alter Christus!*

Nuestros días están bendecidos por un profundizar de la devoción litúrgica y un aumento de la participación en los misterios eucarísticos por parte de los laicos. Tales desarrollos son un tributo, pero también una advertencia para el clero, pues así como los laicos se vuelven más espirituales, ellos también deben hacerlo. La Iglesia está en peligro cuando los laicos son más espirituales que el clero:

Generación espiritual

Vosotros sois la sal de la tierra; si la sal pierde su sabor, ¿con qué se le devolverá el sabor?

(Mateo 5:13)

Mucho antes, el profeta Oseas había emitido la misma advertencia:

Sacerdote, ahora, no le irá mejor que al pueblo.

(Oseas 4:9)

No es posible crear estima por el sacerdocio sino a través de la admiración por la condición de víctima del sacerdote. Ninguna madre trae un hijo al mundo sin trabajo de parto. Ningún sacerdote engendra una vocación, ni convierte, ni santifica un alma sino bajo la sombra de la Cruz. Y como un *alter Christus*, todo sacerdote debe ser consciente de su capacidad para engendrar en el espíritu. Por lo general, somos conscientes de nuestro poder sacramental en la Misa y en el confesionario, pero ¿tenemos confianza en nuestro poder para suscitar vocaciones? Cuando ponemos nuestra mano sobre un muchacho que muestra promesa espiritual y decimos: «Algún día serás sacerdote», ¿creemos que Nuestro Señor apoyará nuestro juicio y nuestra bendición? Muchos sacerdotes pueden recordar la bendición que dieron a un joven que ahora es sacerdote ordenado. Él no confirió la vocación al joven. Dios hizo eso. Pero existe algo así como un fortalecimiento sacerdotal de la vocación en el alma. Así como Nuestro Señor oró a Su Padre, así debemos orar confiados al Señor:

Y Él me glorificará, porque de mí tomará lo que os manifestará.
(Juan 16:14)

¡Qué feliz es la muerte del sacerdote que sabe que ha transmitido la antorcha de vida que Cristo encendió en su alma! Y hasta esa hora, sin el beneficio de sentarnos en el tabernáculo del Señor, cada uno de nosotros dirá con Pablo a aquellos cuya vocación hemos fomentado:

Hijitos míos, por quienes vuelvo a sufrir dolores de parto hasta que Cristo sea formado en vosotros. (Gálatas 4:19)

~ 4 ~

La Santidad del Sacerdote

La vida moral y espiritual del sacerdote está relacionada de dos maneras con el Cuerpo Místico de Cristo. Su santidad contribuye a santificar a los fieles. La santidad de la comunidad cristiana, a su vez, le ayuda a santificarse.

En la Última Cena, Nuestro Señor dio a Sus sacerdotes una razón convincente por la cual debían ser santos, presentándose a Sí mismo como ejemplo:

Me dedico por ellos, para que también ellos sean dedicados por la verdad. No ruego sólo por ellos; Ruego también por los que han de creer en Mí por medio de su palabra.

(Juan 17:19-20)

Él se santificó no sólo para Sí mismo, sino también por ellos. Ellos, a su vez, debían santificarse por la Iglesia y todos los creyentes futuros. La espiritualidad comienza desde arriba, no desde abajo. El espejo refleja la luz del sol, pero no la crea. La santidad es una pirámide:

Gracioso como bálsamo derramado sobre la cabeza hasta que fluye sobre la barba; bálsamo que descendió por la barba de Aarón y alcanzó los bordes mismos de su manto.

(Salmo 132:2 [133:2, RSV])

Dios es santo; esa santidad llega a la tierra en Cristo. Él la concede a sus sacerdotes con su cooperación; ellos, en la medida en que la aceptan, contribuyen a santificar al pueblo. El pueblo no otorga al sacerdote los poderes especiales para santificar que él posee. Es Nuestro Señor quien otorgó estos poderes, y los dio para capacitar al sacerdote a santificar al pueblo. Desde la montaña, donde se comulga con Dios, desciende la santidad:

> *Así Moisés bajó de nuevo al pueblo y los libró de la contaminación.*
>
> (Éxodo 19:14)

Por amor a la Iglesia, Nuestro Señor vino al mundo y (como Él dijo) se santificó a Sí mismo. Pero, ¿qué significa exactamente esta expresión? ¿Cómo puede uno consagrarse? ¿Podía Aarón consagrarse? ¿Podría yo consagrarme? Pero Él podía consagrarse a Sí mismo, porque es un "sumo sacerdote ahora, eternamente con el sacerdocio de Melquisedec" (Hebreos 6:20). Podía santificarse a Sí mismo, porque era tanto sacerdote como víctima:

> *Ordenad vuestras vidas en caridad, siguiendo el modelo de aquella caridad que Cristo nos mostró, cuando se entregó por nosotros, un sacrificio que exhalaba fragancia al ofrecerse a Dios.*
>
> (Efesios 5:2)

En el uso bíblico, dedicar o santificar significaba apartar como ofrenda a Dios un sacrificio.

> *Apartarás para el Señor tu Dios todo primogénito de tu ganado y de tus ovejas.*
>
> (Deuteronomio 15:19)

> *No hay rescate para el primogénito de buey ni de oveja ni de cabra; ellos están apartados para el Señor.*
>
> (Números 18:17)

Todos los sacrificios del Antiguo Testamento eran santos para el Señor como tipos del "primogénito" (Lucas 2:7) que, de manera especial, fue santificado, es decir, apartado como sacrificio para nuestra salvación, en el Viernes Santo. Su propia santificación oficial, como Él afirmó la noche anterior, fue la causa meritoria de que sus sacerdotes y pueblo fueran santificados. San Pablo lo entendió claramente:

Cristo mostró amor a la Iglesia cuando se entregó por ella. Él la santificaría.

(Efesios 5:25,26)

El «Padre Nuestro» del Sumo Sacerdote

De lo anterior se desprende claramente que Nuestro Señor se hizo «santo», «sacerdotal» o «santificado» por nosotros. Para reproducir esta santidad en nosotros, sacerdotes, se necesita la ayuda del Cielo. La noche de la Última Cena habló al Padre celestial en nuestro nombre, diciendo Su propio «Pater Noster». Previamente, había dicho a los apóstoles, cuando le preguntaron cómo debían orar:

Y les dijo: cuando oréis, debéis decir, Padre.

(Lucas 11:2)

Nuestro Señor nunca dijo «Padre Nuestro» refiriéndose a Sí mismo y a nosotros juntos, sino «Mi Padre» y «Vuestro Padre», porque Él es el Hijo natural; nosotros, los hijos adoptivos. Su oración sacerdotal de la noche del Jueves Santo, como la oración que había dado a los apóstoles en la ocasión anterior, contenía siete peticiones. El primer "Padre Nuestro" fue para todos, pero este "Padre Nuestro" es solo para sacerdotes. Resume las virtudes que distinguen al sacerdote.

1. *Perseverancia: "Padre Santo, guarda a ellos en Tu nombre".*

(Juan 17:11)

2. *Alegría: "Para que Mi alegría esté en ellos y su alegría sea completa".*

(Juan 17:13)

3. *Liberación del mal: "Para que los guardes del mal".*

(Juan 17:15)

4. *Santidad mediante sacrificios: "Santifícalos en la verdad".*

(Juan 17:17)

5. *Unidad: "Para que todos sean uno; que también ellos sean uno en Nosotros, como Tú, Padre, estás en Mí, y Yo en Ti".*

(Juan 17:21)

6. *Sus Compañeros Constantes: "Esto, Padre, es mi deseo, que todos aquellos a quienes me has confiado estén conmigo donde Yo estoy.*

(Juan 17:24)

7. *Disfruta de Su gloria en el Cielo: "Para ver Mi gloria".*

(Juan 17:24)

¡Con qué frecuencia se toca la nota de alegría, gloria y felicidad! Y todo está condicionado a estar "con Él"; este fue Su propósito al elegirlos como Sus sacerdotes. Pero antes de Ofrecer esa oración, nos dijo que nunca estaríamos exentos de la prueba. La "alegría" que se nos presenta es similar a la con la que Él abrazó la Cruz. Pero la victoria es segura. ¡Ya hemos ganado! ¡Solo que la noticia aún no se ha filtrado!

En el mundo, solo encontrarás tribulación; pero ánimo, Yo he vencido al mundo.

(Juan 16:33)

Lo que implica la Santidad

Nuestro Señor se santificó por nosotros, y eso — como se ha indicado — implicó sacrificio. Él se inmoló, así como todo lo que se dedicaba al Señor bajo el Antiguo Testamento era inmolado.

Como el Pastor, así las ovejas; Como es el sacerdote, así es el pueblo. El liderazgo del sacerdote-víctima engendra una Iglesia santa. Lo que los sacerdotes son en la parroquia, la diócesis y la nación, así serán también los fieles. Así como las multitudes recibieron el Pan en Cafarnaún a través de los discípulos, así los fieles reciben la santificación de Cristo mediante nuestra santificación. Al ver alcanzado este objetivo, la última exclamación del alma sacerdotal de Nuestro Señor fue: *"Está consumado"* (Juan 19:30). Ya no se necesitaban las decenas de miles de corderos que derramaban su Sangre como tipos. El Cordero de Dios se había inmolado a Sí mismo. Todo sacerdote debe realizar un acto semejante de auto-ofrenda, y luego transmitir sus frutos a todo el pueblo: *"Haced esto en memoria mía"* (Lucas 22:19).

Lo específico que Cristo ordenó a cada sacerdote repetir y renovar fue el símbolo sacramental de Su Muerte. El vivir esta muerte es santificación.

¿Pero por qué debe llevarse la Cruz diariamente? Porque hay un precio de rescate sobre cada alma. Algunas de ellas cuestan mucho. Requieren un gran sacrificio. No es que Cristo retenga Su Misericordia, sino que ha querido dispensarla a través de nuestras manos. Y a menos que las manos del sacerdote sean manos marcadas, las misericordias de Cristo no pasan tan fácilmente a través de ellas. Las bendiciones, el poder, la sanación, la influencia se obstruyen por el mundanismo.

La Iglesia no causa impresión en el mundo mientras quienes están fuera la vean solo como una «secta», una «organización» o «una de las grandes religiones.» Nuestro Señor hizo Su impacto a través de Su Cruz (Juan 12:32). El Cristo herido redimió; y solo una Iglesia herida puede aplicar eficazmente esa Redención. Cuando la Iglesia progresa, donde las conversiones son numerosas, allí Cristo está pobre de nuevo, cansado de nuevo de los viajes misioneros, víctima una vez más en Sus sacerdotes santos.

Todo sacerdote mundano obstaculiza el crecimiento de la Iglesia; todo sacerdote santo lo promueve. ¡Ojalá todos los sacerdotes comprendieran cómo su santidad hace santa a la Iglesia, y cómo la Iglesia comienza a decaer cuando el nivel de santidad entre los sacerdotes desciende por debajo del del pueblo! Dios aún truena a Sus sacerdotes:

He puesto veladores, Jerusalén, sobre tus muros, que nunca cesarán de clamar día y noche; vosotros que recordáis al Señor, no toméis descanso, ni le deis descanso, hasta que haya restaurado a Jerusalén, y haya extendido su fama por toda la tierra.

(Isaías 62:6,7)

Veladores somos nosotros, que hemos sido puestos sobre los muros de la Iglesia por el Sumo Sacerdote. Día y noche debemos orar y predicar sin cesar para merecer la descripción dada por San Agustín: *"aut precantes aut praedicantes."*

Nuestra dedicación al pueblo no es solo los domingos, o en la Misa una vez al día, o en la confesión los sábados. Se nos dice que hagamos dos cosas: (1) "No toméis descanso" — por extraño que parezca. ¡Nada de sillas! ¿Recuerdas? (2) «No des descanso a Dios.» ¿Acaso alguna vez le dijimos a un mendigo que quería dinero: «Pídemelo cuando cruce la calle; si no te lo doy, sígueme y agarra mi abrigo; si eso no consigue lo que quieres, lanza una piedra a mi ventana a medianoche.» Pero Dios sí dice: «Lucha conmigo, como lo hizo Jacob. No me des descanso.» Como la viuda importuna que despertó al juez, así debemos clamar al Sacerdote-Víctima frente a los enemigos de la Iglesia:

Hazme justicia contra el que me agravia.

(Lucas 18:3)

Os digo que, aunque no se mueva a concederlo por amistad, la insistencia descarada hará que se levante y dé a su amigo todo lo que necesita.

(Lucas 11:8)

Lo que somos, la Iglesia es; lo que la Iglesia es, el mundo es. El mundo y todo lo que contiene es finalmente un camino por el que la Esposa, la Iglesia, va a encontrarse con el Esposo para las nupcias celestiales. La política no determina en última instancia la guerra y la paz. Lo decisivo es el estado espiritual de la Iglesia que vive en el mundo y lo fermenta. Leer el Antiguo Testamento es reconocer que la historia es la mano del Señor que bendice y castiga a las naciones según sus méritos. Lo que hacemos para santificarnos a nosotros mismos santifica al mundo. Cuando el pastor es perezoso, las ovejas tienen hambre; cuando duerme, se pierden; cuando es corrupto, enferman; cuando es infiel, pierden su juicio. Si el pastor no está dispuesto a ser víctima por sus ovejas, vienen los lobos y las devoran.

Cada mañana nosotros, sacerdotes, tenemos en nuestras manos a Cristo que derramó Sangre de sus venas, lágrimas de sus ojos, sudor de su Cuerpo para santificarnos. ¡Cuánto deberíamos estar encendidos en ese Amor, para poder encenderlo en los demás!

¿Sufrimos por las ovejas errantes? ¿Nos calentamos junto al fuego hablando con criadas como Pedro, mientras el Señor es crucificado de nuevo en las almas de los pecadores? ¿Adoptamos una posición intransigente con los enemigos de la Iglesia, olvidando que un Saúl fue hecho Pablo? Nos vestimos de negro; pero no es para llorar a Cristo, porque Él ha vencido. Estamos de luto por aquellos que cierran sus puertas a nuestro llamado, por aquellos que aún no quieren creer aunque uno resucitara diariamente de entre los muertos, por aquellos que nos ofrecen vinagre mientras gritamos «¡Tengo sed!» (Juan 19,28). Noche y día, sin dar descanso a Dios, repetiremos una y otra vez:

Me consagro por ellos, para que también ellos sean consagrados en la verdad.

(Juan 17,19)

Cristianos Santos Garantizan Sacerdotes Santos

La santidad desciende en la Iglesia desde el Dios todo Santo por medio de Cristo, sus obispos y sus sacerdotes, hasta toda la comunidad que es el Cuerpo Místico. Pero simultáneamente hay un movimiento ascendente de santidad desde la comunidad cristiana hacia el Dios todo Santo. Esto es especialmente cierto en las vocaciones al sacerdocio y a la vida religiosa.

No hay sacerdote que no realice el gesto de instar a los fieles a orar por las vocaciones. Pero con demasiada frecuencia, las frases son formales. Son lo que se espera de uno. En la mente del sacerdote, forman parte de los anuncios, al mismo nivel que la partida de cartas para la Auxiliar de Damas o la reunión de patinaje del CYO.

Estas otras actividades, por supuesto, no deben ser menospreciadas. También fomentan la vida cristiana y, por tanto, estimulan las vocaciones. ¿Pero podemos ponerlas en la misma categoría que la oración? De entre cientos de posibles maneras de fomentar las vocaciones, la oración fue la única que Nuestro Señor especificó:

La cosecha, les dijo, es abundante, pero los obreros son pocos; debéis pedir al Señor, a Quien pertenece la cosecha, que envíe obreros para la siega.

(Lucas 10:2)

¿Qué motivó estas palabras? Lucas dice que Cristo las pronunció con ocasión de elegir a setenta y dos discípulos (Lucas 10:1). Mateo describe el trasfondo con mayor detalle. Fue después de un largo viaje, señaló, y el Corazón del Señor se conmovió de compasión por las multitudes que tenían hambre de conocimiento del Cielo pero no sabían dónde buscar lo que les faltaba:

Sin embargo, cuando miró a las multitudes, se compadeció de ellas, porque estaban angustiadas y abatidas, como ovejas que no tienen pastor. Entonces dijo a sus discípulos: La cosecha es abundante, pero los obreros son pocos; debéis pedir al Señor, a quien pertenece la cosecha, que envíe obreros para la siega.

(Mateo 9:36,37,38)

No solo aquellos que ya están en la Iglesia, sino también los que están fuera de ella, le hacen anhelar obreros, para que el abundante trigo no se pudra en los campos.

Su compasión por la multitud era doble. Porque tenían hambre, alimentó milagrosamente a los cinco mil. Porque sus almas sufrían, ovejas sin pastor, se compadeció de ellas.

Todo verdadero sacerdote tiene la misma compasión desgarradora en el corazón cuando sobrevuela una gran ciudad, París, Nueva York o Londres. Abajo, ve con los ojos de Cristo millones de almas no alimentadas por la Eucaristía, no sanadas por la penitencia, viviendo en casas construidas sobre arena porque no conocen la Roca. Ve en ellas lo que Nuestro Señor vio cuando miró a las multitudes: ¡peligro de pérdida eterna! Aquí hay innumerables acres maduros para la cosecha, ¡pero cuán pocos los obreros para recogerla!

Nuestro Señor indica que esta cosecha de almas es convertible. Él está entusiasmado con las perspectivas de ganar almas, y sus palabras están destinadas a proyectar ese entusiasmo a sus sacerdotes. Hizo una expresión similar de anticipación confiada cuando las multitudes salieron de Samaria para escuchar sus palabras:

> *¿No decís vosotros: levantad vuestros ojos y mirad los campos, que ya están blancos para la cosecha?*
>
> (Juan 4:35)

Así como el trigo no se opone a la hoz, tampoco las multitudes se opondrán a nosotros. Uno se pregunta si no subestimamos la posibilidad de conversiones. El fracaso puede deberse simplemente a nuestra preparación y enfoque defectuosos. Los incrédulos no acudirán a escuchar a filósofos, pero sí acudirán a escuchar a santos. Los sacerdotes que trabajan en los barrios marginales entre los marginados informan que rara vez reciben un insulto. Como el trigo, las masas solo se inclinarán ante un cierto tipo de cosechador. Al no encontrarnos como deberíamos ser, nos dan la espalda. Pero cuando encuentran a un sacerdote cuya vida expresa el mensaje que trae, están dispuestos a ser cosechados.

Lo que Nuestro Señor nos pidió que pidiéramos eran obreros. Él no dijo: «Mi Padre es Todopoderoso; Él puede hacer que los pocos logren mucho.» Conocía la magnitud del poder de Su Padre, pero también estaba unido a Su Padre en el plan divino para santificar al hombre con la ayuda de medios humanos. En la Encarnación, Su naturaleza humana fue *instrumentum conjunctum divinitatis*. En la prolongación de Su Encarnación, Él nos utiliza como instrumentos. Aunque Él podría cosechar sin hombres, no lo hará.

Pero sólo los obreros y no los ociosos son instrumentos aceptables. El sacerdote debe estudiar para perfeccionar su mente, sin fatigar al pueblo con repeticiones gastadas. Es cierto que "*las palabras os serán dadas cuando llegue el momento*" (Mateo 10,19); Pero lo que Nuestro Señor prometió aquí no fue inspiración para quienes no preparan su mensaje, sino la ayuda del Espíritu para los perseguidos más allá de los recursos humanos. En los designios de la Providencia, el don de la perseverancia final puede depender para un sacerdote no sólo de la cantidad de mal que ha hecho, sino del bien que ha dejado de hacer.

Los obreros deben ir a los campos de la cosecha, a las masas, a los incrédulos, a los abandonados, a los sin timón. ¿No es posible que el Señor retenga muchas vocaciones de diócesis y sociedades misioneras debido al creciente uso de sacerdotes en actividades estrictamente seculares? ¿Por qué específicamente Dios llama a un hombre al sacerdocio? No es fácil justificar la colocación de un sacerdote en seguros, construcción, contabilidad, banca, publicidad y promoción, cuando la necesidad es tan grave de hacedores de conversos, de misioneros que busquen a la oveja perdida y la conduzcan suavemente al redil de Cristo. ¿Acaso carecemos de laicos dedicados y fiables capaces de realizar tales tareas igual o mejor? Si el Señor fue tan particular con los fragmentos de pan, que ordenó recoger, ¿no insistirá celosamente en que sus sacerdotes hagan precisamente aquello para lo que los llamó?

¿Por qué Nuestro Señor, cuando habló de vocaciones, destacó precisamente la palabra «¡Orad!»? Porque la oración es la expresión de la comunidad cristiana y el anhelo de la Iglesia. Así como la Iglesia recibe el tipo de Papa que merece, también recibe el tipo y número de sacerdotes que merece. ¿Por qué Irlanda y Holanda tienen tantas vocaciones? Porque el pueblo católico de estos países pequeños pero intensos, ricos en su fe, quiere sacerdotes, y ora para que se le concedan los sacerdotes que desea. ¿Por qué algunos países tienen tan pocos? Porque pocas personas, incluso pocos padres, oran por los sacerdotes. "Pedid, y se os dará" (Lucas 11:9). ¿Podemos esperar recibir si no pedimos? Probablemente hay cientos de miles de vocaciones colgando del Cielo en cordones de seda; la oración es la espada que las corta. Los obreros están potencialmente disponibles en el Corazón de Cristo; son nuestras peticiones las que las actualizan. "... ¿Y nunca se me consultó?" (Isaías 30:2).

¿Hay oraciones en la Iglesia por las vocaciones? ¿Oran las madres por las vocaciones de sus hijos? ¿Oran los fieles al Señor *"para que envíe obreros a la cosecha"* (Mateo 9:38)? ¿Oran los niños en la escuela por el llamado de Dios?

Lo que la comunidad cristiana desea ardientemente, el Señor de la Cosecha lo concederá. Por eso Nuestro Señor nos dijo que oráramos. El mandato estaba dirigido a todos, pero fue dado directa y específicamente a los apóstoles y a los discípulos, como Sus embajadores y cooperadores entre el pueblo. La oración en la Iglesia es ante todo primordial; la publicidad y sus métodos son secundarios. La búsqueda de vocaciones comienza de rodillas. Un obispo no tuvo candidatos para el sacerdocio en dos años. Comenzó una campaña de oración en las escuelas de su diócesis y, sin ninguna otra publicidad, activó cuarenta vocaciones al cabo de un año.

La palabra griega original (èkßállw) para «enviar» obreros a los campos es más fuerte que la latina (Mateo 9:38). Significa que el Señor de la cosecha los expulsaría o los impulsaría hacia adelante. La misma palabra griega es usada por Mateo (8:31) para la expulsión de un demonio de un hombre (aunque se emplean palabras diferentes para describir el incidente en Marcos 5:8 y Lucas 8:29). Se requiere un gran poder para imprimir el sacerdocio en un hombre. Este poder,

Nuestro Señor dijo que Él ejercería, si orábamos. Incluso sugiere que, desde lugares totalmente inesperados e imposibles, Él inspiraría vocaciones.

Efecto en la Comunidad sobre la Santidad o el Pecado

Cada mínima falla de nuestra parte somete a la comunidad al juicio de Dios. Cada pequeño aumento de virtud sacerdotal le trae bendición.

Cuando los Israelitas tomaron Jericó (Josué 6:1-21), Dios ordenó que la ciudad fuera destruida y sus riquezas entregadas a Él como fruto de la victoria. Pero un Israelita desobedeció. Cediendo a la tentación, Acan se apropió de una prenda y algunos ornamentos preciosos, violando el mandato Divino (Josué 7:1). Más tarde, cuando Josué fue derrotado en batalla, el Señor reveló que la razón de su derrota era el pecado secreto de Acan. El mal de uno trajo destrucción y muerte a toda su comunidad.

Los pecados personales, incluso los más secretos, tienen repercusiones en toda la Iglesia. Un dedo cortado duele a todo el hombre. La onda causada por una piedra arrojada en un estanque toca cada punto de la orilla. Una violación oculta de la Ley de Cristo por cualquiera de Sus miembros repercute y altera el equilibrio de todo el Cuerpo Místico.

Josué, bajo la inspiración de Dios, ordenó la destrucción de Acan y de los bienes robados:

> *Y allí Josué dijo: Tú nos has traído desgracia, y ahora es el turno del Señor de traerte desgracia.*
>
> (Josué 7:25)

Ahora bien, si el pecado de un laico afectaba tanto a la ecclesia de Israel, ¡cuánto más deben afectar las faltas de un sacerdote a la ecclesia Dei! Pero la influencia de un alma buena, de un santo, obra para el bien de toda la comunidad. Dios estuvo dispuesto a perdonar

Sodoma y Gomorra por amor a unos pocos hombres justos. Abraham se detuvo en diez y las ciudades fueron destruidas (Génesis 18:16-19;28). Pero Dios no necesariamente se detiene en diez. Las bendiciones, las vocaciones y las conversiones abundan, y los juicios se evitan por causa de los pocos que son buenos. Por amor a Jacob, Dios multiplicó los rebaños de Labán (Génesis 30:27). Por respeto a José, Dios prosperó la casa de Potifar (Génesis 39:5). La malvada ciudad de Segor fue salvada por la oración de Lot:

Una vez más, dijo Él, cedo a Tu súplica; No destruiré la ciudad por la que Tú ruegas.
(Génesis 19:21)

Por Pablo, 276 almas fueron salvadas en una violenta tormenta en el mar (Hechos 27:24,34).

Antes de que Dios enviara a Jerusalén al cautiverio como castigo, le dijo a Jeremías que un hombre justo la salvaría:

Recorre Jerusalén, busca en sus calles con clamor; y si hallas allí a un hombre que fielmente cumple su deber y guarda la verdad, entonces la ciudad será perdonada.
(Jeremías 5:1)

Después de haber infligido juicio sobre Jerusalén, dio la razón:

¿Quién cerrará la brecha, intercederá ante Mí para salvar la tierra de la ruina? ¡Nunca se encontró un hombre! ¿Qué maravilla si he derramado Mi venganza, los he consumido en Mi ira? Solo les di lo que merecían, dice el Señor Dios.
(Ezequiel 22:30,31)

Finalmente, cuando llegue el Juicio Final, los días de la venganza,

no habría criatura humana si el número de esos días no se hubiera acortado; pero esos días serán acortados por causa de los elegidos.
(Mateo 24:22)

Podría ser que la ira de Dios — y no olvidemos que la Revelación (6:16) habla de *ira Agni* — se retenga de las ciudades por las almas santas entre el clero, los religiosos y los laicos. Dios no podía castigar mientras Moisés estuviera entre Él y el pueblo.

Entonces el Señor se arrepintió y perdonó a su pueblo el castigo que había amenazado.

(Éxodo 32:14)

¡Qué conversos podría ganar la oración en tierras de misión! El materialismo de Japón se fragmentaría, como la cáscara de un huevo, para revelar la vida interior, si tan solo oráramos por Japón. ¡Qué pequeño sería el sacrificio, y sin embargo cuánto significaría para el Vicario de Cristo, si cada sacerdote que vive en comodidad enviara aunque solo algunos de sus estipendios de Misa al Santo Padre a través de su Sociedad para la Propagación de la Fe!

¡Oh, benditos intercesores somos! ¡La sal de la tierra! ¡Las luces del mundo! Sin hombres buenos, el mundo se corrompería y estaría en tinieblas. Nos santificamos no para nosotros como individuos, sino para todos como pueblo de Dios. No salvamos nuestra alma solos; o la salvamos en el contexto de nuestros prójimos y del Cuerpo Místico, o la perdemos. Ninguna célula de mi cuerpo puede vivir normalmente fuera de mi cuerpo, pero mi cuerpo puede vivir sin ninguna célula individual dada. *In toto Christo* vivimos y trabajamos.

Descuidar la intercesión es pecar contra Dios.

Nunca pueda yo ofender al Señor dejando de orar por ti y señalándote los caminos buenos, los caminos rectos.

(1 Reyes 12:23 [1 Samuel 12;23, RSV])

Si a nosotros, sacerdotes, nos falta un corazón para suspirar y llorar por las abominaciones y miserias de los demás, grande es nuestra razón para temer por nosotros mismos. No podemos hablar de comunión ininterrumpida con Nuestro Señor sin comunión ininterrumpida con la Iglesia y el mundo.

Dios ha probado Su amor por nosotros entregando Su vida por nosotros; nosotros también debemos estar dispuestos a entregar nuestras vidas por amor a nuestros hermanos.

(1 Juan 3:16)

Elección de Candidatos para el Sacerdocio

Puesto que la santidad del sacerdote en los designios de Dios hace santa a la Iglesia, aquellos que buscan el sacerdocio pero carecen de santidad deben ser purificados.

¿Nunca os han dicho que un poco de levadura basta para fermentar toda la masa? Quitad la levadura vieja, para que seáis una masa nueva, sin contaminar, tal como sois.

(1 Corintios 5:6,7)

Cuando se emplean técnicas de relaciones públicas para promover vocaciones, mediante publicidad en publicaciones religiosas y envíos directos diseñados para animar a los jóvenes a unirse a una determinada sociedad o comunidad, siempre existe el peligro de que se dé prioridad a la cantidad en detrimento de la calidad. Santo Tomás insiste en que la eliminación de los no aptos es una obligación de quienes están encargados de la selección de candidatos.

Deus numquam ita deserit Ecclesiam suam quin inveniantur idonei ministri sufficienter ad necessitatem plebis, si digni promoverentur et indigni repellerentur. Et sic non posset tot ministros inveniri, quot modo sunt, melius est habere paucos ministros bonos quam multos malos (Supp. q. 36, art. 4, ad I).

No puede dejar de impresionarnos el significado simbólico de las instrucciones que Dios dio a Gedeón para identificar a las tropas de choque de su ejército:

Separad a los que lamen el agua como perros, y a los que se arrodillan para beber.

(Jueces 7:5)

¿Y quiénes fueron señalados para la eliminación? Aquellos que se acomodaban acostados en el suelo y bebían con tranquilidad. ¿Y quiénes fueron tomados?

Pero el Señor dijo a Gedeón: Estos trescientos hombres que lamen el agua os darán la victoria.

(Jueces 7:7)

Grandes verdades son reveladas y confiadas a unos pocos dedicados a la batalla de la fe. La imponente apariencia de los grandes números puede cegarnos ante la necesidad de la ayuda de Dios, puede hacernos pasar por alto la necesidad de formar a los seminaristas para que sean sacerdotes-víctimas. De ahí el consejo de San Pablo a Timoteo:

En cuanto a la imposición de manos, no la concedas a la ligera, para no compartir la culpa por los pecados de otros.

(1 Timoteo 5:22)

Presentar candidatos para la ordenación sin el debido juicio es arriesgarse a ser responsables de las faltas posteriores de aquellos que defraudan al gran Sumo Sacerdote. Por tanto, el sacerdote debe evitar los métodos mundanos en la promoción de las vocaciones. Es posible ganar clientes en los negocios mediante técnicas publicitarias, pero las vocaciones requieren un enfoque distinto. Puede que nunca seamos muchos, puede que nunca seamos sabios a los ojos del mundo, pero todo lo que hagamos debe hacerse a través de la locura de la Cruz.

Considerad, hermanos, las circunstancias de vuestra propia vocación; no muchos de vosotros sois sabios según la manera del mundo, no muchos poderosos, no muchos de noble linaje... ninguna criatura humana podría gloriarse en la presencia de Dios.

(1 Corintios 1:26,29)

Valor de las Oraciones por las Vocaciones en la Familia

Cada familia es una iglesia dentro de la Iglesia. "Saludad a los hermanos en Laodicea, y a Nínfas, con la iglesia que está en su casa" (Colosenses 4:15).

El ejemplo clásico de las oraciones de una madre por una vocación es Ana. Ana era estéril. "¿Por qué le había negado el Señor la maternidad?" (1 Reyes 1:5 [1 Samuel 1:5, RSV]). Ella prometió a Dios que, si le enviaba un hijo, lo consagraría a Dios como sacerdote. En oración, tres veces se llamó humildemente a sí misma sierva del Señor, dirigiéndose a Él como el "Señor de los ejércitos" (1 Reyes 1:11 [1 Samuel 1:11, RSV]). El Magnificat emite a la oración de Ana. Oraba con tal fervor que Elí, el sumo sacerdote, pensó que estaba ebria, diciendo: "¿Siempre estarás en tus copas? Dale descanso a tu vientre del vino que tanto te embriaga" (1 Reyes 1:14 [1 Samuel 1:14, RSV]).

Sin embargo, Ana no estaba ebria. Ella solo estaba derramando su alma ante el Señor (1 Reyes 1:15 [1 Samuel 1:15, RSV]). A su debido tiempo, su oración fue escuchada, y llamó a su hijo Samuel, "en señal de que era un don que había recibido del Señor" (1 Reyes 1:20 [1 Samuel 1:20, RSV]).

Ana no solo había pedido un hijo, sino un hijo que pudiera dedicar a Dios. Lo puso al servicio del templo donde "a medida que crecía, avanzaba en favor tanto ante Dios como ante los hombres" (1 Reyes 2:26 [1 Samuel 2:26, RSV]). Más tarde, hubo un desarrollo formal de la vocación de Samuel, cuando tres veces "la llamada del Señor vino a Samuel" (1 Reyes 3:4 [1 Samuel 3:4, RSV]). Cada vez Samuel pensaba que era Elí quien llamaba, corriendo hacia él cada vez diciendo:

La Santidad del Sacerdote

Voy, respondió Él; luego corrió a buscar a Elí y dijo: Estoy aquí a tu llamada.... Hasta entonces, Samuel era un extraño para la voz Divina; el Señor no le había hecho ninguna revelación.
(1 Reyes 3:5,7 [1 Samuel 3:5,7, RSV])

Samuel confundió la voz de Dios con la de Elí, pero Elí le dijo que la próxima vez que escuchara la voz dijera: «Habla, Señor; tu siervo está escuchando» (1 Reyes 3:9 [1 Samuel 3:9, RSV]).

Dios llama a sus siervos a tareas que se manifiestan sólo gradualmente. Demasiado a menudo decimos: «Dime primero qué quieres que haga, y veré si quiero.» Pero el consejo del anciano sacerdote a Samuel fue: «Ponte en manos de Dios. Él te mostrará tu obra.» A San Pablo se le dijo que fuera a Damasco y su vocación sería revelada. Cuando abrimos nuestros oídos, Dios abre Sus labios. Conocemos la Verdad de Dios cuando hacemos Su voluntad. Más tarde, Samuel fue llamado a recrear a Israel como Moisés lo había creado.

El sentido de la historia es que una vocación llega a través de la oración, a menudo la de una Madre, incluso cuando todo parece desesperado. En una encuesta realizada a un grupo de seminaristas, tres de cada cuatro indicaron que sus Madres fueron una inspiración principal en el desarrollo de su vocación. San Pablo ya había señalado la influencia de una Madre y una abuela en el fomento de la vocación de Timoteo.

La Fe que habitó primero en tu abuela Loida, y en tu Madre Eunice, estoy convencido de que también habita en ti.

(2 Timoteo 1:5)

San Pablo alaba la Fe de este joven Sacerdote y encuentra la causa instrumental en un entorno familiar piadoso. Fue la tercera generación de esta familia fiel la que dio fruto a una vocación. Orígenes conjeturó que eran parientes de San Pablo. Como las célebres madres de Agustín, Crisóstomo y Basilio, y como la madre de muchos sacerdotes hoy en día, su sinceridad y fe no fingida produjeron una herencia para la Iglesia. Lord Shaftesbury dijo una vez: «Dame una generación de madres cristianas y cambiaré el rostro de la tierra en doce meses.»

La decadencia del hogar suele ser culpada por la escasez de vocaciones en nuestros tiempos. Aunque esto es cierto, ¡no olvidemos los hogares cristianos! Podemos fácilmente convertirnos en Elías lamentando la corrupción de Israel.

¡Mira cómo los hijos de Israel han olvidado Tu pacto, derribado Tus altares y puesto a Tus profetas a espada! De ellos, sólo yo quedo, y ahora también mi vida está en peligro.

(3 Reyes 19:14 [1 Reyes 19:14, RSV])

El Señor le dijo, sin embargo, que había sido más fiel de lo que él sospechaba:

Sin embargo, tengo la intención de dejarme a Mí mismo siete mil hombres de todo Israel; rodillas que nunca se han inclinado ante Baal.

(3 Reyes 19:18 [1 Reyes 19:18, RSV])

Hay mucho bien, si tan solo lo buscáramos. Lo que Pascal dijo se aplica igualmente a las vocaciones y a los conversos: «Solo hay dos clases de hombres que pueden ser llamados racionales: aquellos que sirven a Dios con todo su corazón porque lo conocen, y aquellos que lo buscan de todo corazón porque no lo conocen.» *

(*Pensamientos de Pascal, «Apología», No. 2106, traducido por H. F. Stewart, D.D., Pantheon Books, Inc., 1950.)

Podemos ser fácilmente demasiado severos con los demás. Cuando Santiago y Juan sugirieron a Cristo que castigara a los samaritanos que no lo recibían, recibieron esta represión:

La Santidad del Sacerdote

No entendéis, dijo Él, qué espíritu es el que compartís. El Hijo del Hombre ha venido para salvar la vida de los hombres, no para destruirla.

(Lucas 9,55)

Pocos son los sacerdotes cuyo nivel de servicio a sus rebaños merece el tributo que los Gálatas rindieron a San Pablo, cuando lo describieron «como el ángel de Dios, como Cristo Jesús» (Gálatas 4,14); pero la oportunidad está presente en todo momento para que cada sacerdote sienta su grandeza y su pequeñez, su poder y su nada.

¡O sacerdos! ¿Tú quis es?
Non es a te, quia de nihilo.
Non es ad te, quia es mediator ad Deum.
Non es tibi, quia soli Deo vivere debes.
Non es tui, quia es omnium servus.
Non es tu, quia alter Christus es.
Quid ergo es? Nihil et omnia,
o sacerdos!

✠ J.M.J. ✠

~ 5 ~

El Espíritu Santo y el Sacerdote

Dado que el sacerdote es un *alter Christus*, debe conocer el papel que el Espíritu desempeñó en la vida de Cristo.

En cada momento de Su vida en la tierra, el Salvador estuvo completamente bajo la guía del Espíritu. Así como el aliento de Dios se movía sobre las aguas en el primer amanecer de la Creación y el Señor dijo, *"Hágase la luz"* (Génesis 1:3), así también el Espíritu inspiró a María en el mismo instante de la Encarnación.

El Espíritu Santo vendrá sobre ti, y el poder del Altísimo te cubrirá con su sombra. Por tanto, aquel Santo que nacerá de ti será llamado Hijo de Dios.

(Lucas 1:35)

En Su Bautismo, se vio:

El Espíritu como una paloma, que descendía y reposaba sobre Él.

(Marcos 1:10)

Volvió del Jordán

lleno del Espíritu Santo, y el Espíritu le impulsó al desierto, donde permaneció cuarenta días, siendo tentado por el diablo.

(Lucas 4:1,2)

Mientras los acordes de Su Corazón aún vibran en respuesta a una voz del Cielo, es convocado por el Espíritu al desierto. ¿No fue Saúl, en la aurora de su vida en Cristo, enviado durante tres años a

Arabia? ¿No se forja el carácter a través de la lucha directa y personal con las fuerzas tanto del bien como del mal? "Nadie será coronado si no ha luchado..." Fue conducido, por la dirección del Espíritu, a un desierto para una prueba. Como Moisés en Madián, como David alrededor de Belén, como Elías alrededor de Horeb, así el Espíritu atrae al Salvador al retiro. David debe enfrentarse a Goliat solo antes de poder enfrentarse a los ejércitos de los Filisteos. Cada sacerdote debe primero ganar la victoria espiritual solo y en su interior, antes de poder repetir esa victoria en la vida de otros.

Luego, las capacidades para Su misión en la tierra le fueron comunicadas desde la misma fuente. Como Isaías predijo:

Nacerá uno sobre quien reposará el Espíritu del Señor; un Espíritu sabio y prudente, un Espíritu fuerte y entendido, un Espíritu de conocimiento y de piedad, y siempre el temor del Señor llenará su corazón.
(Isaías 11,2-3)

Después de haber puesto en fuga al tentador, regresó a su ciudad natal, Nazaret, y en la sinagoga leyó la lección designada para el día, parafraseando a Isaías (61,1-2), mostrando con sus primeras palabras que toda su acción, especialmente su predicación, era obra del Espíritu. Había salido del conflicto, no debilitado, sino fortalecido.

El Espíritu del Señor está sobre mí; me ha ungido y me ha enviado a predicar el Evangelio a los pobres, a restaurar a los corazones quebrantados; a proclamar libertad a los cautivos y vista a los ciegos; a poner en libertad a los oprimidos, a proclamar un año de gracia del Señor, un día de venganza.
(Lucas 4:18,19)

Más tarde, es por el Espíritu que Él vence a los enemigos más poderosos:

Cuando echo fuera demonios, lo hago por medio del Espíritu de Dios.

(Mateo 12:28)

El mal se vence por el Espíritu, no por quejas ni protestas. Y atribuir tal victoria a cualquier otro poder es blasfemia contra el Espíritu. Luego viene el papel del Espíritu en la Crucifixión — una verdad sublime a menudo olvidada.

> ...la Sangre de Cristo, que se ofreció a Sí mismo, por medio del Espíritu Santo, como víctima.
>
> (Hebreos 9:14)

Él es tanto Sacerdote como Sacrificio, por medio del Espíritu, que solo hace esa unidad, ya sea en Él o en nosotros. También es el Espíritu quien confiere al sacrificio una eficacia eterna. El Espíritu nos ayuda a superar la dificultad creada por el hecho de que el sacrificio de Nuestro Señor tuvo lugar en un monte, y sin embargo pertenece a un santuario celestial. Es el Espíritu, independiente del tiempo y del lugar, quien hace posible nuestra renovación diaria del Calvario.

El Espíritu también intervino en Su Resurrección y descenso al Limbo.

> *En Su naturaleza mortal fue entregado a la muerte, pero dotado de nueva vida en Su Espíritu, y fue en Su Espíritu que Él fue y predicó a los espíritus que estaban en prisión.*
>
> (1 Pedro 3:18,19)

El mismo Espíritu Santo actúa comunicando los méritos de la Redención a la humanidad, y particularmente a través del sacerdocio. Incluso el preanuncio de nuestra salvación fue realizado por medio del Espíritu. San Pedro, al contemplar todas las profecías, dice que ellas esperaban a Cristo por medio del Espíritu:

> *La salvación fue el objetivo y la búsqueda de los profetas, y la gracia de la que profetizaron ha sido reservada para vosotros. El Espíritu de Cristo estaba en ellos, dándoles a conocer los sufrimientos que la causa de Cristo conlleva, y la gloria que los corona; ¿Cuándo debía ser, y cómo debía reconocerse el momento?*
>
> (1 Pedro 1:10,11)

El Espíritu Santo y el Sacerdote

Gracias al Espíritu, los profetas anunciaron anticipadamente a Cristo; gracias al Espíritu, los Apóstoles lo proclamaron. Quienes tienen el Espíritu saben que Cristo es el centro del universo; que toda la historia hasta el momento de la Encarnación miraba hacia Él, y que toda la historia desde el momento de la Ascensión es una preparación para su segunda venida. Algunos estudiosos modernos sólo encuentran un «mito» en las Escrituras; Pedro nos invita a reconocer en ellas al Espíritu. Así como el Espíritu actuó anunciando a Cristo, así el Espíritu actúa continuando a Cristo. La noche de la Última Cena, Nuestro Señor dijo a sus sacerdotes que el Padre enviaría al Espíritu en su nombre (Juan 14:26). Después de la Resurrección, Él sopló sobre ellos diciendo:

Recibid el Espíritu Santo.

(Juan 20:22)

Casi parece que en el misterio de la Redención, cada Persona de la Santísima Trinidad se oculta tras la otra. El Hijo se oculta detrás del Padre, porque es el Hijo quien revela al Padre. De igual modo, nunca conoceríamos el Amor del Padre si Él no hubiera enviado Su Espíritu. El Hijo, a su vez, se oculta detrás del Espíritu Santo, porque es a través del Espíritu Santo que entendemos que Jesús es el Señor. El mismo Jesús insistió en este aspecto. Él enfatizó que era el Espíritu Santo quien lo revelaría.

En la Última Cena, Nuestro Señor explicó el papel del Espíritu Santo en la vida de Sus sacerdotes. Acababa de decir a Sus discípulos que serían perseguidos como Él fue perseguido. Ahora les dice que, aunque el Espíritu no se manifestaría visiblemente en forma humana, como Él lo había hecho, el Espíritu les haría comprender lo que Él, Jesús, les había dicho:

Pues bien, cuando el Espíritu de la verdad, que procede del Padre, haya venido a ser vuestro amigo, Aquel a quien yo os enviaré desde el lado del Padre, Él dará testimonio de lo que yo era.

(Juan 15:26)

Es el Espíritu quien revela al sacerdote toda la extensión de su obra conforme transcurren los días, surgen nuevos problemas y aparecen nuevos enemigos que odian. Nuevas dimensiones de significado en la vida de Cristo, de las que nunca habíamos soñado antes, se harán claras. Este testimonio interior de la profundidad y el valor de Cristo será nuestro apoyo en un mundo hostil. Nuestra comprensión de la Vida de Cristo no se limitará a los estrechos confines de Belén y Jerusalén.

Y Él me glorificará, porque de mí tomará lo que os manifestará.
(Juan 16:14)

Glorificar u honrar a Cristo significa manifestar Su excelencia oculta cuando Su naturaleza humana fue admitida a la plena participación del poder y la gloria del Padre. Esto la mente humana no puede concebir ni comprender; Entrar en este misterio es obra del Espíritu del Cristo Glorificado.

Quienes dicen querer sólo al «Jesús de los Evangelios» olvidan que los Evangelios hablan de la plena revelación de Nuestro Señor a través de Su Espíritu. Él proclamó la misma incompletitud de Sus palabras, insistiendo en que un conocimiento más pleno vendría después.

Si Nuestro Señor hubiera permanecido en la tierra, habría sido solo un ejemplo a imitar. Al abandonar la tierra para el Cielo, Él se convierte en una vida que debe ser vivida. Por eso fue mejor que Él se fuera.

El Espíritu Revela a Cristo

Un sacerdote a menudo encuentra a un hombre, un buen hombre, pero a quien Dios no le ha dado el invaluable don de la Fe. Ese hombre evaluará a Jesucristo. Será justo con Él dentro de las limitaciones de su propio juicio humano. Cristo fue un gran pensador y un hombre santo, dirá, equiparándolo con Buda, Confucio, Sócrates y Platón. Sin embargo, San Pablo nos dice:

Solo a través del Espíritu Santo alguien puede decir: Jesús es el Señor.

(1 Corintios 12:3)

Los que no tienen el Espíritu lo llaman «un gran hombre», «un maestro», «un maestro»; pero ver a Él como el Señor del Cielo y de la tierra, como el Hijo del Dios Vivo, solo viene a través del Espíritu Santo.

Siendo así, ¿no será que nuestro fracaso para leer las Escrituras, predicar la Redención, inspirar a los conversos, ofrecer una mejor dirección espiritual, convertir a los pecadores, se debe a que no hemos ponderado y asimilado suficientemente los consejos que nos dio el Señor en la Última Cena?

¿Por qué algunos se sienten incómodos en la Presencia de Dios? ¿Será por un amor excesivo al confort, un espíritu de envidia y celos, un placer en su estatus clerical, una especie de activismo guerrero en lugar de oración y vigilancia? ¿No explicaría esta carencia del Espíritu de Cristo una reticencia a aparecer más a menudo y con mayor alegría en Su Presencia Eucarística? ¿No estaría infeliz una persona que odiara las matemáticas en una convención de matemáticos? El alma que odiara la Verdad (hablando en términos humanos inadecuados) sufriría más en el Cielo que en el infierno; Análogamente hablando, la carencia del Espíritu de Cristo nos hace retraernos de Su compañía.

Debe haber un encuentro, si los amigos quieren reunirse y caminar juntos.

(Amós 3:3)

El sacerdote no debe posponer esta unión con el Espíritu Santo para un momento más oportuno (Hechos 24:25). Si descuida el crecimiento, se instala la decadencia. Llega un momento en que es demasiado tarde para arrepentirse, incluso para pedir una gota de agua que "refresque mi lengua" (Lucas 16:24).

El Espíritu Santo y el Sacerdote

El Bautismo hace de todo cristiano una criatura nueva y un embajador del Cielo. La ordenación intensifica estos atributos espirituales en el sacerdote. Pero aunque dispensamos santidad, no somos santos automáticamente. Es el Espíritu quien nos hace más sacerdotales día a día porque toma las cosas de Cristo y nos las revela, trayendo a la memoria todas las palabras de Cristo (Juan 16:14; 14:26). Llegar a ser un sacerdote santo no se completa el día de la ordenación, ni las bendiciones del Espíritu fluyen hacia nosotros sin un gran esfuerzo de nuestra parte. Somos «colaboradores con Dios». Necesitamos conocimiento si queremos comunicarlo a otros, si queremos someter nuestros apetitos corporales (1 Corintios 7:29-31), y si queremos ser pacientes bajo la presión del trabajo, amando a todo ser humano con esa caridad que brota de la conciencia de que Nuestro Señor murió también por ellos. Todas estas cualidades son progresivas, y fue uno que él mismo libró esa dura batalla quien mejor expresó lo que significa:

Y tú también debes contribuir con todo esfuerzo de tu parte, coronando tu fe con virtud, y la virtud con conocimiento, y el conocimiento con continencia, y la continencia con paciencia, y la paciencia con santidad, y la santidad con amor fraternal, y el amor fraternal con caridad. Tales dones, cuando son tuyos en plena medida, te harán discípulo rápido y exitoso, alcanzando un conocimiento cada vez más cercano de Nuestro Señor Jesucristo; Quien carece de ellos no es mejor que un ciego que se guía a tientas; sus antiguos pecados han sido purgados, y Él los ha olvidado. Esforzaos, pues, hermanos, con mayor empeño, en ratificar el llamamiento y la elección de Dios sobre vosotros mediante una vida bien vivida.

(2 Pedro 1:5-10)

El papel del Espíritu Santo en la intensificación del conflicto

Todo sacerdote, aunque ordenado para ser un Pedro, conserva en sí la fragilidad de la naturaleza de Simón. San Pablo describe la guerra civil resultante entre Pedro y Simón.

Interiormente, aplaudo la disposición de Dios, pero observo otra disposición en mi yo inferior, que levanta guerra contra la disposición de mi conciencia, y así soy entregado como cautivo a esa disposición hacia el pecado que contiene mi yo inferior. Criatura miserable que soy, ¿quién me librará de una naturaleza así condenada a la muerte? Nada más que la gracia de Dios, por medio de Jesucristo nuestro Señor. Si quedo a mí mismo, mi conciencia está a disposición de Dios, pero mis potencias naturales están a disposición del pecado.

(Romanos 7:22-25)

Incluso antes que Pablo, Platón había observado que en cada uno de nosotros hay una guerra contra sí mismo. Quien no toma la espada contra esa naturaleza inferior es destruido por ella. El pecado primero toma posesión de la carne; y una vez atrincherado allí, ataca la mente y finalmente la desplaza de su posición de autoridad.

Un hombre puede tener poderes sacerdotales y, sin embargo, estar gobernado por la naturaleza, porque la gracia de la ordenación no destruye la carne:

Vivir la vida de la naturaleza es pensar los pensamientos de la naturaleza; vivir la vida del Espíritu es pensar los pensamientos del Espíritu; y la sabiduría natural solo trae muerte, mientras que la sabiduría del Espíritu trae vida y paz.

(Romanos 8:5-6)

El sacerdote es como un alpinista. El Espíritu Santo le impulsa a subir más alto, pero debajo de él están los abismos. Lo que el Espíritu Santo hace en el alma de un sacerdote no es solo hacerle más consciente del conflicto interior, sino también más consciente del pecado. La gracia Divina no actúa para impedir absolutamente que un hombre peque, pero el Espíritu le quita el placer. No es posible que un sacerdote ame a un ser humano con todas las fuerzas de su alma, precisamente porque ya se ha enamorado del Perfecto, es decir, de Cristo a través de Su Espíritu. Todo otro amor es insatisfactorio y amargo.

Un pecado cometido por un sacerdote, en consecuencia, le duele más intensamente que a quien no es sacerdote. Esto se debe al mayor don del Espíritu. Imagine a dos hombres casándose con dos arpías idénticas en su naturaleza descontenta. Uno había disfrutado del amor de una esposa hermosa y devota que murió; el otro se casaba por primera vez.

¿Cuál de los dos sufre más? Obviamente, aquel que antes conoció el mejor amor. Así sucede con el sacerdote. Habiendo disfrutado el éxtasis del Espíritu de Amor, nunca podrá satisfacerse con sustitutos humanos.

En la Última Cena, Nuestro Señor dijo a aquellos que había elegido como sus primeros sacerdotes cómo el Espíritu intensificaría el conflicto.

Él vendrá, y le corresponderá a Él demostrar al mundo que está equivocado acerca del pecado...

(Juan 16:8)

Ningún hombre comprende realmente el pecado si lo considera meramente como la transgresión de la Ley. Esto es un defecto que resulta de basar la teología moral exclusivamente en los Mandamientos. Hacerlo desarrolla en los jóvenes una actitud que los lleva a preguntar: «¿Es este un pecado mortal o venial?» ¿Hasta dónde puedo llegar sin cometer pecado grave?" La comprensión plena del pecado sólo se alcanza a través del Espíritu Santo, y hasta que Él ilumina el alma, ésta permanece ciega ante nuestra pecaminosidad. Por muy grandes que sean nuestras facultades de razón, sólo a través del Espíritu podemos alcanzar una verdadera convicción del pecado.

El Espíritu Santo y el Sacerdote

¿Pero qué hace el Espíritu en el alma? Nuestro Señor dijo que el Espíritu Santo convencería a los hombres de pecado porque "no han creído en Mí" (Juan 16,9). Al no creer en Él, los hombres lo crucificaron. Por ello, es el crucifijo el que trae al alma la profunda conciencia de culpa. Se convierte para cada uno en su autobiografía. La piel de Cristo es el pergamino, Su Sangre la tinta, los clavos la pluma. Allí vemos escrita la historia de nuestra vida. Esta estrecha relación entre el sentido del pecado y el crucifijo permitió a San Pedro ganar tres mil almas para el Señor en el día de Pentecostés. Él recordó a sus oyentes que habían crucificado a Cristo (Hechos 2,36). Pecar contra la fe significa, por tanto, negarse a creer en Cristo hasta el punto de rechazarlo y crucificarlo.

A menos que el Espíritu tenga dominio en esta guerra de Simón y Pedro, el sacerdote permanece como un niño en la guardería, no como un embajador en el santuario. El Señor le da leche, como San Pablo dio a los corintios *no carne; no fuiste fuerte para ello.... La naturaleza aún vive en ti.*(1 Corintios 3:2)

Como algunas bellotas brotan, pero nunca se convierten en grandes robles, así algunas ordenaciones producen solo retoños espirituales, no árboles plantados junto a las aguas de la vida. El sacerdote espiritualmente no desarrollado tiene dos características:

1. Una infancia prolongada. Hay un asentimiento pleno al Credo, pero falta la belleza de la santidad sacerdotal por la morada del Espíritu de Dios. Debido a esta larga infancia, hay una oscilación continua entre el pecado y la enmienda, el fracaso y el restablecimiento en la gracia, la mezquindad y el dominio del estado sacerdotal. Existe una confesión de pecados individuales, pero no se afronta el hecho de que Él está presumiendo de la Misericordia de Dios y que vive en un estado mundano. La carne es la regla de la vida y no el Espíritu.

2. La segunda marca de esta vida carnal es que vuelve al sacerdote incapaz de recibir verdades más espirituales; nunca siendo completamente apartado de la carne, nunca posee ese vacío que es esencial para recibir al Espíritu. Un hombre puede estar vacío en el

alma como el Gran Cañón, pero tal vacío es infructuoso. El tipo fructífero de vacío es el de un nido, que la paloma del Espíritu Santo puede llenar, o el vacío de una flauta, a través del cual el aliento del Espíritu Santo puede entonar las melodías alegres de la unidad con Cristo.

El Espíritu y la Reparación por los Pecados

Porque el Espíritu Santo profundiza nuestro sentido del pecado en relación con la Crucifixión, el resultado práctico debería ser comprometer al sacerdote en una reparación constante por sus pecados. La Epístola a los Hebreos (5:3) exhorta al sacerdote a hacer precisamente esto; en nuestro lenguaje, le indica que ofrezca la Misa a veces por sí mismo. Nuestros pecados son más graves que los mismos pecados en los laicos, por lo que Dios ordenó mayores sacrificios para los sacerdotes. El pueblo común podía ofrecer un cabrito por sus pecados (Levítico 4:28). Incluso un gobernante de una nación podía hacer lo mismo. Pero el sacerdote debía ofrecer un novillo.

> *Tal transgresión, si la cometiera el sumo sacerdote entonces en funciones, trae culpa sobre todo el pueblo, y debe repararla ofreciendo al Señor un novillo joven sin defecto.*
>
> (Levítico 4:3)

La responsabilidad es proporcional al privilegio. El sacerdote representa al pueblo, y por ello su pecado afecta a toda la Iglesia. Él es la encarnación de la santidad del pueblo como comunidad de adoradores.

Sería completamente erróneo imaginar que quienes no viven según el Espíritu no experimentan remordimiento, o que el conflicto está ausente en sus vidas. El pecado que no se manifiesta adecuadamente en la confesión para ser lavado por la contrición y la absolución, a menudo se manifiesta anormalmente en complejos, tales como atribuir motivos maliciosos a otros, la hipersensibilidad crítica o el amor por los placeres distractores. Tal condición puede conducir fácilmente a la desesperación. Entonces el diablo se abalanza alegremente sobre su presa. La Revelación (12:10) llama al diablo «el acusador de nuestros hermanos». Antes del pecado, Satanás nos asegura que no tiene importancia; después del pecado, nos persuade de que es imperdonable. Antes del pecado, se presenta como amigo del hombre incitándolo a la rebelión; después del pecado, ahoga el alma en la falsa creencia de que la liberación es imposible.

Dudar del perdón es el comienzo del infierno. La Escritura nos dice que Caín no encontró lugar para el arrepentimiento, aunque con lágrimas lo buscó (Génesis 4:13). El remordimiento, no la contrición, produce lágrimas infructuosas, como le ocurrió a Saúl por la pérdida de su reinado, a Judas por la pérdida de su apostolado y a Caín por la pérdida del favor de Dios. Pero el Espíritu Santo contempla la culpa en relación con el Calvario para darnos una esperanza urgente y luego el perdón, porque en aquella colina escuchamos el clamor:

Padre, perdónalos; porque no saben lo que hacen.

(Lucas 23:34)

Este despertar del sentido del pecado por medio del Espíritu no se aplica solo al sacerdote, sino también a los fieles a quienes él pastorea. Los sermones sobre el fuego del infierno despiertan el temor, pero a menos que el Espíritu acompañe al predicador, el temor es servil, no filial. Las almas son conducidas al arrepentimiento solo a través de «la espada del Espíritu, que es la Palabra de Dios» (Efesios 6:17). ¿Qué hace ahora esta Espada del Espíritu en las almas? Intensifica el conflicto entre el cuerpo y el alma, entre el espíritu del mundo y el espíritu de Cristo.

La Palabra de Dios para nosotros es algo vivo, lleno de energía; puede penetrar más profundo que cualquier espada de dos filos, alcanzando la misma división entre alma y espíritu, entre articulaciones y médula, rápida para discernir todo pensamiento y designio en nuestros corazones.

(Hebreos 4:12)

Los pecadores son derretidos en contrición por medio del Espíritu; ven la guerra civil en sus propias almas a través del Espíritu; el Espíritu revela los pecados ocultos que esperaban que nadie pudiera detectar; el Espíritu muestra que el hombre es una criatura caída y necesita poder de lo alto. El Espíritu convencerá a los ateos de su incredulidad. Ningún mal puede ser crucificado hasta que sea reconocido, diagnosticado y llevado a la luz. El yo se reviste de tantos disfraces que nada más que el Espíritu puede obligarlo a revelar su verdadero carácter pecaminoso. Un sacerdote con el Espíritu de Cristo logrará que un pecador se confiese en circunstancias en las que el sacerdote sin el Espíritu fracasará. Reprender a un pecador en el confesionario puede alejarlo, pero elevarlo en el Espíritu de Cristo lo convertirá en un verdadero penitente. Incluso un sacerdote que naturalmente es un orador pobre puede, a través del Espíritu de Cristo, hacer que sus palabras sean efectivas más allá de sus talentos oratorios:

> *Humanos ciertamente somos, pero no es en ninguna fuerza humana donde libramos nuestras batallas. Las armas con las que luchamos no son armas humanas; son poderosamente divinas, listas para derribar fortalezas. Sí, podemos derribar las vanidades de los hombres, toda barrera de orgullo que se opone al verdadero conocimiento de Dios; hacemos que toda mente se rinda al servicio de Cristo...*
>
> (2 Corintios 10:3-6)

El Espíritu y el Amor de las Almas

Cada sacerdote, cuando se presente ante el Señor para el juicio, será preguntado: «¿Dónde están tus hijos?» La vocación del sacerdote es primordialmente engendrar almas en Cristo. ¿Subiremos al púlpito y denunciaremos el control de natalidad antinatural en la carne, mientras lo practicamos en el espíritu? ¿Se debe culpar a las madres por no tener más hijos cuando nuestros registros bautismales no muestran almas engendradas en Cristo desde hace años? Los límites de nuestra parroquia y el ámbito de nuestro deber no son solo los fieles, sino también «otras ovejas que no son de este redil» (Juan 10,16). Cada alma es nuestra responsabilidad, y muchos entrarían en la Iglesia si tan solo se los pidiéramos. El error de muchos sacerdotes es preocuparse más por lo administrativo que por lo evangélico.

¿Organizamos para la salvación de las almas con el mismo celo con que organizamos «campañas»? Cuando se necesita dinero, un sacerdote no duda en organizar una colecta puerta a puerta; pero, ¿con qué frecuencia realiza una colecta puerta a puerta para conversos? ¿Estamos haciendo que nuestra parroquia se renueve continuamente con almas que vienen a contar lo que Dios ha hecho por ellas? Donde está el Espíritu Santo, hay conversiones:

Y cada día el Señor añadía a su comunidad a otros que habían de ser salvos.

(Hechos 2,47)

Nuestras conversiones por sacerdote al año en los Estados Unidos son menos de tres. Pero, ¿quién de nosotros no conoce a muchos que han abandonado el Único Rebaño y Único Pastor, debido a votos rotos, lujuria por un segundo o tercer matrimonio, orgullo inmaduro, o cualquiera de los siete portadores del alma, comúnmente llamados los siete pecados capitales? ¿Disponemos de centros catequéticos y los utilizamos para formar a los laicos como apóstoles y para que vivan plenamente las responsabilidades del Sacramento de la Confirmación? Cada parroquia debería ser un vivero de almas que no pertenecen al rebaño; cada sacerdote, un pastor en busca de ovejas perdidas; cada Misa, una proclamación de que la redención debe ser difundida al mundo:

¿Qué, claman los de Jacob, es el Señor tan fácilmente ofendido?

(Miqueas 2,7)

¿Es el Espíritu Santo menos generoso para salvar almas ahora que en Pentecostés? ¿Está el tenor de nuestra vida sacerdotal conteniendo esos fuegos y poderosos vientos de conversión? ¿Por qué arden los fuegos pentecostales con tanta intensidad en las tierras de misión y con tan poca fuerza en nuestra parroquia? ¿Se ha agotado la corriente del Espíritu en nuestros puertos? La culpa no es del Espíritu, porque *"Dios no se arrepiente de los dones que concede"* (Romanos 11:29). El rugir de los vientos poderosos no se ha calmado ni detenido en estancamiento o esterilidad. El Espíritu Santo sigue dispuesto a cubrir con su sombra nuestro sacerdocio, para que podamos engendrar a aquellos que son santos.

El sacerdote actúa desde fuera, el Espíritu Santo desde dentro. Nos deseamos bendiciones; Él concede bendiciones. Sólo Él puede plantar en un corazón, por su divina agricultura, la semilla que florecerá en una "nueva criatura en Cristo" (2 Corintios 5:17). El egoísmo y la pereza que nos hacen rehuir la búsqueda de almas pueden ser consumidos por Su Espíritu. A nuestro alrededor, en nuestras parroquias, en nuestros contactos diarios con los hombres, hay innumerables masas de almas que son como lingotes de oro cubiertos de escoria. ¡Y nosotros, si tuviéramos el fuego del Espíritu, los puliríamos hasta convertirlos en joyas del Reino de Dios!

✠ J.M.J. ✠

~ 6 ~

El Espíritu y la Conversión

Así como el Espíritu no falla, sino que se concede a quienes piden, las almas no son más difíciles de convertir ahora que en cualquier otro tiempo. El enfoque debe ser distinto, así como el trato hacia el Romano fue diferente del que se tenía hacia el Judío. En términos psicológicos, toda conversión comienza con una crisis, moral o espiritual. La crisis moral se inicia con un momento o una situación que implica algún tipo de sufrimiento, físico, emocional o espiritual, con una dialéctica, una tensión, un tirón, una dualidad o un conflicto. La crisis va acompañada, por un lado, de un profundo sentido de la propia impotencia y, por otro, de una convicción igualmente cierta de que sólo Dios puede suplir lo que al individuo le falta.

Si sólo existiera un sentido de impotencia, habría desesperación, pesimismo y eventual suicidio. Esta es, en efecto, la condición del pagano postcristiano: siente la total insuficiencia de sus propios recursos interiores frente a las abrumadoras probabilidades de un universo cruel y cae en la desesperación. Él posee la mitad de la condición necesaria para la conversión — a saber, un sentido de crisis — pero no logra vincular su impotencia con el Poder Divino que sostiene y alimenta el alma. En tal situación, el paganismo da paso a lo que podría llamarse desesperación creativa: «desesperación», porque el hombre reconoce su enfermedad espiritual; «Creativa», porque sabe que sólo un Médico Divino puede traer la sanación.

La crisis de la conversión es a veces espiritual más que moral. Esto es frecuente entre aquellos que han estado buscando la perfección pero aún no poseen la plenitud de la Fe y los Sacramentos.

Algunas de estas almas han llevado una buena vida en el plano natural; han sido generosos con los pobres y amables con sus vecinos y han fomentado al menos una vaga fraternidad con todos los pueblos. Otros han tenido un conocimiento superficial de la vida sobrenatural; han llevado una vida tan cristiforme como supieron, viviendo conforme a la Fe en Él según la luz que vieron. La crisis en sus almas comienza en el momento en que reconocen que poseen tremendas potencialidades aún no ejercitadas o empiezan a anhelar una vida religiosa que les exija más.

Hasta ese momento de crisis, han vivido en la superficie de sus almas. La tensión se profundiza al darse cuenta de que, como una planta, tienen raíces que necesitan mayores profundidades espirituales y ramas destinadas a la comunión con los Cielos de arriba. El creciente sentimiento de insatisfacción con su propia mediocridad va acompañado de un anhelo apasionado de entrega, sacrificio y abandono a la voluntad de Dios. El paso de la mediocridad al Amor puede ser provocado por el ejemplo de un santo, la inspiración de un libro espiritual, el deseo de escapar de meros símbolos hacia la realidad Divina. Sea como sea, existe una dualidad presente desde el momento en que el alma escucha a Cristo decir:

Pero sed perfectos, como vuestro Padre celestial es perfecto.

(Mateo 5:48)

La conversión es la introducción de un nuevo Espíritu. El hombre no convertido posee un factor Rh espiritual incompatible en su naturaleza humana, que es corruptible; se supera haciéndole "participar de la Naturaleza Divina" (2 Pedro 1:4) mediante una infusión de Sangre de Calvario y Pentecostés. Por tanto, la conversión es totalmente distinta del proselitismo, que es sólo un cambio de pertenencia grupal o la adopción de una nueva etiqueta. Pero la conversión es una *metanoia*, un cambio de carácter, el convertirse en un hombre nuevo.

El Espíritu Hace Conversos, No Nosotros

La obra de la conversión es realizada por el Espíritu Santo, a través del uso de medios humanos. El Espíritu puede colocar una vara en las manos de un pastor. Su acción puede inducir una conciencia de la ausencia de Dios en el alma, o crear un sentido de la presencia de Dios y de Su gracia actual obrando en el alma. En todos los casos, el Espíritu Santo ilumina la mente para descubrir una verdad antes invisible y fortalece la voluntad para realizar acciones nunca antes intentadas. Job habla de una manera en que el Espíritu toca el alma en el sufrimiento:

> *A veces, en visiones nocturnas, cuando el sueño profundo cae sobre los hombres mientras yacen en la cama, Él pronuncia palabras de revelación para enseñarles la lección que necesitan. Este es un medio por el cual Él apartará a un hombre de sus designios y lo purgará de su orgullo; y la tumba queda defraudada, la espada falla en su presa. O bien usará los dolores del lecho de enfermo para la corrección de un hombre, dejando todo su cuerpo consumido por la enfermedad.*
>
> (Job 33:15-19)

El sacerdote nunca debe pensar que su predicación y celo ganaron al convertido. Lidia escuchó a Pablo, pero la Escritura dice:

> *y el Señor abrió su corazón para que estuviera atenta a la predicación de Pablo.*
>
> (Hechos 16:15)

Aquí había una mujer ya religiosa, descrita como una mujer de oración; sin embargo, su mente necesitaba la enseñanza del Espíritu Santo para comprender lo que había escuchado. Por cierto, Lidia fue la primera converso en Europa, y fue desde su casa que comenzó la evangelización de Europa.

A veces la revelación del Espíritu es gradual, como en el caso de la mujer en el pozo. Primero llamó a Nuestro Señor «Judío» (Juan 4:9), luego «hombre» (Juan 4:12), después un caballero cuando se dirigió a Él como «Señor» (Juan 4:15), luego «profeta» (Juan 4:19), después «Mesías» (Juan 4:25), y finalmente «Salvador del mundo» (Juan 4:42).

El carcelero de Filipos fue el segundo converso en Europa (Hechos 16:27-34), y fue movido por el Espíritu a través del temor y mediante la palabra de Pablo. El tesorero etíope ilustra cómo el Espíritu Santo dirige a un sacerdote hacia aquel cuya conversión es divinamente querida:

> *El Espíritu dijo a Felipe: Sube y acércate a ese carro.*
> (Hechos 8:29)

El etíope ya tenía algún concepto de religión, pues estaba leyendo el capítulo cincuenta y tres de Isaías. El Espíritu Santo mueve incluso a las almas dedicadas a la hechicería y la magia. Tales almas, en su oscuridad, pueden estar buscando la Verdad. Un hechicero llamado Elimas había intentado apartar de la Fe al procónsul Sergio Paulo, cuyos rudimentos había recibido mediante la predicación de Pablo. "Entonces Saúl, llamado también Pablo, lleno del Espíritu Santo,....." (Hechos 13:8) fulminó al hechicero. Por cierto, esta es la primera vez que las Escrituras dan a Saúl el nombre romano de Pablo. Denunciando a Elimas como hijo del diablo, Pablo lo dejó ciego — su primer milagro. Uno se pregunta si Pablo recordó que él mismo fue dejado ciego en el momento de su conversión. ¿Fue para que la ceguera temporal pudiera dar luz, como la suya propia? El Venerable Beda dice: «El Apóstol, recordando su propio caso, sabía que con la oscuridad del ojo, la oscuridad de la mente podría ser restaurada a la luz.» Entonces Sergio Pablo se fortaleció en su Fe. Fue la primera aparición del cristianismo ante un aristócrata y funcionario romano.

Ningún alma está más allá de la conversión. El Señor nos asegura, a través del profeta Joel, que Él compensará los años malos.

> *Los años infructuosos, cuando la langosta os devastó, el Roedor, el Destructor y el Saqueador, ese gran ejército mío que desaté entre vosotros, serán compensados.* (Joel 2,25)

El Espíritu y la Conversión

Convertir almas conforme a nuestra vocación de ser «pescadores de hombres» no es fácil, porque cada captura exige un gran esfuerzo. Pero perder es la condición para ganar en el ámbito del Espíritu. Nunca beneficiamos a otro sin ser «conscientes interiormente del poder» que ha procedido de nosotros, como Nuestro Señor cuando sanó a la mujer con el flujo de Sangre (Marcos 5,30). ¿Pero quiénes son los sacerdotes enérgicos? ¿No son acaso los sacerdotes celosos? Nada es tan fatigante como el aburrimiento. Lleno del Espíritu de Cristo, un sacerdote que trabaja con las almas es como la zarza ardiente que ardía, pero no se consumía (Éxodo 3:2). Cada agotamiento de la energía espiritual por parte de un sacerdote crea un vacío para una dotación más abundante del Espíritu, hasta que las almas se convierten en su pasión:

Es Él Quien da al cansado nuevo Espíritu, Quien fomenta la fuerza y el vigor donde no hay fuerza ni vigor.

(Isaías 40:29)

Todo pastor debería, de vez en cuando, revisar el registro bautismal y ver cuántas ovejas han sido llevadas al Pastor en el curso de su ministerio. ¿Con qué frecuencia encuentra un nombre inscrito en el Libro de la Vida con su propio nombre listado en la columna que dice: "Bautizado por ___"? Una parroquia puede marchitarse sin conversos durante años, así como durante quince años la Casa de Dios permaneció sin terminar, hasta que Dios habló al pueblo diciendo:

El Señor de los ejércitos os exhorta a poner corazón en la obra; ¿no está Él, el Señor de los ejércitos, a vuestro lado?

(Hageo 2:5)

Así, en una parroquia sin que se añada piedra espiritual sobre piedra espiritual, el Señor nos manda trabajar. No puede haber obra sin fuerza. Nosotros proveemos la obra, Dios el poder. Es el consuelo lo que nos hace eludir la obra de la conversión. Estamos vestidos, pero ¿nos calienta el fuego del Pentecostés? ¿Los salarios que ganamos — se ponen en un saco con agujeros, o estamos acumulando el tesoro más rico de almas y cubriendo la montaña de nuestras propias faltas? Salvar almas es la garantía de nuestra salvación.

Hermanos míos, si alguno de vosotros se aparta de la verdad, y un hombre logra traerlo de vuelta, que esté seguro de esto; Traer de vuelta los pies errantes al camino recto significa salvar un alma de la muerte, significa echar un velo sobre multitud de pecados.

(Santiago 5:19,20)

Nosotros, los sacerdotes, somos solo agricultores espirituales; laboremos la tierra, Dios siembra la semilla. No hacemos conversos. Nunca debemos contar a nuestros conversos, pues un día podríamos comenzar a pensar que nosotros, y no el Señor, los hicimos. La misma energía divina que realizó la Creación y la Redención salva almas.

El Espíritu y la Instrucción

Instruir no es discutir. Se puede ganar una discusión y perder un alma. El sacerdote debe ser paciente con los intolerantes. Si creyéramos las mentiras que ellos creen sobre la Iglesia, la odiaríamos mil veces más que ellos.

El sacerdote debe intentar descubrir si las objeciones contra la fe expresadas por un interrogante son en realidad intelectuales, o si, en cambio, son básicamente morales, es decir, si están arraigadas en algún comportamiento impropio. Las llamadas "razones" son a veces racionalizaciones para justificar la forma en que las personas viven. Es importante descubrir no solo lo que la gente dice sobre Cristo y Su Iglesia, sino por qué lo dice. Esta fue la técnica usada por Nuestro Señor con la Mujer en el pozo. Ella planteó un problema teológico cuando su verdadero problema era uno moral, a saber, sus cinco maridos. Él, sin embargo, no la desechó aunque vio a través de su pretensión. En cambio, le mostró cuál era su verdadero problema, y ella se convirtió.

El mejor enfoque del sacerdote hacia los interrogantes no es demostrar que están equivocados, ni probar que él tiene razón, sino simplemente ofrecer Pan a los hambrientos y bebida a los sedientos. Nuestra Fe es la satisfacción del deseo del alma, no la presentación didáctica de un silogismo. El sacerdote debe prepararse cuidadosamente para cada discusión con un interrogante. Antes de comenzar a instruir, debe dedicar una hora a pensar en analogías, ejemplos y respuestas a posibles objeciones.

Para salvar almas debemos ser santos. El Señor no usa herramientas sucias. ¿Cómo podemos ir a los pecadores si ellos dicen: «Médico, cúrate a ti mismo» (Lucas 4:23)? Tampoco podemos invitar a los que se han apartado a volver a la obediencia que deben a la Iglesia si ellos pueden cuestionar nuestro propio modo de vivir y actuar:

Una misión realizaron estos profetas, pero ninguno de los Míos; un mensaje dieron, pero no de Mi envío. Si hubieran conocido Mi designio, ¡ah, entonces deberían haber pronunciado Mis propias advertencias, y así podría haber desviado a Mi pueblo de caminos falsos y pensamientos errados!

(Jeremías 23:21,22)

La instrucción al interrogante debe formularse de tal manera que demuestre que amamos lo que creemos. Si mostramos poco entusiasmo por la verdad sublime que comunicamos, ¿cómo aprenderá el converso a amar esa verdad?

El Espíritu y la Oveja perdida

Nuestro amor por las almas debe ser persistente. Nos acostumbramos a leer la parábola del Buen Pastor, pero ¿entendemos que para nosotros sacerdotes es una explicitación de nuestra obligación de buscar a la oveja perdida? Dejar una cena, interrumpir un entretenimiento nocturno, suspender una siesta, todos esos esfuerzos se resumen en dejar *a esos otros noventa y nueve en la ladera del monte y salir a buscar a la que se extravía.* (Mateo 18:12)

Nada no espiritual es sagrado ante una necesidad espiritual. Incluso los "desterrados", aquellos fuera de la Iglesia por matrimonios inválidos, aquellos que despreciaron el Sagrado Corazón aunque Él no los despreciara — ¿no forman acaso parte de nuestro ministerio?

> *Nunca permitirá Dios que se pierda un alma en el cómputo; aún se ocupa en remedios para salvar la vida de aquel que está desterrado.*
>
> (2 Reyes 14:14 [2 Samuel 14;14, RSV])

El hijo desterrado de la Iglesia sigue siendo hijo y el verdadero sacerdote se entristece mientras esté lejos de su hogar. ¿Cuántas son las parejas en matrimonios inválidos que están dispuestas a vivir como hermanos y hermanas, si tan solo se les presentara adecuadamente esta posibilidad? El amor de Dios actúa incluso en favor de las almas más malas e indignas. La gracia se concede a muchos que fueron descartados por sacerdotes de poca fe, porque Dios ha dicho: "¡La muerte del pecador no es de Mi voluntad!" (Ezequiel 33:11). ¿No es Dios un Padre y no es el sacerdote un "Padre"? Nunca debemos imitar al hermano mayor que no quiso recibir de nuevo al hijo pródigo. Aquí había dos hijos que perdieron el amor del Padre: uno porque era "demasiado bueno" y el otro porque era "demasiado malo"; pero fue este último quien encontró ese amor de nuevo (Lucas 15, 11-32).

Como sus siervos, tenemos confianza en Su poder:

> *Hay un poder más fuerte obrando en vosotros que en el mundo.*
>
> (1 Juan 4, 4)

Nuestro celo por las conversiones pasará por tres etapas: una oración celestial, una identificación agotadora con los demás y, finalmente, la sanación del alma. San Marcos nos dice (7, 34) que Nuestro Señor, al enfrentarse a un hombre sordo y mudo, realizó igualmente el milagro de curarlo en tres pasos. "... Miró al cielo y suspiró; Dijo: Efata, (es decir, ábrete)."

El Espíritu y la Conversión

La condición de todo apostolado es la conciencia de que el Cielo lo concede. Buscar en primera instancia en otro lugar, por ejemplo, en la publicidad o en la organización, es perder la fuente del poder. Si cometemos este error, podemos anticipar a continuación esa compasión y lástima costosas en las que nos unimos a los ignorantes, los insensibles y los sordos. Solo entonces se abre el ojo a la fe, el oído al sonido de la Palabra de Dios. Nadie puede dar vista a los espiritualmente ciegos a menos que mire hacia el Cielo. Lo que damos depende de lo que recibimos.

¡Con qué frecuencia se mencionan los suspiros de Nuestro Señor en la Escritura, por ejemplo, ante la dureza de los corazones y la incredulidad, ante la vista de un leproso, una multitud hambrienta, frente a la hostilidad y sobre el cuerpo muerto de Lázaro! Todos los males y el mal del destino y conducta del hombre pesaban sobre Su Corazón sacerdotal. Así, el valor de nuestros esfuerzos está en proporción a la amplitud de la simpatía y el sentimiento que tenemos por las almas no convertidas. La profundidad de la compasión de un sacerdote es la medida de su éxito apostólico.

Aquí también es pertinente meditar sobre la relación entre el amor del Espíritu Santo y la Presencia Eucarística, por un lado, y nuestra simpatía por las almas, por otro. La mirada y el suspiro iban juntos en Nuestro Señor. Asimismo, la mirada al tabernáculo y la simpatía por los enfermos son gemelas. Quien ora, simpatiza; quien tiene el Espíritu posee un cuerpo que asume una cruz diariamente por su pueblo; quien con sus ojos recorre los cielos en busca del Espíritu, tiene una mirada más aguda para la oveja perdida de la tierra. La comunión habitual con Dios es la raíz de la compasión del sacerdote. La piedad es segunda; Nuestro Señor es primero.

Cuando el Espíritu busca obrar en nosotros por las almas, nuestra naturaleza se retrae ante la tarea. Pero es algo parecido a nadar: se convierte en alegría tras el impacto de la primera inmersión. Nos fatigamos, por supuesto, pero Dios no se fatiga en darnos nueva fuerza. La edad no es el factor determinante. Los jóvenes que carecen del Espíritu se fatigan más rápidamente que los ancianos que lo poseen.

La juventud misma puede debilitarse, el guerrero desfallecer y decaer, pero los que confían en el Señor renovarán sus fuerzas, como las águilas que acaban de emplumar; apresúrate, y nunca te canses de apresurarte; marcha, y nunca desfallezcas en la marcha.

(Isaías 40:30,31)

El hombre natural tiende constantemente al agotamiento. Toda vida vivida en el nivel de la criatura cava su propia tumba. Pero el hombre que confía en el Dios incansable no sigue la ley terrenal de la fatiga. Los sacerdotes poco fervorosos están cansados en la mente antes que en el cuerpo. Su agotamiento es tedio debido a la pérdida del Espíritu. Pero el verdadero apóstol, aunque pueda sentarse como su Maestro, «cansado del camino, junto al pozo» (Juan 4:6), puede sin embargo considerar un alma convertida como «*comida para comer de la cual no sabes nada*» (Juan 4:32). La gracia aborrece el vacío, como la naturaleza. La casa vacía del Evangelio que no fue llenada por el Espíritu fue ocupada por siete demonios.

Gracias al Espíritu, aunque el sacerdote envejece en años, se vuelve más joven mediante el ascenso al altar de Dios, donde se renueva la juventud. El esfuerzo sin el Espíritu es impaciencia; la impaciencia, tocada por el Espíritu, es celo por las almas.

Como el tallador trabaja los diamantes y el escultor la piedra, así el sacerdote trabaja las almas.

Como un pastor, las cuida, recoge a los corderos y los lleva en su seno.

(Isaías 40:11)

En la parroquia, en la escuela, el sacerdote velará para que no se le arrebate ni una sola alma de sus manos (Juan 10:11-28). La autoridad sobre la Iglesia y sus almas no fue dada a Pedro hasta que hizo una triple promesa de amor. Cualquier autoridad que ejerce el sacerdote tiene el mismo fundamento. El sacerdote será tan tierno en el amor a su pueblo como Jacob lo fue con su rebaño:

Puedo perder todo un rebaño si los hago caminar demasiado.
(Génesis 33:13)

El Espíritu y la Escritura

Se ha dicho que un gesto característico de muchos sacerdotes, cuando toman la Biblia de una estantería (tras buscarla durante varios minutos), es golpearla con la mano para quitarle el polvo. Esto puede explicar por qué los oradores del púlpito son tan aficionados a algunos textos rutinarios, tales como: «Venid vosotros que habéis recibido una bendición de Mi Padre» (Mateo 25:34), o «Venid a mí todos los que estáis trabajados y cargados» (Mateo 11:28); y en el Domingo de las Misiones: «Id y haced discípulos a todas las naciones» (Mateo 28:19). ¿Por qué es que cuanto menos preparado está el predicador, más inclinado está a encontrar faltas en sus parroquianos? Y cuanto menos examina su propia conciencia en la meditación, más recurre a la reprimenda moralista.

El sacerdote santo, por el contrario, dice a su rebaño: «Somos, pues, embajadores de Cristo, como si Dios exhortara por medio de nosotros» (2 Corintios 5:20). Pero si Dios exhorta, lo hace a través de Su Palabra: «Os he predicado el Evangelio de Dios» (2 Corintios 11:7).

Al predicador le conviene meditar en la técnica empleada por San Pablo en Tesalónica:

Durante tres sábados discutió con ellos a partir de las Escrituras, explicándolas y aportando pruebas de que los sufrimientos de Cristo y Su resurrección estaban predestinados; el Cristo, dijo, no es otro que el Jesús a quien yo os predico.
(Hechos 17:2-3)

Cuando habló al rey Agripa, Pablo utilizó exactamente el mismo método de predicación:

El Espíritu y la Conversión

Sin embargo, no hay nada en mi mensaje que vaya más allá de lo que los profetas hablaron, y Moisés habló, como cosas por venir; un Cristo sufriente, y Aquel que debe mostrar luz a Su pueblo y a los Gentiles siendo el primero en resucitar de entre los muertos.

(Hechos 26:22)

San Pedro utiliza las Escrituras de la misma manera exacta para desarrollar las verdades de la Fe:

La salvación fue el objetivo y la búsqueda de los profetas, y la gracia de la que profetizaron ha sido reservada para vosotros. El Espíritu de Cristo estaba en ellos, dándoles a conocer los sufrimientos que la causa de Cristo conlleva, y la gloria que los corona; ¿Cuándo debía ser, y cómo debía reconocerse el momento?

(1 Pedro 1:10,11)

¿Puede el predicador de hoy hacerlo mejor que Pedro y Pablo? Independientemente de cuántas veces las personas escuchen las Escrituras, siempre pueden encontrar algo nuevo en ellas. San Pablo ha expuesto la razón por la cual esto es así:

Todo en la Escritura ha sido inspirado divinamente y tiene sus usos; para instruirnos, para exponer nuestros errores, para corregir nuestras faltas, para educarnos en la vida santa; para que el siervo de Dios se convierta en un maestro de su oficio, y cada noble tarea que llegue lo encuentre preparado para ella.

(2 Timoteo 3:16-17)

Las Escrituras no son meramente un registro de eventos históricos que han pasado. Constituyen para cada época una revelación de la mente y la voluntad de Dios a cada individuo. Muchos de los incidentes registrados en el Antiguo Testamento proporcionan una perspectiva que nos da una comprensión más completa de los eventos que ocurrieron después y que se describen en el Nuevo Testamento. Génesis 21:10-12, por ejemplo, relata una disputa en la familia de Abraham. Ismael, su hijo de Agar, se burló e insultó a su hijo menor Isaac, el hijo de la promesa, cuya madre era Sara. Sara se puso del lado de Isaac y decidió que Agar e Ismael debían ser expulsados de la casa de Abraham. Tales disputas familiares y venganzas maternas pueden no parecer muy pertinentes hasta que leemos Gálatas 4:30, donde San Pablo explica que la expulsión de la esclava y su hijo fue para mostrar que aún estaban bajo la esclavitud de la Ley y, por consiguiente, no tenían derecho a participar en la herencia del Evangelio.

No solo la Escritura deriva su inspiración del Espíritu, sino que el Espíritu solo hace claro su significado. Antes de su conversión, Pablo estaba versado en las Escrituras, pero no podía ver en ellas que el Señor era el Cristo. Nuestro Señor Bendito dijo a los Fariseos que escudriñaban las Escrituras pero no se daban cuenta de que se referían a Él (Juan 5:39). Cualquier efecto beneficioso producido en el oyente siempre venía a través del Espíritu Santo.

Nuestra predicación a vosotros no dependió de meros argumentos; había poder, la influencia del Espíritu Santo y un efecto de plena convicción.

(1 Tesalonicenses 1:5)

Cuando San Pablo recordó el efecto de su predicación en los corintios, probablemente tenía en mente su falta de éxito en Atenas. San Pablo había dado una charla muy erudita en Atenas, citando a varios poetas griegos, pero el efecto se limitó a una o dos conversiones. Luego, San Pablo dejó Atenas para ir a Corinto. Durante el viaje de cuarenta millas, debió meditar sobre su falta de éxito y tratar de determinar por qué había fracasado. Más tarde, cuando escribió a los corintios, contrastó la predicación mediante la filosofía y la elocuencia, con la predicación por el poder del Espíritu.

Así fue, hermanos, que cuando llegué a vosotros y os prediqué el mensaje de Cristo, lo hice sin ninguna pretensión elevada de elocuencia o de filosofía. No tuve otro propósito que daros a conocer a Jesucristo, y a Él crucificado.

(1 Corintios 2:1-3)

El Espíritu y la Conversión

Existen dos tipos de conocimiento acerca de Cristo: el especulativo y el práctico. El primero se obtiene mediante el estudio; el segundo, únicamente a través del Espíritu Santo que nos conduce a aceptar a Jesús como Señor y Salvador.

✠ J.M.J. ✠

~ 7 ~

El Espíritu de la Pobreza

La pobreza no es una condición económica, sino espiritual. El voto de pobreza no solo permite lo necesario para proveer las necesidades materiales, sino que permite al hombre vivir conforme a su estado de vida. La pobreza, en relación con el sacerdocio, es un espíritu. Por eso Cristo dijo:

Bienaventurados los pobres en espíritu.

(Mateo 5:3)

Todos los hombres son pobres en el sentido de que no tienen derecho natural a lo esencial para el Reino de los Cielos. Por sí mismos, ni siquiera saben lo que les falta. Solo cuando el Espíritu se apodera de ellos, para que se vuelvan pobres en espíritu, reconocen que están desamparados, ciegos y desnudos. Por eso la bienaventuranza que se refiere a la pobreza de espíritu es seguida de cerca por otra destinada a consolar a los que lloran. Así como la pobreza implica impotencia, el llanto implica un sentido de culpa y corrupción. Las dos están relacionadas como la humildad y la paciencia, como señala Isaías:

Nada ves a tu alrededor que Yo no haya formado, dice el Señor; Mi Mano le dio existencia. ¿De quién, entonces, aceptaré una ofrenda? Paciente debe ser y humilde quien teme Mis advertencias.

(Isaías 66:2)

El sacerdote que es pobre en espíritu es un *mendicus* más que un pobre. Sus momentos más conscientes dan testimonio de su vacío, su dependencia de Dios y su indignidad. Solo entrarán en el Reino de los Cielos aquellos que hayan abandonado la propia voluntad, la autosuficiencia y la seguridad económica como sustituto de la confianza Divina. Las dos actitudes se presentan en agudo contraste en el mensaje al ángel de la iglesia de Laodicea registrado en la Revelación (3:17), un mensaje que nosotros, en la nación más rica del mundo, bien podemos tomar a pecho. A los de la Iglesia de Laodicea que se glorían en su propio éxito, diciendo

> *"He llegado a ser rico; nada, ahora, me falta," el ángel es instruido a decir: "Y todo el tiempo, si tan solo lo supieras, eres tú quien es miserable, tú quien debe ser compadecido. Eres un mendigo, ciego y desnudo; y mi consejo para ti es que vengas y compres de mí lo que necesitas; oro, probado en el fuego, para enriquecerte, y vestiduras blancas, para vestirte y cubrir la desnudez que te deshonra; ungüento también para tus ojos, para que recobren la vista. A aquellos que amo, corrijo y castigo; enciende tu generosidad y arrepiéntete."*

La pobreza de espíritu se basa en el ejemplo de Nuestro Señor Bendito.

> *No necesitas que te recuerden cuán misericordioso fue Nuestro Señor Jesucristo; cómo Él se empobreció por vosotros, siendo rico, para que vosotros os enriquecierais por medio de su pobreza.*

(2 Corintios 8:9)

Fue hijo de una madre pobre, nacido en un viaje, primero acunado entre animales. Su pobreza fue voluntaria. El que hizo las aguas, pidió de beber; El que hizo las bestias, pidió prestada una para una procesión; El que hizo los árboles, pidió prestada una Cruz. Satanás le ofreció todas las riquezas del mundo — el atajo hacia la popularidad — y Él las rechazó, aunque agotado por un ayuno de cuarenta días. José le encontró una cueva en la que nacer; y otro José, una cueva en la que depositar Su Cuerpo quebrantado — porque el nacimiento y la muerte le eran igualmente ajenos como Dios.

Si tal fue la pobreza de espíritu de Cristo, es obvio que el sacerdote, el *alter Christus*, no tiene más opción que cultivar un espíritu semejante. El sacerdote ya es rico — rico en la gracia de la vocación, la gracia del embajador, la gracia de las Órdenes. Siendo rico en Cristo, no necesita ser rico en Mammón. La Biblia registra que la tribu de Leví no recibió tierras, porque el Señor era la riqueza de aquellos elegidos para ser Sus sacerdotes:

Esto también le dijo el Señor a Aarón: No tendrás tierras, ni se te asignará porción entre tus hermanos israelitas. Yo soy toda tu porción; estos otros tienen sus posesiones particulares, tú me tienes a Mí.

(Números 18:20)

Las riquezas del sacerdote

Mucho mayor es la riqueza de los sacerdotes del Nuevo Testamento que gozan de la familiaridad del Señor Encarnado y de las riquezas del Espíritu: "... ¡Cuán rica es la gloria que Él otorga" (Romanos 9:23); *"Tan rica es la gracia de Dios, que ha desbordado sobre nosotros en un río abundante"* (Efesios 1:8).

El sacerdote católico debe ser notable por su desapego de las cosas mundanas tanto como por su amor a la castidad.... La avaricia, que el Espíritu Santo llama la raíz de todos los males, puede llevar al hombre a cualquier crimen. El sacerdote que permite que este vicio se apodere de él, aunque pueda detenerse antes del crimen, está haciendo causa común, sepa o no, con los enemigos de la Iglesia, ayudándoles en sus designios malvados. (Pío XI, Encíclica sobre el Sacerdocio Católico, 20 de diciembre de 1935)

¡Qué abundancia posee el sacerdote! Él dispensa el perdón de Cristo a quienes se arrepienten de sus pecados. ¡Tiene a su disposición la riqueza de la sabiduría de Cristo! Sentado a Sus pies, el sacerdote escucha lo que Platón no pudo enseñar y lo que Sócrates nunca aprendió.

El Espíritu de la Pobreza

¿Por qué los pocos que son ricos rara vez apoyan las misiones? ¿Por qué la Iglesia tiene que luchar tan a menudo contra la pobreza, y por qué las conversiones se multiplican más rápidamente en países pobres, como Vietnam, que en países prósperos? La razón es que existe una especie de equilibrio establecido entre la riqueza del Cielo y la riqueza de la tierra.

Tú recibiste tu buena fortuna en vida, y Lázaro, no menos, su mala fortuna; ahora él está en consuelo, tú en tormento.

(Lucas 16:25)

El Cielo también tiene su economía. Las palabras más crueles de la Escritura serán pronunciadas en el último día contra aquellos que obtuvieron todas las cosas mundanas que deseaban:

Ya tienen su recompensa.

(Mateo 6:16)

Apelando a sus hermanos en todas partes, San Santiago confirma que los bolsillos ricos a menudo tienen corazones pobres, y que los bolsillos pobres tienen corazones llenos de las riquezas de la fe:

Escuchadme, mis queridos hermanos; ¿no ha elegido Dios a los hombres que son pobres a los ojos del mundo para ser ricos en fe, para ser herederos de ese Reino que ha prometido a los que le aman?

(Santiago 2:5)

Nuestro Señor Bendito insistió en que Su amor por los pobres y Sus esfuerzos por salvarlos eran evidencia de la verdad de Su afirmación de ser el Mesías:

A los pobres se les predica el Evangelio.

(Mateo 11:5)

El Espíritu de la Pobreza

Pero ¡ay de vosotros, los ricos; porque ya tenéis vuestro consuelo. ¡Ay de vosotros, los que estáis saciados; porque tendréis hambre! ¡Ay de vosotros, los que ahora reís; porque lloraréis y lamentaréis! ¡Ay de vosotros, cuando todos los hombres hablen bien de vosotros; porque así hacían sus padres con los falsos profetas.

(Lucas 6:24-26)

La pobreza de espíritu atrae al sacerdote a una unión más íntima con la Persona de Cristo. Una función de toda propiedad es extender la personalidad. El hombre es libre en su interior porque tiene alma; es libre en el exterior, o económicamente, porque posee bienes. La personalidad humana se enriquece a través de las cosas.

El sacerdote, sin embargo, tiene otra manera de extender su personalidad: no adquiriendo acciones y bonos, sino por una mayor reproducción en sí mismo de la Unión Hipostática. Él aplasta su ego y sus deseos, de modo que en él hay dos «naturalezas» en una Persona: por un lado, su naturaleza humana; Por otro lado, su "participación en la Naturaleza Divina" mediante la gracia y la pérdida de su personalidad humana en la Persona de Cristo. Al depender menos de las cosas, se convierte cada vez más en un *instrumentum Divinitatis*.

Es Cristo quien vive en mí.

(Gálatas 2:20)

Crucificado a la extensión externa de la personalidad, el sacerdote crece internamente y se convierte en la extensión de la Persona de Cristo. Cuantos menos apoyos tenga el sacerdote — y apoyos que atraviesan sus manos — más se apoya en Él el Señor. Pobre en sí mismo, es rico en Cristo. Entonces los parroquianos no ven en él a la persona humana: ven a Cristo, vivo, enseñando, visitando, consolando, renovando el Calvario. El instinto de los parroquianos es infalible: saben en quién vive Cristo. De un sacerdote dicen: «Es un buen José»; de otro, «Él es otro Cristo.»

En la medida en que la riqueza de un sacerdote consiste en las cosas del Espíritu, en la misma medida se reduce la necesidad de un complemento externo para perfeccionar su personalidad. La confianza del sacerdote, al enfrentarse a la vida, proviene menos del poder de lo que guarda en reserva que de su total dependencia de la Providencia y de la Bondad del Padre celestial.

Prosperidad desfavorable al Sacerdocio

Otra razón más para ser pobre en espíritu es que la prosperidad temporal resulta desfavorable para el progreso espiritual. Tomemos el caso de Salomón. La Escritura nos informa que descendió por la multiplicación. Primero, multiplicó oro y plata para sí mismo; luego multiplicó caballos que compró de Egipto; después, multiplicó esposas. Aquí hay una indicación clara de que la carnalidad siguió al amor por la riqueza. Finalmente, adoró a los falsos dioses de sus concubinas. Confucio dice que la lujuria es el pecado de la juventud, el poder el pecado de la mediana edad y la avaricia el pecado de la vejez. La avaricia en los ancianos puede incluso representar la sublimación de las lujurias de su juventud.

Así que el Señor se enojó con Salomón por haberle sido infiel.

(3 Reyes 11:9 [1 Reyes 11;9, RSV])

La sugerencia es que Dios se enojó precisamente por las grandes bendiciones que concedió a Salomón, pues todo pecado se agrava por las misericordias que hemos recibido. ¿Cuánto más, por tanto, se agrava el pecado después del don de una vocación? Nuestro Señor dijo que si no hubiera venido y hablado a Su pueblo, habrían estado comparativamente sin pecado (Juan 15:22).

La acumulación, en una ocasión registrada en la Biblia, recibió un castigo terrible. Después de que los judíos cruzaron el Jordán, Josué obtuvo una victoria y luego partió hacia Hai, donde fue ignominiosamente derrotado. La derrota sumió a Josué y a su pueblo en la desesperación, y Josué se quejó al Señor:

Mejor hubiera sido permanecer en nuestro antiguo puesto más allá del Jordán. ¡Oh Señor mi Dios, que vea a Israel dar la espalda ante sus enemigos!

(Josué 7:7,8)

Entonces el Señor explicó la razón de la inversión. Estaban siendo castigados por la violación de un mandato Divino que prohibía a todo soldado Judío tomar para sí cualquiera de los despojos de Jericó. Sin embargo, un hombre había violado el mandato; tentado por la vista de una costosa prenda babilónica, algo de plata y un poco de oro, los ocultó para su propio uso.

Aunque sólo un hombre en todo el ejército era culpable, todo el ejército fue castigado con la derrota. El pecado fue imputado y visitado sobre toda la nación:

Pero el Señor dijo a Josué: Levántate; ¿por qué yaces allí, rostro en tierra? La culpa pesa sobre Israel; han transgredido Mi Pacto, tomando despojos confiscados para su propio uso; han sido robados en secreto y escondidos entre bienes privados.

(Josué 7:10,11)

Si el pecado de uno, que ni siquiera era sacerdote, afectó a todo Israel, ¿no afectará la codicia de un sacerdote a la parroquia? Si el ejército fue derrotado en Hai debido a tal avaricia, ¿no sufrirán derrota los proyectos de construcción y la organización social por la agresividad material de un siervo de Dios? La culpa de uno, incluso personal y oculta, puede atraer Juicios Divinos sobre toda la parroquia. ¿No ocasionó la violación del pacto que Saúl hizo con los gibeonitas una hambruna que duró tres años mucho tiempo después (2 Reyes 21:1 [2 Samuel 21:1, RSV])? ¿No ocasionó la obstinación de David al hacer un censo que se le había advertido no realizar, una pestilencia que destruyó a setenta mil de sus súbditos (2 Reyes 24:10-15 [2 Samuel 24:10-15, RSV])?

La codicia del soldado de Josué, Acan, estuvo oculta, pero Dios había sido testigo del robo sacrílego de oro y plata que Él había ordenado reservar para Su propio uso en el santuario. El crimen se había cometido, además, inmediatamente después de la celebración de la Pascua, relacionándolo aún más estrechamente con el altar y el culto. Apropiarse de lo que pertenece al altar de Dios es más grave a los ojos de Dios de lo que el pecador suele comprender.

Sin nombrar a la Persona, Dios reveló el hecho y dejó a la Iglesia de Israel descubrir al infractor. La justicia siguió su curso, y la sentencia fue ejecutada. Acan, con sus hijos y su ganado, fueron apedreados hasta la muerte; después, su tienda, los bienes robados y todas sus pertenencias fueron consumidos por el fuego.

El Sacerdote no solo Pide sino que también Da

Cuando el sacerdote, desde el púlpito, pide al pueblo que contribuya a un plan de expansión diocesano, ¿primero mete la mano en su propio bolsillo? Cuando, en el Domingo de las Misiones, exhorta a los parroquianos a hacer un sacrificio para extender la Iglesia en África, Asia o en otro lugar, ¿desempeña su papel principal en el sacrificio? No es apropiado pedir a otros que den para una causa sin dar el ejemplo. ¿Puede el Señor mirarnos con más favor que miró a Acan, si ocultamos nuestras cuentas bancarias cuando las necesidades del mundo son tan apremiantes? ¿Y qué bendiciones concede a los sacerdotes que dan hasta que les duele, y luego un poco más? Afortunadamente, tales sacerdotes son más numerosos de lo que a veces se reconoce. Los Acan hacen titulares, los acaparadores escandalosos se vuelven notorios; pero hay un gran ejército de sacerdotes-víctimas cuya identidad solo se hará pública el día de la gran revelación.

La pobreza de espíritu no comienza con un acto de la voluntad de prescindir de más; comienza con el Espíritu de Cristo en nosotros. La pobreza externa sigue a la interna. La indiferencia hacia la acumulación de bienes sigue al celo por Cristo. Cuanto mayor es la preocupación por las cosas materiales, menor es la dedicación al espíritu. Algunos sacerdotes pueden exhibir las apariencias externas de pobreza, o lo que se considera tal. Pueden ser descuidados en la forma de vestir y actuar, sopa en la casulla, sotana rota, pasillos sin barrer en la iglesia, pero estas cosas no tienen relación con la pobreza de espíritu. Pueden reflejar simplemente una falta de dignidad y cultura, una avidez por ahorrar o una descuidada indiferencia respecto a la dignidad de la propia persona. No preocuparse por estar sucio perjudica la personalidad; la pobreza de espíritu la exalta.

Se pueden distinguir tres aspectos de la pobreza sacerdotal. En su vida personal, la pobreza dirige al sacerdote a limitarse a lo estrictamente necesario. En su apostolado, la pobreza de espíritu le inspira a emplear medios espirituales para alcanzar sus fines apostólicos. En el uso de los recursos, la pobreza le obliga a contar únicamente con Dios. Como dijo San Agustín, los pobres en espíritu son aquellos que tienen esperanza sólo en Dios.

El sacerdote puede convencer a una generación incrédula, perversa y lujuriosa sólo mediante actos de virtud opuestos a esos vicios. Por eso, de todas las virtudes, la virtud de la pobreza parece la más necesaria en nuestros días. Pío XI afirmó que su práctica era esencial para derrotar al Comunismo.

El sacerdote americano vive en un nivel de comodidad material superior al de sus hermanos sacerdotes en cualquier parte del mundo, pero no se sigue necesariamente que todo sacerdote americano esté apegado a sus comodidades. Muchos los abandonarían mañana si las circunstancias lo hicieran necesario. El crecimiento del espíritu misionero entre los sacerdotes en los Estados Unidos demuestra este hecho. Pero la tentación está siempre presente, y el sacerdote que permite que su alma se posea de un deseo de riqueza puede causar el escándalo más grave. El peligro de causar escándalo es particularmente grande en el caso del sacerdote diocesano. Él no puede ocultar su lujuria tras una corporación, una sociedad o un grupo. Las violaciones del voto individual de pobreza a veces pueden ocultarse tras un egoísmo corporativo. Pero el sacerdote diocesano no tiene tal fachada. Si ama el lujo, se nota, escandaliza y causa indignación. Por otro lado, su ejemplo es mucho mayor cuando muestra el desapego que exige su estado y oficio.

Pobreza de Tiempo y Talento

Pero el espíritu de pobreza no debe entenderse únicamente en términos materiales. El Espíritu nos llama a buscar otros objetivos, no menos importantes. El sacerdote debe buscar en particular un espíritu de pobreza respecto al tiempo y a la autosatisfacción.

El tiempo puede convertirse en un objeto de acaparamiento, al igual que las acciones y los bonos. El sacerdote puede establecer un horario para el descanso, la siesta, el sueño y la recreación, y la rutina puede convertirse en un hábito hasta el punto de que quien la perturbe corre el riesgo de ser juzgado. Pero el prójimo tiene derechos; el hambre tiene derechos; el duelo tiene derechos. Nuestro Señor tuvo su descanso perturbado, porque no podía ocultarse. Dos de sus conversos más destacados se hicieron cuando Él estaba cansado, y otra conversión resultó de una interrupción. La hora de la siesta no es sagrada; el "día libre" no es sagrado. Estas recreaciones legítimas son prescindibles si se puede salvar un alma. Como dijo San Pablo, debemos redimir el tiempo,

... aprovechando la oportunidad que se nos da, en tiempos malos como estos.

(Efesios 5:16)

Muchos sacerdotes han tomado la resolución de no desperdiciar ni un minuto de tiempo, particularmente cuando está en juego el bienestar de un alma. Hacer esperar a los visitantes en el salón, retrasar una visita a enfermos, quejarse porque un penitente llega tarde: todas son formas de avaricia.

Practiquemos la generosidad con todos, mientras tengamos oportunidad, y sobre todo con aquellos que son de una misma familia con nosotros en la fe.

(Gálatas 6:10)

El pastor que cree que ser hecho pastor de almas le exime de escuchar confesiones o administrar el Sacramento de los Enfermos, muestra esa codicia del tiempo que San Pedro sintió que llegaba con la edad, y contra la cual advirtió:

Mirad con ansiedad, pues, el orden de vuestras vidas mientras dure vuestra estancia en la tierra.

(1 Pedro 1:17)

Dios insiste en "*Hoy*" (Hebreos 3:13). El diablo dice: "*No más de esto por ahora*" (Hechos 24:25), como Félix pospuso escuchar a Pablo.

El sacerdote perezoso siempre tiene menos tiempo que el sacerdote celoso, porque el primero piensa en las interrupciones a su ocio, mientras que el segundo busca la oportunidad de ser otro Cristo. El tiempo del sacerdote no le pertenece; es de Nuestro Señor. Cuanto más nos enriquecemos con el tiempo, más empobrecemos el Reino de Dios.

La virtud de la pobreza es demasiado rica en contenido como para limitarse al dinero. El dicho de que el tiempo es dinero adquiere un nuevo significado cuando comprendemos lo que se entiende por pobreza de tiempo. Ningún sacerdote fue ordenado para una jornada de ocho horas ni para cinco días a la semana. Él es ordenado para el Reino de Dios, que se «abre a la fuerza» (Mateo 11:12). El tiempo es para el perdón.

Tenemos cuidado de no ofender a nadie, para no desacreditar nuestro ministerio; como ministros de Dios, debemos hacer todo lo posible para hacernos aceptables. Debemos mostrar gran paciencia en tiempos de aflicción, necesidad y dificultad; bajo el látigo, en prisión, en medio del tumulto; cuando estamos agotados, sin dormir y ayunando. Debemos ser de mente pura, iluminados, perdonadores y benignos con los demás; debemos confiar en el Espíritu Santo, en el amor sincero, en la verdad de nuestro mensaje, en el poder de Dios.

(2 Corintios 6:3-7)

Pobreza de la autosatisfacción

No es menos importante para el sacerdote que la pobreza de tiempo, la pobreza de la autosatisfacción. No existe en la espiritualidad sacerdotal la satisfacción por haber cumplido con el deber. No basta con realizar las actividades más esenciales, trabajar en la cancillería, administrar cementerios, hacer conversos, cumplir las horas «de servicio». En una ocasión (Mateo 25:30; Lucas 17:10) los Apóstoles buscaban una corona de mérito antes de haber terminado su labor, ansiaban aplausos antes de que su obra estuviera concluida. Nuestro Señor tuvo que recordarles que no tenían derecho a sentarse en el banquete de la vida simplemente por haber cumplido con sus deberes. Incluso cuando habían hecho todo lo que debían, aún debían considerarse como «siervos inútiles». Una recompensa especial exige más que simplemente cumplir con el deber.

> *Si alguno de vosotros tuviera un siervo que siguiera el arado o apacentara las ovejas, ¿le diría al volver del campo: Ve, y ponte a ello inmediatamente? ¿No le diría: Prepara mi cena, y luego ciñe tu ropa y sírveme mientras como y bebo; tú comerás y beberás después? ¿Se considera obligado en gratitud a tal siervo por obedecer sus órdenes? No lo creo; y vosotros, de la misma manera, cuando hayáis hecho todo lo que se os ha mandado, debéis decir: Somos siervos inútiles; hemos hecho lo que debíamos hacer.*
>
> (Lucas 17:7-10)

Nuestro servicio es arduo; implica no solo laborar en los campos durante el día, sino también servir en las mesas por la noche. Es el mero deber del sacerdote trabajar tanto por la mañana como por la noche. Cuando está exhausto, no puede decir: «Bueno, ya cumplí con mi deber de Boy Scout hoy.» Más bien debe decirse a sí mismo: «Soy inútil, un siervo sin provecho.» Cuanto menos haya de autosatisfacción, más celo habrá en Su servicio. Contar los conversos que hemos hecho puede eventualmente hacernos creer que nosotros, y no la gracia de Dios, los hicimos. «Construí tres rectorías; ahora puedo retirarme; Hoy escuché confesiones durante tres horas;

He cumplido con mi deber.» Las reglas del sindicato podrían considerar eso suficiente; pero pertenecemos a un sindicato diferente, donde el amor, no las horas, es el estándar. Cuando pensamos en todo lo que el Señor ha hecho por nosotros, nunca podemos hacer lo suficiente. La palabra 'suficiente' no existe en el vocabulario del amor. Es como decirle a la madre que cuida a su hijo enfermo que ha cumplido con su deber y que debería tomárselo con calma.

En la parábola del siervo sin provecho (Mateo 25:14-30), Nuestro Señor describe un elemento frecuentemente ignorado del sacerdocio. El sacerdote está acostumbrado a oír que le llaman embajador. Se le recuerda que es un siervo inútil tan pocas veces como se le recuerda que es una víctima. Pero la servidumbre que Cristo describe es de amor, no de deber. Nuestro Señor se niega a distinguir entre «trabajo» y «trabajo extra», entre «de servicio» y «de guardia», entre ocho horas y dieciocho horas. No se le permiten al sacerdote aires de autocomplacencia divina. No hay autocompasión, ni vanagloriarse de nuestro talento administrativo, ni decir: «Construí un colegio; ahora el obispo debería nombrarme monseñor.» En el momento en que nos volvemos autocomplacientes con nuestros logros, el trabajo se estropea en nuestras manos.

Somos siervos inútiles cuando hemos hecho lo mejor que podemos. ¿Qué somos entonces cuando no hacemos lo mejor que podemos? Nos volvemos indignos incluso de ser Sus siervos, Sus sacerdotes. Sólo a nuestro Redentor pertenece el mérito y la gloria de nuestros servicios; a nosotros no nos corresponde más que la gratitud y la humildad de ser rebeldes perdonados.

✠ J.M.J. ✠

~ 8 ~

El Espíritu, la Predicación y la Oración

Predicar no es el acto de dar un sermón; es el arte de formar un predicador. Entonces el predicador se convierte en el sermón.

Es del desbordamiento del corazón que la boca habla.
(Lucas 6:45)

El predicador sin el Espíritu de Cristo es como Giezi, a quien Elías envió a revivir a un hombre muerto. Aunque llevó consigo el bastón del profeta, no ocurrió ningún milagro, porque la virtud del bastón fue anulada por las manos que lo sostenían (4 Reyes 4:25-38 [2 Reyes 4:25-38, RSV]). Se pueden sostener las Escrituras del Señor en el púlpito, como Giezi sostuvo el bastón en su mano, pero no se salvan almas. La ausencia de una vida espiritual interior hace que la predicación sea aburrida, insípida, plana e infructuosa.

Es posible que el sacerdote experimente un *endurecimiento* como resultado de su contacto íntimo con lo espiritual, sin llegar a ser espiritual. Los sacristanes tienen el privilegio de trabajar cerca del Señor Eucarístico, pero eso no impide que algunos sacristanes sean superficiales en sus genuflexiones. Los joyeros se acostumbran a las joyas. Los esposos se aburren de sus bellas esposas si no hay un "avivamiento del primer celo". El contacto con lo Divino es un privilegio que puede convertirse igualmente en indiferencia, a menos que cada día se intente dar un paso más cerca del Señor. Tratar con la Palabra de Dios un domingo tras otro, sin oración ni preparación, no deja al sacerdote igual; lo deja peor. No lograr subir significa deslizarse hacia atrás. No hay defensa contra la *acedia*, contra la trágica pérdida de la realidad Divina, excepto una renovación diaria de la fe en Cristo. El sacerdote que no se ha mantenido cerca de los fuegos del tabernáculo no puede sacar chispas desde el púlpito.

¿Qué respuesta al Juicio dará el sacerdote que malgasta horas al día en periódicos, televisión y revistas, y sin embargo no puede dedicar ni media hora del tiempo del Señor para preparar su alma para el púlpito? No es de extrañar que produzca moralismos chapuceros y baratos y regaños ulcerosos que dañan su alianza con el Espíritu y deshonran a Cristo, cuyo embajador es. ¿No es acaso como el mercenario que «huye porque... no le importan las ovejas» (Juan 10:13)? ¿Qué derecho tenemos para predicar a otros que «trabajan y están cargados» (Mateo 11:28), si nosotros mismos eludimos la carga de nuestro llamado? ¿Es acaso estar atrapado en la maquinaria vertiginosa del «ajetreo» una excusa adecuada para lo que en realidad es pereza?

¿Pero qué sucede si el centinela, al ver venir al invasor, no da la alarma para advertir a sus vecinos?

(Ezequiel 33:6)

Y sin embargo, a cada sacerdote el Señor le ha dicho:

Tú eres Mis veladores; La advertencia que oyes de Mis labios, a ellos transmítela. Pecador, si amenazo con la muerte y tú no le das palabra para que deje de pecar, morirá como merece morir, pero tú responderás ante Mí por su muerte.

(Ezequiel 33:7,8)

Al sacerdote, en la ordenación, se le dijo que predicara. El oficio debe tomarse tan en serio que haga a todo sacerdote exclamar con Pablo:

Sería muy duro para mí si no predicara el Evangelio.

(1 Corintios 9:16)

Si un pastor no alimenta a sus parroquianos con la Palabra de Dios, bien pueden ser ellos los primeros, en el día del juicio, en exigir su castigo por haberlos dejado espiritualmente hambrientos. ¿Acaso retribuimos nuestra redención, nuestra vocación y nuestras demás bendiciones del Señor con tal desprecio a Sus mandatos? ¡Cómo llamaremos a las rocas y montañas para que nos cubran de Su merecida indignación!

Cuánto más arderían nuestras palabras al predicar, si preparáramos nuestros sermones ante el Señor Eucarístico; si nuestra meditación cada mañana versara sobre el tema del sermón del próximo domingo; si antes de predicar rezáramos cinco minutos al Espíritu Santo por el fuego pentecostal; si mantuviéramos siempre abiertas las Escrituras cerca de nosotros, para ceñirnos con su verdad al subir al púlpito. Cada persona a quien predicamos la encontraremos de nuevo en el día del Juicio. ¡Cuán grande será entonces nuestra alegría, si hemos rectificado sus conciencias y las hemos elevado al abrazo del Sagrado Corazón! No es de extrañar que Moisés, Elías y Jeremías intentaran huir de la aplastante carga de entregar la Palabra del Señor.

¿Y sustituiremos el libro de cuentas por la Biblia, el sermón mendicante por la convocatoria penitencial, las trivialidades vulgares por el escándalo de la Cruz? En el Antiguo Testamento, Dios ordenó que el fuego del altar nunca se apagara. ¿No somos nosotros ministros del Sumo Sacerdote que lanzó fuego sobre la tierra y quiso que se encendiera?

Las Escrituras, Nuestra Inspiración

Qué temas inagotables para los sermones nos ofrece el Espíritu en las Escrituras. No hay ocasión para la cual la Biblia carezca de un tema adecuado o una aplicación pertinente. Por ejemplo, está el juicio sobre los hombres que desafían a Dios, como Balaam (Números 23:7-24:25; 31:8), Goliat (1 Reyes 17:10-55 [1 Samuel 17:10-55, RSV]) y Senaquerib (2 Paralipómenos 32:1-21 [2 Crónicas 32:1-21, RSV]).

Luego están las parábolas del Antiguo Testamento, por ejemplo, las siete parábolas de Balaam (Números 23:7,18; 24:3; 15:20-23); las de Sansón (Jueces 14:12); el Cordero oveja (2 Reyes 12:3 [2 Samuel 12:3, RSV]); la mujer sabia de Tecoa (2 Reyes 14:6 [2 Samuel 14:1-20, RVR]); los árboles eligiendo un rey (3 Reyes 20:39 [Jueces 9:7-15, RVR]); la parábola de la vejez (Eclesiastés 12:1-7); el hombre pobre y sabio en una ciudad pequeña (Eclesiastés 9:14).

Verdaderamente maravilloso sería el predicador que pudiera mejorar los cinco clamores de misericordia en el Evangelio: Bartimeo el ciego (Marcos 10:46-47); los diez leprosos (Lucas 17:11-13); la mujer de Caná (Mateo 15:21-22); el padre de un muchacho poseído por un demonio (Mateo 17:14-15); y el hombre rico en el infierno (Lucas 16:23-24).

Qué más aplicable hoy que la historia de Rahab (Josué 2:21 y Hebreos 12:27), cuyo hilo rojo simbolizaba la larga corriente de sangre clamando por la Redención; la mujer llena de buenas obras —la única persona que Pedro resucitó de entre los muertos (Hechos 9:36-42); ¿o Naamán el leproso (4 Reyes 5:1-14 [2 Reyes 5:1-14, RSV]) que ridiculizaba la idea de que Dios debería usar "sacramentos" para manifestar Su poder salvador?

La lección de los siete grandes intercesores es igualmente pertinente para nuestros tiempos: Abraham por Sodoma (Génesis 18), Judá por Benjamín (Génesis 44:18), Moisés por Israel (Éxodo 32:11), Jonatán por David (1 Reyes 20:32 [1 Samuel 20:32, RSV]), Joás por Absalón (2 Reyes 14 [2 Samuel 14, RSV]), Ester por los judíos (Ester 5) y Cristo por Sus sacerdotes (Juan 17).

Predicando el arrepentimiento

Pero de todos los posibles temas para sermones, el estudio de la Biblia conduce inevitablemente a la conclusión de que el más importante es el arrepentimiento. Fue el tema de la predicación de Juan el Bautista (Mateo 3:8). El primer sermón de Nuestro Señor fue sobre la penitencia (Mateo 4:17). Él la dio como la razón de Su venida (Lucas 5:32). Fue el tema del primer sermón de Pedro a sus compatriotas judíos (Hechos 2:38) y de su primer sermón a los gentiles (Hechos 11:28). Fue el tema que Pablo afirmó no dejar de predicar ante judíos y gentiles (Hechos 20:21); Fue el tema del último mensaje de Pedro (2 Pedro 3:9), en el que afirmó que la única razón por la que Dios nos concedió más tiempo para vivir fue para que nos arrepintiéramos. Fue el tema tanto del primer sermón de Nuestro Señor como del último. "La penitencia y la remisión de los pecados deben ser predicadas a todas las naciones" (Lucas 24:47).

El mensaje de Nuestra Señora en Lourdes fue: "Haced penitencia"; Las mismas palabras se repitieron en Fátima: "Haz penitencia. ¿Pero con qué frecuencia se predica la penitencia? La tendencia actual es más bien rebajar la necesidad de la penitencia, reducir la severidad del ayuno y el número de días de ayuno obligatorio. Sin embargo, hacer la religión cómoda basta para que el ángel vuelva a clamar a cualquier iglesia como la de Éfeso:

Arrepiéntete, y vuelve a las primeras obras.

(Apocalipsis 2:5)

A la iglesia de Pérgamo se le lanzó la misma advertencia:

Arrepiéntete tú...; o vendré pronto a ti.

(Apocalipsis 2:16)

¿Por qué el arrepentimiento? Porque es el primer acto de un alma que vuelve a Dios, el primer golpe que separa el pecado del corazón. Las Escrituras no contienen expresiones de venganza contra otros pecadores tan aterradoras como las dirigidas por el Espíritu de Dios en Deuteronomio (29:20,21) contra aquellos que obstinadamente retrasan el arrepentimiento.

Pero la predicación del terror no es esencial para el arrepentimiento. Las almas no necesitan ser como Dante, que atravesó el infierno antes de llegar al Paraíso. Encender carbones sulfurosos en el púlpito no es el camino de Nuestro Señor hacia el arrepentimiento. San Pablo enseñó a Timoteo cómo atraer las almas desde una vida mala, y la mansedumbre fue el enfoque que él recomendó.

> *Un siervo del Señor no debe ocuparse de disputas; debe ser amable con todos los hombres, persuasivo y tolerante, con mano suave para corregir a los obstinados en sus errores.*
>
> (2 Timoteo 2:24-25)

Antes del trueno, vemos la luz. Pero tronar contra las almas sin llevarles la luz de la verdad de Dios y el amor revelado por el Sagrado Corazón puede provocar una sonrisa en sus labios. Sin embargo, no las llevará a sus rodillas en arrepentimiento.

El Sacerdote en Oración

Tres tipos de oración en el Espíritu deben ser de especial preocupación para todo sacerdote: sus oraciones no dichas; sus oraciones compuestas de cruces; y su Breviario.

1. Las Oraciones No Pronunciadas del Sacerdote.

Porque el sacerdote nunca está libre de las infirmedades de una naturaleza caída, a pesar de su sublime vocación, la Escritura a menudo le manda orar. Pero se encuentra poca ayuda en la débil naturaleza humana, en los libros espirituales o incluso en la misma voluntad para inspirar la oración necesaria. Porque uno de los aspectos más descuidados de la oración sacerdotal es el papel que sólo el Espíritu Santo puede desempeñar en su fructificación.

Los malos hábitos, la acedia y la tibieza pueden conspirar para impedir un aumento en el nivel de oración, pero el Espíritu Divino puede iluminar el alma más oscura y limpiar el corazón más inmundo. El Espíritu Santo no es indiferente a los obstáculos creados por la naturaleza carnal del hombre. Como una enfermera levanta suavemente a un paciente en su cama, así el Espíritu Santo sostiene al sacerdote en su debilidad.

... Cuando no sabemos qué oración ofrecer, para orar como debemos, el Espíritu mismo intercede por nosotros con gemidos inefables; y Dios, que puede leer nuestros corazones, sabe bien cuál es la intención del Espíritu. porque en verdad es conforme a la mente de Dios que Él hace intercesión por los santos.

(Romanos 8,26-27)

A menudo, ni siquiera sabemos por qué debemos orar. San Pablo mismo estuvo en esta condición cuando pidió que se le quitara la espina en la carne. Cuando Santiago y Juan pidieron los lugares a la derecha e izquierda junto al Salvador, Nuestro Señor les dijo que no sabían lo que pedían. Pero reconocer que no sabemos por qué orar ya es una indicación de que estamos en el camino para ser guiados por el Espíritu. Muy a menudo, nuestras oraciones tienden a ser meros planos que presentamos a Dios para que los apruebe. Pero cuando el Espíritu Santo guía, la oración se eleva inmediatamente por encima del nivel de la petición.

Nuestros Dos Intercesores

Tenemos dos intercesores: uno es el mismo Cristo; el Otro es el Espíritu. Cristo habla en nuestro nombre. El Espíritu intercede en nosotros para que podamos orar. Él dispone nuestros corazones para la oración. Él aumenta nuestra confianza para acercarnos al trono de la gracia. Él sugiere las cosas por las que debemos orar, multiplica nuestras oraciones y nos concede Su Poder.

¿Qué se entiende por los gemidos del Espíritu Santo (Romanos 8:26)? Muy probablemente, las operaciones secretas del corazón hacia Dios en una oración sin palabras ni expresión vocal. Muy a menudo, en profunda aflicción y angustia, el corazón humano no habla, sino que gime. Así como Cristo intercede por nosotros en el Cielo, así también el Espíritu Santo, en las aflicciones y pruebas, intercede en nosotros en la tierra, revelándonos nuestra necesidad, creando aspiraciones santas, escudriñando nuestros corazones para descubrir lo que falta a nuestro sacerdocio.

El Espíritu, la Predicación y la Oración

El Espíritu Santo convierte la insatisfacción que cada sacerdote lleva dentro en una oración inarticulada. Mientras la Creación anhela su desarrollo, el sacerdote — sintiendo su debilidad — suspira por la salvación. Su mismo gemido prueba un anhelo por el Infinito. Con Agustín sabe que fue hecho para el Divino Sumo Sacerdote y está inquieto hasta que descansa en Él. Muy a menudo oramos con la ilusión de que sabemos mejor por qué deberíamos orar. San Pablo sugiere que, por el contrario, a menudo ignoramos por qué deberíamos orar; de ahí la necesidad de la iluminación y guía del Espíritu.

Pitágoras prohibió a sus discípulos orar por sí mismos, porque no sabían qué les convenía. Sócrates enseñó con mayor sabiduría a sus discípulos a orar simplemente por cosas buenas, porque Dios sabe mejor qué tipo de cosas son buenas. Nuestra ignorancia y nuestra debilidad son motivos igualmente válidos para pedir la iluminación del Espíritu que nos lleve a la armonía con la Voluntad de Dios, ya sea en la paz o en la prueba. Los aguaceros del Cielo no son menos fertilizantes porque caigan de noche; ni tampoco los impulsos del Espíritu son menos reales y beneficiosos cuando alcanzan el alma durante temporadas de oscuridad espiritual e ignorancia. ¡Cuán consolador es saber que Cristo delega al Espíritu para interceder en nosotros en la tierra, mientras Él mismo intercede por nosotros en el Cielo!

No hay sacerdote en el mundo que no experimente en algún momento, de forma inefable, este anhelo de una comunión mayor con Cristo. Desafía toda súplica. En el grito inefable, el Espíritu lee un deseo de comunión con Él más pleno que el que hasta ahora ha sido satisfecho. Cuando Él intercede por nosotros, no es mediante una súplica directa de Sí mismo al Padre; es convirtiéndose en el Espíritu de súplica en nosotros. Cuando el Breviario se vuelve difícil, cuando luchamos en la oración y el alma parece perder el contacto con Dios, hemos llegado al punto en que debemos orar por el Espíritu de la oración. Finalmente, el Espíritu nos hace tan íntimos con Dios que apenas pasamos por alguna experiencia sin hablarle a Él al respecto, ya sea que visitemos a los enfermos, predicamos, confesemos, comencemos el oficio o escuchemos las penas de un visitante en el salón.

Los matices de la oración sacerdotal

Los sacerdotes suelen mostrarse reacios a revelar su vida espiritual interior incluso a sus hermanos sacerdotes. Tienden a ocultarla a los demás y quizás incluso a sí mismos, con el resultado de que pocos conocen lo que acontece en sus corazones. Sin embargo, incluso los más débiles albergan aspiraciones hacia el bien que sus críticos no sospechan. Y muchos de los mejores vacilan en ser vistos en oración por sus hermanos. Pero todo el tiempo, pensamientos de santidad, o una tristeza por no ser más santos, inundan sus corazones. Estos matices necesitan ser articulados, estas cargas requieren un ala, estos murmullos necesitan expresión; y esa es la obra del Espíritu Santo.

El esfuerzo por ocultar la santidad a los demás suele surgir de la conciencia de las propias imperfecciones, de modo que las dejamos al Espíritu Santo para que las defina en nuestra soledad. A pocos sacerdotes les agradan las oraciones verbales o vocales. Esto es un hecho. Esto no se debe a que los buenos sacerdotes sean poco orantes. Pero porque sus oraciones son suspiros, sus aspiraciones son inspiraciones. No tienen conciencia de gritar a Dios a través de un abismo. Siempre conscientes de su misión, sienten la profunda y silenciosa obra del Espíritu en su interior. Tienen pocas peticiones. Rara vez hacen una novena por algo que desean; ponen a la gente a hacer las novenas. Sus mejores oraciones son no pronunciadas; sus oraciones están dentro de sus oraciones: el hablar con el Padre, como lo hace el Hijo a través del Espíritu que les inspira qué decir.

Así tenemos al Padre a Quien oramos y Quien escucha la oración. Tenemos al Hijo por medio de Quien oramos, *per Christus Dominum Nostrum,* y tenemos al Espíritu Santo en Quien oramos, Quien ora en nosotros según la Voluntad de Dios con suspiros profundos e inexpresables. La intercesión del Espíritu Santo en nuestro interior es tan Divina como la intercesión de Cristo en lo alto.

Nuestra misma debilidad, nuestra humillación y la grosería de nuestra carne constituyen el ámbito de acción del Espíritu Santo, Quien despierta el alma para que salga y encuentre a su Señor. A medida que crecemos en el conocimiento del Espíritu que habita en nosotros, en la realidad de Su aliento en nuestro interior, comenzamos a reconocer cuánto más allá de toda nuestra teología está ese hambre divina por la cual Él nos atrae hacia el Cielo.

¡Cuán diferente se vuelve el sacerdocio cuando partimos del principio de que no sabemos lo que queremos! Entonces oramos al Espíritu para que podamos comprender adecuadamente nuestras necesidades. Antes de que se construya una escuela o un convento, antes de que la parroquia planifique un acto social, la primera oración es pedir al Espíritu Santo si el proyecto está conforme a la Voluntad de Dios. A menudo perdemos el beneficio de las oraciones proponiéndonos fines indebidos. Como dijo San Santiago:

Lo que pides te es negado, porque lo pides con mala intención.
(Santiago 4:3)

La Escritura nos asegura que la verdadera señal de participación en la naturaleza divina es el seguimiento del Espíritu:

Aquellos que siguen la guía del Espíritu de Dios son todos hijos de Dios.

(Romanos 8:14)

Mientras Cristo continúa Su obra de intercesión en el Cielo, la aplica a través del Espíritu que no pudo venir hasta que Él fue glorificado (Juan 7:39). La obra que la Sangre de Nuestro Señor efectuó en el Cielo cuando Él entró más allá del velo, ahora continúa aplicándose a través de Su Espíritu, de modo que las oraciones de Cristo se convierten en nuestras y las nuestras se hacen Suyas. Pero Su Espíritu es nuestro no solo en el tiempo de oración, sino en cada momento de la vida.

2. Nuestras Cruces

El sacerdote entregado al Espíritu tiene una respuesta cuando las pruebas, injusticias, traiciones, desilusiones, salud quebrantada o tentaciones le asaltan: sabe que el Espíritu las ha preparado. Él recuerda inmediatamente que

por el Espíritu, Él fue conducido al desierto, donde permaneció cuarenta días, tentado por el diablo.

(Lucas 4:1)

El pastor gruñón al que se le ha asignado un asistente, el televidente indolente que el pastor celoso no tiene más remedio que aceptar — estas y otras pruebas aparentemente diabólicas son permitidas por el Espíritu, así como el Espíritu condujo a Nuestro Señor al diablo. Bajo la guía del Espíritu, toda prueba enriquece el alma del sacerdote. El que mejor sana las heridas es quien ha sentido una herida semejante.

El sacerdote nunca se queja ni de su obispo, ni de sus hermanos sacerdotes, ni de su pueblo, si reconoce que el Espíritu es el autor de sus pruebas. Mira al pobre Jonás, y sin embargo observa cuánto tuvo Dios que ver con su misión de predicar la penitencia. Sus pruebas parecían surgir de causas puramente naturales, y sin embargo el Señor había decretado cada una de ellas: *"Pero ahora el Señor hizo soplar un viento recio sobre el mar...."* (Jonás 1:4); *"Por mandato del Señor, una gran bestia marina lo tragó...."* (Jonás 2:1); *"Y ahora, por mandato del Señor, la bestia marina vomitó a Jonás...."* (Jonás 2:11); *"... Por mandato de Dios, un gusano... golpeó la raíz de la planta y la mató"* (Jonás 4,7); *"... a la orden del Señor vino el siroco..."* (Jonás 4,8).

Una vez que comprendemos que todas las pruebas provienen del Señor, pierden su amargura y nuestro corazón queda en paz. Cuando surgen tales pruebas, debemos suplicar a los fieles que luchen con nosotros mediante sus oraciones. Una medida del valor que otorgamos a la oración es la insistencia con que pedimos al rebaño confiado a nuestro cuidado que ore por nosotros. San Pablo, en prisión, escribió a los filipenses que no tendría más preocupación por la salud de su alma si cuenta con ellos "para que oren por mí, y Jesucristo para suplir mis necesidades con su Espíritu" (Filipenses 1,19). Sabía que no podía obrar sin la intercesión de sus conversos. Valoraba las oraciones de Lidia y las de su familia; Valoraba las oraciones del carcelero; Él deseaba las oraciones de Eudoxia, Sintique y Clemente; y a los efesios les escribió:

> *Orad también por mí, para que se me concedan palabras para hablar con valentía, dando a conocer la Revelación del Evangelio, por la cual soy embajador en cadenas.*
> (Efesios 6:19,20)

El sacerdote puede reclamar las oraciones de su pueblo, porque a través de ellas recibe del Espíritu todo lo que necesita. ¡Cuán pocas son las parroquias que ponen el énfasis principal en la oración cuando se construye un instituto o se predica una misión! Se organizan campañas de recaudación de fondos para obtener el dinero y se reclutan telefonistas para el censo; ¿pero se presentan las oraciones como la primera prioridad para atraer la bendición de Dios? El sacerdote puede salvar almas sin elocuencia, pero no puede moverlas sin la oración y el Espíritu Santo. Para construir una iglesia necesitamos "piedras que viven y respiran" (1 Pedro 2:5), pero ¿qué son las "piedras vivas compactadas en caridad" sino la comunidad cristiana unida en oración? Para edificar una Iglesia necesitamos santidad, pero ¿de dónde proviene la santidad sino del Espíritu? ¿Cuántos parroquianos rezan alguna vez por el párroco o sus asistentes? Si algunos no lo hacen, ¿no será acaso porque desde nuestras prisiones de necesidad espiritual, nosotros los sacerdotes no les hemos instado a orar por nosotros, como hizo Pablo a los filipenses?

3. El Breviario

Pocos gustan admitir que se aburren con algo que se espera que disfruten. El Breviario pertenece a esta categoría. Se espera que los sacerdotes hablen con entusiasmo de su amor por él, pero muchos de nosotros somos como esas personas afectadas que fingen amar la ópera, cuando ni la disfrutan ni la entienden. ¿Por qué no admitir la verdad sobre el Breviario: muchos de nosotros lo encontramos "palabras extrañas" (Juan 6,61)? Pero cuando se nos pregunta si nos iremos, tenemos el valor de negarnos y repetir con Pedro: «Señor, ¿a quién iremos?» (Juan 6,69).

Quizás el Breviario estaba destinado a ser difícil para el sacerdote común. ¿No podría ser una lucha con Dios como la de Jacob (Génesis 33:24)? Si aprendemos a verlo bajo esta luz, puede que siga siendo una lucha constante, pero entrará en la categoría de intercesión incesante y prolongada. Lo oramos entonces como Nuestro Señor oró en el Jardín, con gotas de sangre que teñían de carmesí la tierra, como el amigo que seguía llamando a la puerta en la noche por un trozo de pan, como la viuda que era irresistible en su súplica al juez, como la mujer sirofenicia que se conformaba con las migajas que caían de la mesa del Maestro. La importunidad no significa ensueño, sino trabajo sostenido. Si *laborare est orare,* entonces ¿no es a veces cierto del Breviario que *orare est laborare?*

Nuestra Fe se aferra al Breviario como la mujer pobre de la tierra de Tiro y Sidón se aferró al Señor (Mateo 15:21-28). Ella tenía tres obstáculos que superar: el silencio de Cristo; la resistencia de los discípulos; y finalmente la aparente rechazo de Cristo hacia ella como indigna de compartir Su gloria. ¿No son estas nuestras tres dificultades comunes con el Breviario? Nuestro Sumo Sacerdote parece estar en silencio; la Iglesia nos hace usar una lengua que es difícil; y con demasiada frecuencia nos dejamos convencer de que Nuestro Señor no está muy complacido con nosotros. Sin embargo, seguimos adelante, día tras día, inspirados por un sentido del deber y la Fe. Y si lo hacemos, ¿no nos dirá Nuestro Señor al final, como le dijo a aquella mujer:

Por esta gran fe tuya, que se te conceda tu voluntad.
(Mateo 15:28)

El Breviario está Cargado

¿No será también difícil el Breviario porque en él recogemos no solo todas las intenciones de la Iglesia, sino también las de los que no oran, los pecadores, los que vuelven la espalda a Dios, los que retrasan el arrepentimiento? No nos es más fácil hacer esto que a Nuestro Señor, que era sin pecado, ser "hecho... pecado" (2 Corintios 5:21). A todos les gustaría experimentar un sentimiento de devoción cuando oran, pero ¿qué sucede si oramos por aquellos que solo tienen sensibilidad y carecen de devoción?

Cada vez que tomamos ese libro, tomamos Japón y África, dos mil millones de incrédulos, alejados, la carga de las Iglesias en todo el mundo. Si millones se resisten a orar, ¿no sentimos nosotros esa resistencia? Si los no convertidos arrastran los pies, ¿cómo podemos nosotros tomar alas y volar? Tres veces durante Su Agonía, Nuestro Señor volvió a Sus tres Apóstoles buscando consuelo. El Breviario no es una oración personal; es una oración oficial y, por tanto, está cargada "con la carga de las Iglesias." ¿Y hasta que no comprendamos que estamos vocalizando la oración de la Iglesia, entenderemos tanto su belleza como su peso?

Nuestro Señor derramó sus oraciones personales a Su Padre en la cima de la montaña, pero cuando oraba por sus enemigos, estaba sangrando en un patíbulo (Lucas 23,34). Cuanto más relacionada estaba Su oración con la redención, más sufría. Ciertamente es fácil para nosotros amar a Dios en soledad y aislamiento, pero ¿qué sucede si tenemos que orar por quienes no aman? ¿No asumimos acaso su carencia de amor? ¿Y no es esto bueno para nosotros? Porque si todas nuestras oraciones fueran personales, ¿no serían egoístas? Entonces podríamos intentar negociar con Dios como lo hizo Jacob:

Si Dios está conmigo, dijo, y me guarda en este viaje mío, y me da pan para comer y ropa para cubrir mi espalda, hasta que finalmente regrese sano y salvo a la casa de mi padre, entonces el Señor será mi Dios.

(Génesis 28,20-21)

Jacob amaba a Dios mientras se amaba a sí mismo. Pero en el Breviario, estamos haciendo un acto de amor, no solo por la Iglesia sino también por sus enemigos. El Breviario, como el ángel, es la prueba de nuestra fortaleza; así como el ángel sacudió a Jacob y lo hizo tambalear y rodar, así el Breviario pone a prueba nuestra resistencia. Si el Breviario se aborda como una obra, como una lucha con Dios, como una intercesión en la Cruz, como algo destinado no a traernos consuelo sino lucha, eventualmente aprenderemos a disfrutar la batalla y a convertirla en gloria para Dios.

A pesar de todas nuestras quejas, amamos el Breviario. Nuestra vida tiene dos principales «quejas»: una, la comida en el seminario antes de ser ordenados; dos, el Breviario después de ser ordenados. Pero engordamos con las comidas, y avanzamos en santidad con el Breviario. Al principio esperamos demasiado de él, como una Esposa de su Esposo. Pero una vez que comprendemos que cuando tomamos el «libro», no somos mirlos cantando solo para nosotros mismos, sino que nuestra melodía es más bien el canto de los ángeles que asciende al trono de Dios en nombre del Cuerpo Místico y del mundo, se vuelve más fácil. Puede que no comprendamos cada palabra, pero Dios entiende lo que no comprendemos.

Aunque es cierto que sólo el Espíritu puede hacer fructífera nuestra lectura del Breviario, hay muchas cosas que podemos hacer para prepararnos al suave roce de Su aliento.

Ayudas para el Breviario

1. Lea el oficio del día en la presencia de Nuestro Señor en el Santísimo Sacramento, una práctica por la cual se concede una indulgencia plenaria. Además, dado que el Breviario es el Cuerpo de Cristo orando, se lee con más fe cuando está estrechamente unido con la Cabeza que «vive aún para interceder por nosotros» (Hebreos 7,25).

2. Atienda al hecho de que la mayoría de los Salmos nos confrontan con dos figuras: una es el Sufriente; la otra es el Rey. Esto nos ayuda a interpretar los salmos de sufrimiento como la Iglesia, y los salmos reales como Cristo. Así, ese largo Salmo 118 [RSV 119] se convertiría en la Iglesia suplicando su amor por Cristo, la Ley Nueva. Y cuando nos encontremos con «salmos de maldición», conviene recordarnos que de todos los hombres malos, los hombres religiosos malos son los peores, y que el Juez toma el pecado en serio.

3. A menudo se apela al Espíritu Santo durante la recitación. Así como una madre primero reza por su hijo incluso antes de que él pueda comprender lo que ella hace, luego le enseña a rezar para que después pueda rezar con él, así también el Espíritu reza en el Breviario primero en nosotros y luego a través de nosotros.

Continúa orando en el poder del Espíritu Santo; para manteneros en el amor de Dios y esperar la misericordia de Nuestro Señor Jesucristo, con la vida eterna como meta.

(Judas 20,21)

4. Ofreced ciertas horas del oficio por intenciones específicas. ¿Con qué frecuencia no se le pide a un sacerdote que ore por alguien: un joven que va a un examen, una madre antes del parto, un padre que emprende un viaje o una pareja joven que está a punto de casarse? El Breviario, la oración de la Iglesia, reúne todas estas intenciones de la parroquia, la diócesis, la nación y el mundo. Es útil ofrecer un salmo particular por una persona determinada.

5. El Breviario nunca puede ser leído correctamente mientras se escucha la radio o se ve la televisión, o con un oído y la mitad de la mente concentrada en un partido de béisbol. *Magna abusio est habere os in Brevario, cor in foro, oculus in televisifico.*

No necesito probar que eres un hombre culpable; tus palabras lo prueban; tus propios labios te acusan.

(Job 15:6)

El Espíritu, la Predicación y la Oración

Este pueblo Me honra con los labios, pero su corazón está lejos de Mí.

(Mateo 15:8)

Momentos de elevación mental pueden acompañar ocasionalmente la recitación del Breviario, pero, en general, la visión del Monte de la Transfiguración es seguida por el descenso a la llanura. Los momentos de exaltación son escasos y distantes. Debemos contentarnos con continuar como peregrinos, usualmente a pie, a veces con botas rotas.

Sin embargo, el Breviario no es solo un yugo y una carga; También es un deber — un deber de amor. Los dos aspectos parecen casi contradictorios, pero la prueba del amor es el sacrificio, no la emoción. Además, el deber en sí mismo es un bien. Cuando perdemos la fe, perdemos el sentido del deber. La forma en que se cumple este deber dependerá del nivel de comportamiento. Si un sacerdote es egoísta, el Breviario se rezará solo por deber; si es consciente de que es la oración de la Iglesia, el deber estará impregnado de amor; si es un sacerdote-víctima, el amor avivará el deber en un ardor que no siente obligación. Jacob tuvo que trabajar siete años por Raquel, pero *"le parecieron solo unos pocos días, por causa del gran amor que le tenía"* (Génesis 29:20).

✠ J.M.J. ✠

~ 9 ~

El Espíritu y la Consejería

No todos los que visitan a un psiquiatra necesitan sus servicios, así como algunos que acuden al sacerdote necesitan un psiquiatra. Los católicos que no están emocionalmente perturbados a veces consultan a un psiquiatra porque el pastor y el clero han abandonado la consejería. Antes, los dos asesores habituales, cada uno con su propio ámbito de acción, eran el médico de familia y el pastor. Hoy en día, el médico suele interesarse más por las enfermedades que por los enfermos, mientras que demasiados sacerdotes confían más en sus fichas que en el Don de la Consejería. Los psiquiatras llenan ocasionalmente el vacío creado por la falta de verdadera preocupación por los males y sufrimientos de las personas por parte del clero. El Estado ha asumido en gran medida la educación; ahora la psicología querría arrebatar el alma al sacerdote.

Permitir que esto suceda sería un fracaso en relación con un deber principal. ¿Pero cómo preservar este aspecto de nuestro ministerio sino por el Espíritu Santo? Por supuesto, existen abundantes tratados sobre consejería psicológica; pero, aunque se puede obtener mucha ayuda de ellos, de la misma manera que un altavoz ayuda al predicador, siguen perteneciendo al orden natural. A menos que se usen bajo la guía del Espíritu, no servirán de nada.

No toda persona que está perturbada emocional o espiritualmente pertenece a la jurisdicción del sacerdote-consejero, pero el número de aquellos a quienes podría ayudar es mayor de lo que generalmente se sospecha. Dos causas principales de la infelicidad mental son la falta de propósito en la vida y un sentido de culpa no correspondido. Sólo el Espíritu Santo puede revelar el propósito pleno de la vida en Cristo, y sólo el Espíritu Santo puede convencernos del pecado. Es sorprendente cuán pocos libros católicos sobre consejería hacen referencia al orden sobrenatural, a la gracia, la fe, la mortificación y la oración. El énfasis en ayudas tales como «mantener la cabeza en alto», «confianza en uno mismo», «salir adelante por esfuerzo propio», tiende a hacer que el cristiano pase por alto las influencias invisibles que son las únicas capaces, en última instancia, de dar descanso duradero a las almas cansadas.

La preocupación del sacerdote como consejero se limita exclusivamente a aquellas almas que no pertenecen al ámbito de la medicina y la psiquiatría. Sin embargo, esto no lo limita al cuidado de las almas normales, pues aquellas que son anormales debido a una negación de culpa, caen igualmente bajo su jurisdicción. Es tarea del sacerdote, y Él goza del poder del Espíritu, regenerar y moldear progresivamente todas esas almas a la Imagen Divina. Y, una vez restauradas a la herencia celestial, pueden decir con Pablo:

> *Nosotros, después de todo, fuimos una vez como el resto de ellos: imprudentes, rebeldes, víctimas del error; esclavizados a una extraña mezcla de deseos y apetitos, nuestras vidas llenas de mezquindad y envidia, odiosos y odiándonos unos a otros. Entonces la bondad de Dios, nuestro Salvador, amaneció en nosotros, Su gran amor por el hombre. Él nos salvó; y no fue gracias a nada que hubiéramos hecho para nuestra propia justificación.*

(Tito 3:3-5)

No hay Sabiduría Carnal en la Consejería

El objetivo de toda consejería es mover a la persona del reino de la carne al del Espíritu:

> *Vivir la vida de la naturaleza es pensar los pensamientos de la naturaleza; Vivir la vida del Espíritu es pensar los pensamientos del Espíritu.*

(Romanos 8:5)

> *La terapia del Espíritu busca «una renovación en la vida interior de vuestras mentes».*
>
> (Efesios 4:23)

¿De dónde obtiene el sacerdote los dones del consejo, el discernimiento de los espíritus, la sabiduría para comprender los corazones humanos? En parte del estudio, pero principalmente de la oración al Espíritu Santo:

> *¿Hay alguno de vosotros que aún carezca de sabiduría? Dios la da a todos, libremente y sin reproche; por tanto, pídala a Dios, y el don le será concedido.*
>
> (Santiago 1:5)
>
> *El Espíritu viene en ayuda de nuestra debilidad.*
>
> (Romanos 8:26)

Las actitudes, juicios y valores de las personas están determinados por el espíritu que las mueve. Su espíritu es o de Cristo o del mundo (1 Corintios 2:12). ¿Qué espíritu es el que conduce a los jóvenes a la lujuria, a la esclavitud del placer y a la rebeldía contra la autoridad, que sumerge a los de mediana edad en preocupaciones y hace que los ancianos se vuelvan avaros?

Nuestro siglo bien podría presenciar un fenómeno de proporciones alarmantes: un aumento en la posesión diabólica y un renovado interés en Satanás. Se espera que obras teatrales, novelas, libros y películas utilicen cada vez más su nombre, no como algo maligno, sino como algo fascinante, para jugar con las llamas del infierno como los niños juegan con el fuego.

El objetivo del sacerdote consejero

El consejo sacerdotal basado únicamente en el conocimiento natural no puede enfrentarse a un enemigo de tal naturaleza. La posesión diabólica debe ser enfrentada por la posesión de Cristo en el sacerdote, de modo que Él esté inquieto por abrir a los corazones los tesoros de la bondad de Dios; para revelar el pecado a fin de que sea redimido; para dejar a los noventa y nueve justos y buscar al uno que está perdido; para descubrir líderes y formarlos en el apostolado y en la realización de conversiones; para envolverlos con el manto del Sagrado Corazón; para escuchar sin interrupción a los afligidos, reconociendo la dignidad de la persona que habla; para reconciliar al esposo con la esposa revelándoles cómo pueden santificarse mutuamente, como hizo San Pablo con las parejas infelices de Corinto (1 Corintios 7:14); actuar de tal manera que se encuentren en su corazón sacerdotal dos mareas como se encontraron en Belén: la marea de la necesidad humana y la marea del cumplimiento Divino; mirar a los que se han apartado como Nuestro Señor miró a Pedro y lo llevó a las lágrimas (Lucas 22:61); tener la misma paciencia paulina que restauró a Marcos para la utilidad; oponerse en todas partes al terrible desperdicio y desgaste del pecado; orar por aquellos que lo buscan (porque la falta de oración es el insomnio del alma); hacer que la gente piense al salir del salón que han estado con Cristo; entender que el Espíritu Santo da fuerza a quienes la gastan; darse cuenta de que, así como no hay belleza en el animal perezoso, tampoco hay poder en el sacerdote perezoso; orar diariamente al Espíritu Santo para que le enseñe a encontrar gozo solo en las almas; estar convencido de que no puede alcanzar a un pecador con la punta del dedo de la organización parroquial, ni elevar un alma a la santidad con un gasto excesivo de consejos baratos; nunca dudar en recibir a un visitante por el bien de su propia comodidad, sabiendo que Dios no concede recompensa sin el polvo del trabajo; en una palabra, ser "otro Cristo" y no simplemente "otro José."

Está muy bien decir a los pobres y hambrientos de la parroquia que se inscriban en Caridades Católicas, pero el sacerdote será personalmente responsable ante Dios por su compasión hacia los pobres. Nunca se debe utilizar una agencia social para evadir un deber sacerdotal. Uno se pregunta qué pasaba por la mente del sacerdote judío que pasó de largo junto al hombre herido en el camino de Jerusalén a Jericó (Lucas 10:31). Mientras continuaba su camino, ¿se dijo a sí mismo, usando equivalentes modernos, que avisaría al centro social del siguiente pueblo para que enviaran una ambulancia? Pero está eternamente registrado en el Evangelio como aquel que falló a su prójimo en su hora de necesidad. Al descuidar a nuestro prójimo, rechazamos a nuestra "propia carne y sangre" (Isaías 58:7). No es sólo la cartera la que debe abrirse para ayudar a los pobres; la cartera no significa nada sin el corazón.

Los sin misericordia serán juzgados sin misericordia.

(Santiago 2:13)

Los Sacerdotes Santos Son Buscados por Los Afligidos

Los mejores consejeros no son los sabios mundanos con grabadoras, ni aquellos que conocen todos los trucos psicológicos de la entrevista, más preocupados por un ambiente agradable que por la Presencia del Espíritu. Los mejores guías de las almas son sacerdotes santos y sacerdotes que han sufrido en unión con Cristo. A través de ellos, el Espíritu Santo derrama Sus siete dones. Quienes viven cerca de Cristo transmiten a Cristo. Como dijo San Agustín: «Lo que vivo, lo transmito.» El sufrimiento trae sabiduría, pero los libros sólo aportan entendimiento natural. El sacerdote que ha sido crucificado y ha soportado su Pasión con paciencia siempre será encontrado como el sacerdote misericordioso. Si hay una larga fila fuera de un confesionario el sábado y sólo una o dos fuera de otro, es momento de que un sacerdote se haga algunas preguntas. La santidad atrae a los penitentes hacia los sacerdotes santos. La atracción de tales sacerdotes es la atracción del mismo Cristo.

Si tan solo soy levantado de la tierra, atraeré a todos los hombres hacia Mí.

(Juan 12:32)

Ningún sacerdote contempla los problemas con tanta simpatía como el sacerdote que se encuentra en la torre de vigilancia del Calvario. Como el sol, no puede ser visto, y sin embargo ilumina todo lo demás.

Cuántas almas dicen de ese gran ejército de sacerdotes santos: «Él me mostró mi corazón», o «Él me mostró la hermosura de Cristo», o «Fue como hablar con Nuestro Señor». No es posible que un sacerdote, al mismo tiempo, sea astuto y demuestre que Nuestro Señor es poderoso para salvar. Con noble reiteración, nada menos que treinta y tres veces San Pablo emplea la expresión «en Cristo». Para él es el secreto del «*ánimo, amorosa simpatía, comunión común en el Espíritu*» (Filipenses 2:1). El sacerdote impregnado de este concepto, porque ha "*naturaleza crucificada con todas sus pasiones y todos sus impulsos*" (Gálatas 5,24), siempre guía a los demás a la sombra de la Cruz y a la luz del Espíritu.

Consejería y Conciencia

La consejería sacerdotal es, en esencia, la aplicación de la Redención al individuo. No se trata simplemente de predicar a una persona en lugar de predicar a una multitud; pues en la consejería, el individuo presenta su problema como lo hace un paciente ante un médico. El sacerdote establece los hechos, como lo hace el médico; luego presenta su diagnóstico y tratamiento, siempre atento a las palabras de Nuestro Señor:

Sólo el Espíritu da vida; la carne no aprovecha nada; y las palabras que yo os he hablado son Espíritu y Vida.

(Juan 6,64)

El Espíritu es particularmente importante cuando el sacerdote trata un problema de comportamiento más que uno intelectual. En casi nueve de cada diez casos, quienes una vez tuvieron la Fe pero ahora la rechazan, o afirman que no tiene sentido, no son impulsados por la razón sino por la forma en que viven. Los católicos suelen apartarse no por alguna dificultad con el Credo, sino por alguna dificultad con los Mandamientos. Cuando esto sucede, la tarea del sacerdote es despertar la Conciencia mediante el Espíritu. No hay mucha referencia a la Conciencia sola en la Escritura, pero hay abundante testimonio de que la Conciencia es despertada por el Espíritu Santo. San Pablo nos dice que fue su Conciencia la que fue iluminada por el Espíritu Santo, preparándolo para ser condenado con tal de salvar a sus hermanos:

Os digo la verdad en el nombre de Cristo, con la plena seguridad de una Conciencia iluminada por el Espíritu Santo.

(Romanos 9:1)

Es obra de la Conciencia dar testimonio de nuestro cumplimiento del deber hacia Dios; pero es obra del Espíritu dar testimonio de la aceptación por parte de Dios de nuestra Fe en Cristo y nuestra obediencia a Él. Gracias al Espíritu, el testimonio de la Conciencia y la proclamación de Cristo, en nuestra vida, se vuelven idénticos. La Conciencia sola en una persona puede compararse a una habitación muy mal iluminada, en la cual los Mandamientos están impresos en la pared con caracteres pequeños. Cuando el Espíritu Santo ilumina la conciencia, se derrama una luz brillante sobre esos caracteres. El Espíritu Santo restaura las conciencias para que acepten la guía de la ley de Cristo. El Espíritu Santo también muestra a la conciencia la relación entre el pecado y su purificación por la Sangre de Cristo, para que ya no haya conciencia de pecado (Hebreos 9:14; Hebreos 10:2-22).

Nunca es suficiente que un sacerdote diga a su pueblo que deben seguir su conciencia; debe buscar constantemente la iluminación de su conciencia por el Espíritu.

El fin al que apunta nuestra advertencia es la caridad, basada en la pureza de corazón, en una buena conciencia y en una fe sincera.

(1 Timoteo 1:5)

Nunca se comprende la enormidad del pecado excepto a través del Espíritu, una verdad que Nuestro Señor explicó a sus sacerdotes la noche de la Última Cena. El pecado se trata y supera mejor, no solo en relación con la transgresión de un mandamiento, sino en términos de la ruptura de nuestros lazos con el Padre, el Hijo y el Espíritu Santo. El pecado rompe nuestros vínculos con el Padre celestial porque nos aliena como hijos. Tal es el mensaje de la parábola del hijo pródigo (Lucas 15:11-32). El pecado también vuelve a representar el Calvario:

¿Acaso crucificarán al Hijo de Dios por segunda vez, lo expondrán a la burla por segunda vez, para sus propios fines? (Hebreos 6:6)

Debe establecerse una relación personal entre el alma y el crucifijo. Los pecados de orgullo se comprenden a través de la corona de espinas; los pecados de lujuria, a través de la carne desgarrada; los pecados de avaricia, a través de la pobreza de la desnudez; y los pecados de alcoholismo, a través de la sed. Además, el pecado debe ser visto como resistencia al Espíritu de Amor (Hechos 7:51); como sofocar al Espíritu de Amor (1 Tesalonicenses 5:19); y como entristecer al Espíritu de Amor (Efesios 4:30).

La conciencia siempre se ilumina cuando el pecado es visto como daño a alguien a quien amamos. Ningún pecado puede tocar una de las estrellas de Dios ni silenciar una de Sus palabras, pero sí puede herir cruelmente Su Corazón. Una vez que el penitente comprende esta verdad, puede entender por qué siente tal vacío y desolación en su alma: ha herido a quien ama.

Muchos de los que se acercan a un sacerdote aún intentan ocultar su conciencia. Ofrecen razones espurias para justificar sus acciones. El sacerdote que permanece en un nivel puramente psicológico no siempre puede discernir tales engaños y, en consecuencia, no puede ayudar a quien ha acudido a él. Se requiere una radiografía espiritual para penetrar tal mente:

¿Quién más puede conocer los pensamientos de un hombre, sino el espíritu del hombre que está dentro de él? Así, nadie más puede conocer los pensamientos de Dios, sino el Espíritu de Dios. Y lo que hemos recibido no es un espíritu de sabiduría mundana; es el Espíritu que viene de Dios, para hacernos comprender los dones de Dios para nosotros; dones que damos a conocer, no con palabras que enseña la sabiduría humana, sino con palabras enseñadas por el Espíritu, que armonizan lo

espiritual con lo espiritual. El mero hombre, con sus dones naturales, no puede captar los pensamientos del Espíritu de Dios; le parecen simples locuras y no puede comprenderlas, porque exigen un escrutinio que es espiritual. Mientras que el hombre que posee dones espirituales puede escrutarlo todo, sin estar él mismo sujeto al escrutinio de otro hombre. ¿Quién ha entrado en la mente del Señor para poder instruirle? Y la mente de Cristo es nuestra.

(1 Corintios 2:11-16)

Miles acudirían a nosotros cada año, cartas de almas frustradas llegarían a nuestras puertas, los jóvenes nos buscarían, corazones incontables buscarían consuelo en nuestro confesionario, si tan solo comprendiéramos los extraordinarios poderes de dirección, consejería y guía que provienen de vivir en el Espíritu de Cristo.

Consejería a través de la simpatía

La compasión es la identificación con los demás, ya sea que estén riendo o llorando:

Gozaos con los que se gozan, llorad con los que lloran.

(Romanos 12:15)

Tal unidad de corazón con los males ajenos, como enseña la parábola del Buen Samaritano, es independiente de nuestros sentimientos naturales. Los Salmos también nos inspiran a una simpatía semejante por todos los que encontramos.

Hubo un tiempo en que estos estaban enfermos; ¿qué hice entonces? Vestía cilicio; Riguroso guardé ayuno, oré desde lo más profundo de mi corazón. Me fui triste, como quien llora a un hermano o amigo, inclinado por el dolor, como quien lamenta la pérdida de una madre.

(Salmo 34:13-14 [35:13-14, RSV])

Cuando Isabel, después de mucho tiempo sin hijos, finalmente dio a luz a Juan el Bautista,

sus vecinos y parientes, al oír cómo Dios le había mostrado maravillosamente Su Misericordia, vinieron a regocijarse con ella.

(Lucas 1:58)

¿No llamó la mujer que había perdido una moneda y la encontró a sus vecinas para regocijarse, como hizo el pastor que encontró a la oveja perdida? ¿No lloró Nuestro Señor Bendito por sus enemigos, a quienes sabía que estaban a punto de manchar sus manos con Su Sangre (Lucas 19:41)? ¿No dijo también que los ángeles en el Cielo no son espectadores indiferentes en la conversión de los pecadores (Lucas 15:7-10)? Cuando Nuestro Señor Bendito vio la tumba de su amigo, Lázaro, ¿no lloró hasta que los judíos exclamaron: "*¡Cuánto lo amaba!*" (Juan 11:37)?

Las bodas y los funerales en la parroquia, los conversos y los que se han apartado, los jóvenes fieles y los delincuentes juveniles, los fanáticos y los hombres de buena voluntad: a todos ellos la simpatía de Cristo se manifiesta en el sacerdote mientras cumple las palabras de Pablo:

Llevad los unos las cargas de los otros; así cumpliréis la ley de Cristo.

(Gálatas 6:2)

En toda la Biblia, el sacerdote es representado como aquel que cura a los quebrantados, devuelve a los dispersados, lleva en su seno a los corderos y guía con ternura a las que están preñadas (Ezequiel 34:2, 4; Isaías 40:11). Esta es una gran preocupación para un buen sacerdote, y puede sentir la carga hasta el punto de clamar como lo hizo Moisés:

Señor, dijo, ¿por qué me tratas así? ¿Debo llevar a todo un pueblo como un peso sobre mi espalda? No traje a esta multitud de hombres al mundo; no los engendré; y Tú quieres que los amamante en mi seno como a un niño.... No puedo soportar, solo, la responsabilidad de tantos; es una carga demasiado grande para mí.

(Números 11:11-14)

En otras ocasiones, el sacerdote espiritual, lleno de ansiedad por sus conversos, comparará sus sentimientos con los dolores de una mujer en parto:

Mis pequeños, vuelvo a estar en trabajo de parto por vosotros, hasta que pueda ver la imagen de Cristo formada en vosotros.

(Gálatas 4:19)

Tal sacerdote expresará una simpatía especial en las visitas a enfermos hacia quienes sufren. Ningún sacerdote puede simpatizar si está "fuera" del sufrimiento de los demás. "La Crucifixión con Cristo", mediante el celo, el trabajo y la mortificación, iluminará a otros recordándoles que Nuestro Señor llevó Sus cicatrices consigo al Cielo. Cuando, por tanto, Él posa su mano afectuosamente sobre cualquier corazón, deja la impresión de Sus clavos. Los enfermos estarán seguros de que sus sufrimientos no son tanto un castigo por sus propios pecados como una oportunidad para unirse en reparación por los pecados del mundo.

El sacerdote mostrará a tales almas que no hay accidentes en la vida, que la Providencia de Dios rige la caída de un gorrión o la pérdida de un cabello, que Él hizo el viento que atrapó a Jonás, que Él creó la bestia marina que lo tragó, que todos los sufrimientos que nos llegan incluso de nuestros amigos deben ser vistos como provenientes de Su mano. ¿No dijo Él a Pedro en el Jardín:

¿No he de beber yo la copa que el Padre me ha dado?

(Juan 18:11)

Incluso la copa de dolor que proviene de aquellos que deberían ofrecernos el vino de la amistad, debe ser vista como dones de Dios, amargos aunque sean.

La propia vida del sacerdote puede estar llena de un tipo peculiar de sufrimiento "por falsos hermanos" (2 Corintios 11:26) que ridiculizan su celo, criticándole si interrumpe un merecido descanso para ayudar a un alma atormentada, o si visita dos veces en una semana a una madre moribunda de siete hijos. Pero ninguna de tales puyas le hará amargado. Su paciente tolerancia hacia quienes parten el Pan con él le dotará de simpatía hacia los demás. Su actitud será como la de David cuando Simei tomó piedras para arrojarle y lo maldijo. Uno de los generales de David preguntó si debía cortarle la cabeza. David respondió:

> *Que maldiga cuanto quiera; el Señor le ha ordenado maldecir a David, ¿y quién le hará rendir cuentas por ello?*
>
> (2 Reyes 16:10 [2 Samuel 16:10, RSV])

Todas las cosas, todas las personas, incluso nuestros propios hermanos sacerdotes, son a veces utilizadas para nuestra corrección, para que podamos consolar mejor a los demás. Así se verificará en nosotros, como en otro Cristo, la Palabra de Simeón:

> *... ser una señal que los hombres rechazarán reconocer; y así se manifestarán los pensamientos de muchos corazones....*
>
> (Lucas 2,34-35)

Consejería al Pecador

Se dice que una mujer fue a confesión tras una ausencia de treinta años. El confesor, un sacerdote que en treinta años nunca había hecho una meditación antes de la Misa, le lanzó una amarga pregunta: «¿Por qué has estado alejada de la Iglesia durante treinta años?» Su respuesta fue lógica: «Porque, Padre, hace treinta años conocí a un sacerdote como usted.»

Una historia española cuenta que un sacerdote que mostró poca Misericordia a un penitente escuchó una voz proveniente del Crucifijo: «Yo, no tú, morí por sus pecados.»

Tan celoso es Dios de Su misericordia que a veces permite que los sacerdotes caigan en los mismos pecados que injusta e inmoderadamente condenan. Si hay algo que la devoción al Sagrado Corazón hace comprender al sacerdote, es Su misericordia y Su amor por los pecadores.

No importa cuán fuerte sea el dominio del vicio, el penitente debe estar seguro de que ninguna montaña de culpa es tan grande que no pueda ser removida por la Sangre de Cristo. Siempre consciente de los tesoros de misericordia que ha recibido del Sagrado Corazón, el confesor asegurará a todo pecador que «aun los cojos llevarán despojos» (Isaías 33:23), como se les dijo al pueblo de Jerusalén cuando la victoria parecía imposible.

Muchos pecadores, particularmente aquellos culpables de pecados que causan una excesiva introversión, tienden a adoptar el lenguaje de Caín:

La culpa como la mía es demasiado grande para encontrar perdón.

(Génesis 4:14)

Incluso pueden maldecir el día de su nacimiento, como lo hicieron Job (3:1; 27:2) y Jeremías (20:1-18), o incluso pedir a Dios que les quite la vida, como hizo Elías (3 Reyes 19:4 [1 Reyes 19:4, RSV]). Pero ¿acaso no fue Nuestro Señor mismo en la Cruz, apartando las consolaciones de la Divinidad, quien clamó (mientras sufría por la oscuridad de ateos y agnósticos):

Dios mío, Dios mío, ¿por qué me has abandonado?

(Mateo 27:46; Marcos 15:34; Salmo 21:2 [22:1, RVR])

Tales almas deben estar seguras:

¿Acaso hubo algún Dios tan dispuesto a perdonar pecados, a pasar por alto faltas?... Él ama perdonar.

(Miqueas 7:18,19)

Y después de todo, si nunca hubieran pecado, o si nosotros nunca hubiéramos pecado, ¿cómo podríamos todos llamar a Jesús «Salvador»?

Venimos de un mundo donde Dios está siempre obrando en amor, donde Su simpatía nunca se enfría, donde Su misericordia nunca se cansa, donde Su ternura nunca se fatiga.

Mi Padre nunca ha dejado de trabajar, y yo también debo estar en la obra.

(Juan 5:17)

Él utiliza toda esperanza tenue, tinajas de agua en una boda, panes y peces en la cesta de un niño, un Mateo en un escritorio, un hombre sentado bajo un árbol, un estudiante con Isaías en sus manos — Él los contempla a todos con compasión. La clave de su apostolado no es «el toque humano», sino el toque de Cristo.

Él extendió Su Mano y lo tocó.

(Marcos 1,41)

El contacto cercano, íntimo y personal con la aflicción y el dolor es la clave para la consejería en el Espíritu. El impulso espontáneo de compasión que rompe las barreras de la enfermedad y el asco es el toque de Cristo continuado en el sacerdote. Él toca al leproso y no se contamina, como Él asumió el pecado y fue sin pecado; así el sacerdote, como un rayo de sol, atraviesa una humanidad contaminada sin mancha.

La consejería es tocar donde hay enfermedad o desgracia; no es simplemente dar un consejo. Un apretón de manos podría ser más ocasión de gracia que una comida enviada con altivez desde una agencia. El sacerdote toma la mano del enfermo a quien desea ayudar; baja a su nivel, ve a los ancianos con sus ojos, y a los cancerosos con sus pensamientos, sabiendo todo el tiempo que sólo puede santificarlos en la medida en que Cristo ya lo ha tocado a Él.

~ 10 ~

El Sacerdote como Simón y Pedro

Ningún otro Apóstol suscita tanta simpatía en el corazón del sacerdote como Pedro. Él parece muy cercano a cada uno de nosotros en sus conflictos y emociones, en su fortaleza y en su debilidad, en su resolución de ser heroico y en su fracaso desastroso para estar a la altura de su aspiración. En un momento es humilde, en otro, orgulloso. Afirma fidelidad a su Señor, y luego lo niega. Es tan sobrenatural, pero a la vez tan débil y natural. Exalta como Divino al Maestro que ama, solo para ser asustado por una criada y decir que no conoce al "hombre." Ninguna cadena es más fuerte que su eslabón más débil, y el eslabón más débil de toda la cadena apostólica fue el primero, Pedro — y el Hijo de Dios se aferra a eso. De ahí que "las puertas del infierno no prevalecerán."

Dos "Naturalezas" de Cada Sacerdote

Como Pedro, cada sacerdote tiene dos "naturalezas": una "naturaleza humana" que lo hace otro hombre, y una "naturaleza sacerdotal" que lo hace otro Cristo. La Epístola a los Hebreos identifica estos dos aspectos. El sacerdote es *diferente* de los hombres ordinarios como aquel que ofrece sacrificio en su nombre.

El propósito por el cual cualquier Sumo Sacerdote es elegido entre sus semejantes, y hecho representante de los hombres en sus tratos con Dios, es ofrecer dones y sacrificios en expiación de sus pecados.

(Hebreos 5:1)

No obstante, el sacerdote es como todo hombre en su debilidad.

El Sacerdote como Simón y Pedro

Está cualificado para esto al poder compadecerse de ellos cuando son ignorantes y cometen errores, ya que Él también está rodeado de humillaciones, y, por esa razón, debe presentar sacrificios por el pecado para sí mismo, así como lo hace por el pueblo.

(Hebreos 5:2-4)

Un ángel no sería un sacerdote adecuado para actuar en nombre de los hombres. No posee un cuerpo sujeto a tentaciones, ni tiene experiencia directa del sufrimiento humano. Le faltaría la debilidad que conduce a la comprensión compasiva. Pero aunque un sacerdote es como los hombres, también debe ser diferente de ellos. Él está apartado de entre los hombres, para que pueda actuar en nombre de Cristo y aparecer como Cristo ante los hombres.

Es significativo que el primero elegido por Jesús para ser sacerdote cristiano recibiera un nuevo nombre que representara su nuevo carácter. Sin embargo, no perdió su antiguo nombre. En cambio, ahora tenía dos nombres. Era al mismo tiempo Simón y Pedro. Simón era su nombre natural; Pedro era su vocación. Como Simón, era hijo de Jonás. Como Pedro, era el sacerdote del Hijo de Dios. Pedro nunca se deshizo completamente de Simón. Pero, una vez llamado, Simón nunca dejó de ser Pedro. A veces es Simón quien gobierna; otras veces es Pedro.

Cabe señalar, de forma incidental, que el hermano de Pedro, Andrés, era quien constantemente hacía presentaciones. Él presentó a su hermano Simón a Nuestro Señor (Juan 1:41). Cuando un grupo de gentiles se acercó a Felipe y pidió conocer a Jesús, Felipe consultó a Andrés y juntos fueron a Jesús (Juan 12:20-22). Andrés también presentó al muchacho que tenía los panes y los peces (Juan 6:8). Andrés comenzó su labor de testimonio dentro del círculo familiar.

Él, ante todo, encontró a su propio hermano Simón y le dijo: hemos descubierto al Mesías (que significa, el Cristo), y lo llevó a Jesús. Jesús lo miró atentamente y dijo: Tú eres Simón, hijo de Jonás; serás llamado Cefas (que significa lo mismo que Pedro).

(Juan 1:41-42)

Quizá alguien en nuestro círculo familiar, un padre o un maestro, nos llevó a Cristo, quien por vocación cambió nuestro nombre. Por grande que sea la dignidad de nuestro oficio cristiforme, aún llevamos con nosotros la naturaleza humana descendiente de nuestro propio Jonás. Así como Nuestro Señor hizo de Pedro la roca sobre la cual edificó Su Iglesia, le recordó que fue tomado de entre hombres débiles:

Bendito eres tú, Simón hijo de Jonás.

(Mateo 16:17)

Arrastramos nuestra herencia física, nuestras debilidades congénitas, nuestro temperamento y nuestro cuerpo hasta el altar. El elemento Simón nunca nos abandona, incluso cuando asumimos el papel de Pedro. El pecador y el sin pecado, lo humano y lo divino, el viejo Adán y el nuevo, nuestro vínculo con una madre terrenal y nuestra filiación a una Madre celestial — bajo ambos aspectos ascendemos los peldaños del altar, llevamos al Señor Eucarístico a un lecho, y permanecemos largas y tediosas horas dispensando Misericordia y esperanza a los pecadores.

El día de la ordenación, imaginamos erróneamente que la naturaleza Simón había desaparecido. Pero la realidad pronto se impuso. El conflicto Simón-Pedro reapareció.

Los impulsos de la naturaleza y los impulsos del Espíritu están en guerra entre sí; cada uno es completamente contrario al otro, y por eso no puedes hacer todo lo que tu voluntad aprueba.

(Gálatas 5:17)

De esto estoy seguro: que ningún principio de bien habita en mí, es decir, en mi naturaleza humana; Las intenciones loables siempre están a mano, pero no encuentro el camino para llevarlas a cabo.

(Romanos 7:18)

El Sacerdote como Simón y Pedro

El paso de los años y el crecimiento en madurez espiritual hacen que ciertos tipos de tentaciones disminuyan, pero otros las sustituyen. El demonio del mediodía da paso al demonio de la noche. Cuando Pedro, hacia el final de su apostolado, escribió su primera epístola, sugirió con las palabras iniciales que creía que el Simón en él estaba muerto, pues se identificaba como «Pedro, apóstol de Jesucristo» (1 Pedro 1:1). Sin embargo, en su segunda y última epístola, poco antes de su martirio, reconoció la lucha continua del hombre de la carne contra el hombre de Dios: «Simón Pedro, siervo y apóstol de Jesucristo» (2 Pedro 1:1).

En todo sacerdote, o Simón tiene el dominio o Pedro. En el prototipo, en el mismo Simón Pedro, Pedro logró gradualmente el dominio sobre Simón gracias al Espíritu Santo. Después de Pentecostés, se oye menos de Simón, y cuando se menciona el nombre, hay una razón para ello. Así, a Cornelio se le indica que envíe a buscar a «Simón, llamado Pedro» (Hechos 10:5), porque los forasteros lo conocerían mejor por un nombre, y los cristianos por el otro. Santiago, en el Concilio de Jerusalén, utiliza el nombre Simón por una antigua y familiar amistad. En otro lugar, la palabra es Pedro. La audacia impulsiva que caracterizaba a Simón se transforma en un valor firme y contenido. Sin embargo, en esa última Epístola, Él mismo repite el nombre tan largamente olvidado, que debió haberse desvanecido de todas las memorias salvo las más retentivas. Pero si volvió a él, lo hizo con un propósito: recordar humildemente, desde la niebla de los años, su antiguo yo no santificado.

El punto de inflexión en la vida espiritual de un sacerdote no es sólo su vocación, su llamado. También es ese momento en que se vuelve obediente al Espíritu. Esto es una especie de segunda ordenación, una crisis que lo lleva de ser sacerdote meramente por oficio a la posesión y manifestación del Espíritu de Cristo.

Antes de que Pedro poseyera el Espíritu de Cristo, la lucha entre su naturaleza terrenal y su naturaleza sacerdotal se reveló en Cesarea de Filipo, cuando confesó al Cristo Divino pero negó al Cristo sufriente. El Padre había iluminado su mente para reconocer y proclamar que

Tú eres el Cristo, el Hijo del Dios vivo.

(Mateo 16:16)

Pero cuando Nuestro Señor anunció que sería crucificado, Pedro, acercándolo a su lado,

... comenzó a reprocharle: Nunca, Señor, dijo; nada de eso te sucederá.

(Mateo 16:22)

Aquí, en una viñeta, tenemos toda la paradoja que ha sido para muchos piedra de tropiezo y escándalo, de infalibilidad y pecabilidad. Tenemos al vicario de Cristo guiado Divinamente en su oficio como portador de las llaves de las puertas del Cielo y de la tierra. También tenemos a este mismo Pedro, la Roca, el portador de las llaves, dejado a sí mismo y sin guía, estigmatizado como Satanás. Paradoja es, pero también hecho. ¿Qué Simón Pedro hay en todo el sacerdocio que no haya visto esta escena representada mil veces en su propia persona: en un momento, otro Cristo; en otro, otro Satanás?

Pedro estaba dispuesto a confesar a Cristo el Sacerdote, pero no a Cristo la Víctima. Los hombres llamados a ser rocas pueden convertirse en piedras de tropiezo. El Señor mismo, sin embargo, definió sus términos de servicio en un lenguaje claro. El sacerdocio significa imitación de Cristo, y la imitación significa auto-crucifixión. La falta de voluntad por parte de un sacerdote para seguirle hasta el Calvario sólo puede sonar a Nuestro Señor Bendito como la voz del mismo diablo, es decir, la voz de Simón repitiendo los sentimientos con los que Satanás, al inicio de su vida pública, intentó tentarle para apartarle de la Cruz. Nuestro Señor no quitó la vocación a Pedro. Él se contentó con advertirle que la carne estaba con él y que, en un momento de exceso de confianza, caería. Pedro es así presentado por Nuestro Señor Bendito como un recordatorio constante de que es en sus cualidades más fuertes, a menos que sean renovadas periódicamente por la gracia Divina, donde los hombres son más propensos a fallar.

El Sacerdote Comprometido

Ningún hombre puede servir a dos amos. El sacerdote, sin embargo, a veces intentará sacar lo mejor tanto del Simón como del Pedro que hay en él. Cristo no quiere que sea así. En Su sacerdote no hay lugar para un cálculo de menos o más. Nuestro Señor requiere un amor sin medida, pero a veces nuestra naturaleza pide un compromiso. Fue tal espíritu el que Nuestro Señor Bendito tenía en mente cuando instó a sus seguidores a no contentarse con hacer solamente lo que están obligados a hacer.

Si alguno te obliga a caminar una milla, ve con él dos millas por tu propia voluntad.

(Mateo 5:41)

Nuestro Señor podría haberse referido aquí al transporte forzado de equipaje militar, no solo a la asistencia forzada o compañía de alguien. El ejemplo supremo sería Simón de Cirene, quien fue obligado a llevar la Cruz (Marcos 15:21).

San Lucas ofrece una imagen vívida del sacerdote que no está dispuesto a hacer todo lo que el Señor le exige, del intento de compromiso y la obediencia a medias a la Voluntad Divina. Es notable que en la presentación inicial, el protagonista sea descrito solo con el nombre de Simón. Aquí está el pasaje (Lucas 5:1-6):

Sucede que Él estaba junto al lago de Genesaret, en un momento en que la multitud se agolpaba cerca de Él para escuchar la Palabra de Dios; y vio dos barcas amarradas a la orilla del lago; los pescadores habían desembarcado y estaban lavando sus redes. Y subió a una de las barcas, que pertenecía a Simón, y le pidió que se apartara un poco de la orilla; y así, sentado, comenzó a enseñar a las multitudes desde la barca. Cuando terminó de hablar, dijo a Simón: Apártate a aguas profundas y echa tus redes para pescar. Simón le respondió: Maestro, hemos trabajado toda la noche y no hemos pescado nada; pero, a Tu Palabra, echaré la red. Y cuando hicieron esto, recogieron una gran cantidad de peces.

Después de ser rechazado en su propia ciudad natal de Nazaret, Nuestro Señor Bendito dirigió sus pasos a Cafarnaún, que de ahí en adelante sería su base de operaciones. Él se encontró tan presionado por las multitudes que se refugió en una barca que pertenecía a Simón. Alejándose un poco de la orilla, comenzó a enseñar al pueblo. Entonces, cuando terminó de hablar, se volvió hacia Simón y le dijo que se adentrara en aguas profundas. "Echa tus redes para pescar," le ordenó.

Simón, sin embargo, estaba lejos de estar convencido. No estaba dispuesto a desafiarle, pero tampoco obedecería de todo corazón. Incluso la palabra que usó para responder a Jesús reflejaba la ambivalencia de su actitud: "Maestro", dijo. Era la misma palabra que Judas usaría para traicionarle, una palabra sin indicio de reconocimiento de lo Divino, a lo sumo una admisión de su estatus como maestro, un rabino. Las palabras de Simón revelan sus pensamientos. "¿Qué sabe Él, viniendo de Nazaret, sobre la manera de pescar en Cafarnaún?", seguramente pensaba. "¿Quién soñaría con pescar a esta hora del día?" El pescador profesional sabe que la noche es el momento para pescar, y hemos trabajado toda la noche sin encontrar nada.

Pedro conocía todo sobre la pesca en el lago de Genesaret. Fue, por tanto, como una muestra de respeto al Maestro, por decirlo así, para complacerle, que accedió a ir un poco más allá: «pero a Tu palabra echaré la red.» Nuestro Señor había pedido redes; Pedro transigió con una red. Nuestro Señor pide obediencia completa; El siervo da una respuesta a regañadientes. La carne no es espíritu; la razón no es fe. Pedro, confiando en la razón, echó la red. Le lanzó al Señor el amargo grito de las horas infructuosas de la vida. Pero cuando la red atrapó una cantidad de peces tan grande que estuvo a punto de romperse, de repente apareció desde detrás del cuerpo de Simón la forma sacerdotal de Pedro:

El Sacerdote como Simón y Pedro

Simón Pedro cayó de rodillas y agarró a Jesús por las rodillas; Déjame a mí mismo, Señor,... soy un pecador.

(Lucas 5:8)

Observa los dobles cambios de nombre. Cristo ya no es «Maestro»; Él es «Señor». Simón ya no es Simón; es Simón Pedro. La naturaleza del sacerdote se impone sobre la del hombre bajo el impacto del milagro obrado por el Sumo Sacerdote para beneficio del indigno ser de Simón. No fue solo pescado lo que Simón pescó; fue al Señor. Como expresa Coventry Patmore:

> Con esperanza esforzada trabajé,
> y la esperanza parecía aún traicionada.
> Finalmente dije,
> «He trabajado toda la noche, y sin embargo
> no he tomado nada;
> ¡Pero a Tu palabra echaré la red!»
> Y he aquí, pesqué
> (Oh, muy diferente y muy más allá de mi pensamiento,)
> No la rápida y brillante cosecha del mar
> Para alimento, mi deseo,
> Sino a Ti.

Mientras sigamos pensando en Nuestro Señor como «Maestro», sentiremos que lo que hacemos es suficiente, que podemos conformarnos con una red cuando Él llama a las redes. El momento, sin embargo, en que el Espíritu Santo nos hace comprender Su Señorío, nos hace entender que somos Sus sacerdotes por medio del Espíritu, nos invade la aterradora conciencia del pecado. Cuanto más reconocemos la Santidad del Sumo Sacerdote, más conscientes somos de nuestras propias faltas. La condición de todo nuestro éxito sacerdotal no está en nosotros, los obreros, ni en las redes de nuestras escuelas y clubes. El obrero falló, la red estuvo a punto de romperse. Nuestra suficiencia proviene de Dios. El fracaso en la captura de almas no debe atribuirse a Dios. Fallamos más bien porque lo consideramos sólo como Maestro, y no como Señor, o porque rendimos una obediencia menos que completa a Su voluntad.

En el momento en que Simón Pedro fue golpeado por su indignidad, es probable que Nuestro Señor lo tomara de la mano. Al menos así sugieren las últimas palabras del relato.

Pero Jesús dijo a Simón: no temas; De ahora en adelante serás pescador de hombres.

(Lucas 5,10)

Nuestro Señor Bendito parece paradójicamente atraer a los sacerdotes más cerca de Él cuando son más conscientes de la distancia que los separa de Él. Predicamos eficazmente la Palabra de Dios sólo cuando hemos temblado ante la Palabra. Los sacerdotes y misioneros que hacen más conversos son aquellos con el sentido más profundo y abrumador de indignidad personal.

Si un sacerdote se queja de que no puede hacer conversos en su parroquia, su ciudad o su misión, es momento de preguntarse si está confiando en sus propios recursos. Siempre hay una razón si la garantía Divina, «Tú serás pescador de hombres» (Lucas 5,10), no es efectiva. Recuerdo una parroquia en Sudamérica en la que sólo ocho de los ocho mil fieles asistían a la Misa dominical. Un nuevo párroco, en seis años, elevó a mil ochocientas el número de Sagradas Comuniones en días laborables. Predicaba ochenta retiros cerrados al año y tenía la alegría de ver a más del 98 por ciento de su pueblo cumplir con sus deberes religiosos. Nuestro Señor no dijo que seríamos pescadores para los hombres, sino pescadores de hombres. El éxito proviene de nuestra unión con Él.

Pedro y Judas

Todo mal sacerdote está cerca de ser un buen sacerdote; todo buen sacerdote está en peligro de convertirse en un mal sacerdote. La línea entre la santidad y el pecado es muy fina. Es fácil cruzarla, y quien la cruza puede rápidamente adquirir impulso en cualquiera de las dos direcciones. Santo Tomás de Aquino afirmó que todo aumenta su movimiento a medida que se acerca a su lugar o morada propia. Los santos crecen rápidamente en caridad; los hombres malvados se corrompen con rapidez. Podemos constatar la verdad de este punto si comparamos a Pedro y Judas. Durante mucho tiempo parecía haber poca diferencia entre ellos, y luego, de repente, toda la diferencia entre ser un santo y un diablo.

Ambos fueron llamados a ser sacerdotes, pero eso fue solo el primero de los muchos puntos de similitud entre ellos. Nuestro Señor los llamó a ambos diablos. Él llamó a Pedro «Satanás» (Mateo 16:23; Marcos 8:33) por tentar al Sacerdote a no ser Víctima en la Cruz. A Judas lo llamó «diablo» un día en Cafarnaún (Juan 6:71), refiriéndose a la futura traición, cuando «Satanás entró en él» (Juan 13:27) en la Última Cena.

Nuestro Señor advirtió tanto a Pedro como a Judas que caerían. Pedro rechazó la advertencia. Aunque otros podrían negar al Maestro, él afirmó con arrogancia que nunca lo haría. Judas fue advertido de manera similar.

El hombre que ha puesto su mano en el plato conmigo me traicionará.

(Mateo 26:23)

Poniendo esto en términos que nos sean significativos, significa que Judas aceptaría un «brindis» de Nuestro Señor y aun así «levantará su talón contra Él». Judas también conocía suficiente Escritura para entender que su acto de traición estaba siendo comparado con la traición de David por Ajitofel (2 Reyes 15:31 [2 Samuel 15:31, RSV]).

Tanto Pedro como Judas llevaron a cabo las traiciones que Cristo había predicho. Pedro cayó cuando fue reprendido por una criada durante la noche del juicio de Cristo. Judas cometió la nefasta acción en el Jardín al entregar a Nuestro Señor a los soldados.

Nuestro Señor hizo un esfuerzo positivo para salvar a ambos de su propia debilidad. Él dirigió una mirada a Pedro.

El Señor se volvió y miró a Pedro.

(Lucas 22:61)

Se dirigió a Judas como «amigo» y aceptó su beso.

¿Traicionarás al Hijo del Hombre con un beso?

(Lucas 22:48)

El Señor sólo miró a Pedro, pero habló a Judas. Ojos para Pedro, labios para Judas. No hay nada que Jesús no haga para salvar a Sus sacerdotes.

Tanto Pedro como Judas se arrepintieron, aunque en un sentido crucialmente diferente.

Y Pedro salió y lloró amargamente.

(Lucas 22:62)

Y ahora Judas, su traidor, estaba lleno de remordimiento al verlo condenado, por lo que devolvió a los sumos sacerdotes y ancianos sus treinta piezas de plata; He pecado, les dijo, al traicionar la Sangre de un hombre inocente.

(Mateo 27:3,4)

¿Por qué uno está al principio de la lista y el otro al final? Porque Pedro se arrepintió ante el Señor y Judas ante sí mismo. La diferencia era tan vasta como la que existe entre la referencia Divina y la autorreferencia; como la diferencia entre la Cruz y el diván psicoanalítico. Judas reconoció que había traicionado la «Sangre inocente», pero nunca quiso ser limpiado en ella. Pedro sabía que había pecado y buscó la Redención. Judas sabía que había cometido un error y buscó la liberación, el primero de la larga fila de escapistas de la Cruz. El perdón Divino presupone pero nunca destruye la libertad humana. Uno se pregunta si Judas, mientras estaba bajo el árbol que le traería la Muerte, alguna vez miró al otro lado del valle hacia el Árbol que le habría dado la Vida. Sobre esta diferencia entre arrepentirse ante el Señor y arrepentirse ante uno mismo, como hicieron Pedro y Judas respectivamente, Pablo comentaría más tarde con estas palabras:

> *El remordimiento sobrenatural conduce a un cambio permanente y saludable del corazón, mientras que el remordimiento del mundo conduce a la muerte.*
>
> (2 Corintios 7:10)

Ambos vivían en el mismo ambiente religioso, escucharon las mismas palabras de la Palabra, fueron impulsados por los mismos vientos de gracia, y sin embargo la reacción interna de cada uno marcó la diferencia:

> *Un hombre tomado, otro dejado, mientras trabajan juntos en los campos; Una mujer tomada, otra dejada, mientras muelen juntas en el molino.*
>
> (Mateo 24:40,41)

Judas era del tipo que decía: «Qué tonto soy»; Pedro, «Oh, qué pecador soy.» Es una paradoja que comencemos a ser buenos sólo cuando sabemos que somos malos. Judas tenía un disgusto hacia sí mismo que es una forma de orgullo; Pedro no tuvo una experiencia lamentable, sino una *metanoia*, un cambio de corazón. La conversión de la mente no es necesariamente la conversión de la voluntad. Judas acudió al confesionario de su propio patrón; Pedro, al Señor. Judas se afligió por las consecuencias de su pecado, como una joven soltera podría entristecerse por su embarazo. Pedro se arrepintió del pecado mismo porque hirió al Amor. La culpa sin esperanza en Cristo es desesperación y suicidio. La culpa con esperanza en Cristo es Misericordia y alegría. Judas devolvió el dinero a los sacerdotes del Templo. Así es siempre. Cuando renunciamos a Nuestro Señor por cualquier cosa terrenal, tarde o temprano nos disgusta; ya no lo deseamos. Habiendo amado lo mejor, no podemos contentarnos con menos. La Divinidad siempre es traicionada de manera desproporcionada a su verdadero valor. Y la tragedia es que pudo haber sido San Judas.

Pedro y Judas ilustran cómo dos llamados al sacerdocio, a través de la misma experiencia espiritual de apartarse del Señor, pueden terminar de manera totalmente diferente debido a la respuesta o al abandono de la gracia cuando las circunstancias son adversas. A veces, una reconciliación es más dulce que una amistad inquebrantable. Pedro siempre estuvo agradecido por su gracia. Brillaba en sus Epístolas. Cada carta que un hombre escribe es característica de él. Las Epístolas de Pablo a Timoteo son notas de exhortación a la santidad en su sacerdocio. Las Epístolas de Juan son un llamado a la fraternidad. La Epístola de Santiago es una súplica por una religión práctica. ¿Cuál fue la nota dominante de las Epístolas de Pedro? Era el valor del perdón que había recibido, recordándonos que nuestra redención fue comprada y pagada no *"con moneda terrenal, plata o oro; sino que fue pagada con la preciosa Sangre de Cristo; ningún Cordero fue jamás tan puro, tan inmaculada Víctima"*.

(1 Pedro 1:18-19)

Causas de la Caída y Resurrección del Sacerdote

Durante un retiro, y a menudo en las horas tranquilas de meditación, un sacerdote se siente descontento con su mediocridad y se pregunta cómo cayó en la indiferencia espiritual. Un estudio de la historia de Pedro muestra que la decadencia puede deberse a diversas causas.

1. Negligencia en la oración

Primero en tiempo e importancia, en la caída de Pedro y en la caída de todo sacerdote, está sin duda la negligencia en la oración. Al entrar en Getsemaní, Nuestro Señor dijo: «Orad para que no entréis en tentación» (Lucas 22,40). Mientras Nuestro Señor Bendito experimentaba Su agonía en el jardín, Él, que no tenía pecado, comenzó a sentir la pena del pecado como si fuera propia. Vio la traición de futuros Judas, los pecados de herejía que desgarrarían Su Cuerpo Místico, el ateísmo militante de los Comunistas, quienes, aunque no pudieran expulsarlo del Cielo, expulsarían a Sus embajadores de la tierra. Vio los votos matrimoniales rotos, calumnias, adulterios, apostasías, todos los crímenes que le fueron impuestos como si Él mismo los hubiera cometido. Mientras todas estas cosas le arrancaban la Sangre de Su Cuerpo, los Apóstoles dormían en el Jardín. Los hombres no duermen cuando están preocupados, pero estos dormían.

Toda alma puede comprender, al menos vagamente, la naturaleza de la lucha que tuvo lugar en la noche iluminada por la luna en el Jardín de Getsemaní. Todo corazón sabe algo al respecto. Nadie ha llegado a los veinte años — y mucho menos a los cuarenta, cincuenta, sesenta o setenta de vida — sin reflexionar sobre sí mismo y el mundo que le rodea, y sin conocer la tensión que el pecado causa en el alma. Las faltas y locuras no se borran del registro de la memoria; los somníferos no las silencian; los psicoanalistas no pueden explicarlas ni eliminarlas. Mientras el sol de la juventud brilla intensamente, puede cegar momentáneamente el ojo de modo que el contorno del pecado sea oscuro. Pero entonces llega un tiempo de claridad — una cama de enfermo, una noche sin sueño, el mar abierto, un momento de quietud, la inocencia en el rostro de un niño — cuando nuestros pecados, como espectros o fantasmas, imprimen sus implacables caracteres de fuego sobre nuestra conciencia. Su plena seriedad puede que no se haya percibido en el momento de la Pasión, pero la Conciencia aguarda su tiempo. En algún momento y lugar, dará su testimonio severo e intransigente. Impondrá un temor sobre el alma, un temor diseñado para hacerla volver a Dios. Tal alma experimenta agonías y tormentos indescriptibles, aunque son solo una gota del océano entero de la culpa de la humanidad que abrumó al Salvador como si fueran propias en el Jardín.

Mientras los Apóstoles dormían, los enemigos conspiraban.

Entonces Él volvió y los encontró dormidos; y le dijo a Pedro: Simón, ¿duermes? ¿No tuviste fuerza para velar siquiera una Hora?

(Marcos 14:37)

El Sacerdote como Simón y Pedro

Nuestro Señor se dirigió a aquel a quien llamó Roca, pero no le habló como Pedro. Le habló en su carácter humano, en la debilidad de su carne. "Simón," dijo. Simón estaba profundamente dormido, y ese fue el primer paso en la caída de Pedro. Ni veló ni oró. Pero no fue esa noche cuando Pedro perdió la batalla. Su derrota había sido preparada en semanas anteriores. Lo que se piensa hoy se hace mañana. Lo que somos a los veinte años es probable que seamos a los cuarenta. La única diferencia es que las características reales se han hecho más evidentes. La laxitud espiritual prepara el camino para el desastre.

Nuestro Señor Bendito eligió sus palabras para subrayar a Pedro y a la Iglesia el doble carácter del sacerdote: el espíritu del sacerdote es de Cristo, la carne del hombre.

El espíritu está dispuesto, pero la carne es débil.
(Mateo 26:41)

Pedro y los demás sacerdotes fueron colocados en el mundo y formados para resistir las fuerzas del mal. Si estuvieran protegidos del mal, no necesitarían estar vigilantes. Las facultades que se emplean plena y frecuentemente adquieren la destreza de los dedos del pianista. Esta es una ley de la naturaleza. Se aplica igualmente en el mundo espiritual. La vigilancia contra las fuerzas del mal disciplina el espíritu para resistir. Si la salvación se completara con un solo acto, no habría necesidad de oración constante. Pero el peligro dura tanto como la vida, y los Apóstoles y sus sucesores encuentran la fuerza para mantenerse cerca de Él. Uno se pregunta si Pedro no recordó las palabras exactas que Cristo había usado cuando, años después, escribió:

... vive sabiamente y mantén tus sentidos despiertos para recibir las horas de oración.
(1 Pedro 4:7)

San Pablo insistió de manera similar en que la vigilancia era condición para conservar el Espíritu de Cristo frente a las incursiones de la carne:

... aprended a vivir y moveros en el Espíritu; entonces no hay peligro de que cedáis a los impulsos de la naturaleza corrupta. Los impulsos de la naturaleza y los impulsos del Espíritu están en guerra entre sí; ninguno es limpio contrario al otro, y por eso no podéis hacer todo lo que vuestra voluntad aprueba... los que pertenecen a Cristo han crucificado la naturaleza, con todas sus pasiones y todos sus impulsos.

(Gálatas 5:16-24)

La vida de un sacerdote, que transcurre en gran parte en público, debe ser fortalecida interiormente con oración y vigilancia:

Sin Mí no podéis hacer nada.

(Juan 17,19)

El constante darse a sí mismo necesita ser renovado desde lo alto. Como canal por el que las aguas de la Vida pasan al pueblo, el sacerdote debe dedicar un cuidado y oración incesantes para mantenerse limpio y santo. Para recordar a Santa Teresa de Ávila: quien omite la oración no necesita al diablo para arrojarlo al infierno; él mismo se arroja a él. Pedro durmió cuando fue llamado a orar. Ese es el primer paso en la caída de un sacerdote.

2. Sustitución de la Acción por la Oración

A continuación, en el declive espiritual de un sacerdote, viene la sustitución del trabajo por la oración. Ahora está demasiado ocupado para orar; no tiene tiempo para la meditación. Se vuelve tan activo que ama lo extraordinario. Se sumerge en visitas interminables, reuniones y conferencias. Demasiado ocupado para estar de rodillas, no está demasiado ocupado para blandir espadas, para arremeter contra funcionarios públicos y la mala política. Él hace exactamente lo que Pedro hizo en el Jardín, cuando Judas y los soldados vinieron a arrestar a Nuestro Señor Bendito (Juan 18:10-11):

Entonces Simón Pedro, que tenía una espada, la sacó y golpeó al siervo del Sumo Sacerdote, cortándole la oreja derecha; Malco era el nombre del siervo. Entonces Jesús dijo a Pedro:

Mete tu espada en la vaina. ¿No he de beber yo la copa que el Padre me ha dado?

Como espadachín, Pedro era un excelente pescador. Lo mejor que pudo hacer, en su uso desenfrenado de medios seculares, fue cortar la oreja derecha del siervo del Sumo Sacerdote. Todavía había mucha naturaleza de Simón en Pedro. Presumiblemente intentó matar a Malco, pero el Poder Divino se lo impidió. El último milagro registrado de Nuestro Señor Bendito antes de Su Resurrección fue la curación de esa oreja (Lucas 22:51). Es posible que la curación de la herida fuera la razón por la cual Pedro no fue arrestado.

La acción de Pedro aquella noche simboliza a todos los sacerdotes que evitan las obligaciones de su sacerdocio permaneciendo ocupados. Algunos se pierden en una pasión por los edificios, otros en la organización, y otros en una interminable sucesión de banquetes, discursos, reuniones de comités y campañas de recaudación de fondos. Esas son las espadas que sustituyen a la oración. La administración, las largas horas en oficinas, las presentaciones teatrales, las veladas sociales, las fiestas parroquiales — son signos de prosperidad que pueden matar al Espíritu.

En tiempos de prosperidad, la Iglesia administra; pero en tiempos de adversidad, la Iglesia pastorea. Una iglesia de 2 millones de dólares no es señal de una fe de 2 millones, ni una sacristía pobre es signo de un sacerdocio pobre. A menudo no es el celo por Cristo lo que empuña la espada de la acción, sino un alma vacía y solitaria. El aburrimiento puede engendrar una actividad incesante y sin reflexión.

Aristóteles dice que un vicio es el enemigo de la espiritualidad: el vicio de hacer demasiado. Cuando el espíritu de Cristo se ausenta, el espíritu de la carne produce al "sacerdote práctico", al "sacerdote de la acción." Entonces es *labora,* pero no *ora.*

Pío XI hizo un comentario sumamente apropiado sobre este espíritu.

Debe llamarse la atención sobre el gran peligro al que se expone el sacerdote cuando, llevado por un falso celo, descuida su propia santificación personal para entregarse sin reservas a las obras externas de su ministerio, por admirables que sean. ... Esto le hará correr el riesgo de perder, si no la gracia Divina misma, al menos la inspiración y la unción del Espíritu Santo que confiere tan maravilloso poder y eficacia a las obras externas del apostolado.

Pío XII recalcó el peligro de blandir la espada en lugar de la oración:

No podemos dejar de expresar nuestra preocupación y ansiedad hacia aquellos que, con demasiada frecuencia, están tan atrapados en un torbellino de actividad externa que descuidan el deber primordial del sacerdote: la santificación de sí mismo. Aquellos que afirman temerariamente que la salvación puede ser traída a los hombres por lo que se denomina correcta y propiamente la "herejía de la acción," deben ser llamados a un juicio más acertado.

3. *Renunciar a la mortificación: la tibieza*

Después de que el sacerdote abandona la meditación y llena su día con "activismo," el siguiente paso descendente es renunciar a la mortificación y volverse tibio.

... Pedro le siguió a distancia.

(Mateo 26:58)

En la Última Cena, Pedro había prometido todo; rápidamente comienza a renunciar a todo. Cuando Nuestro Señor Bendito puso su rostro hacia Jerusalén, Pedro y los demás "le siguieron con corazones débiles" (Marcos 10:32), temiendo la perspectiva de la Cruz. Pedro sintió, ciertamente, el tirón de la Pasión de Cristo, pero una renuencia a involucrarse irrevocablemente le hizo quedarse muy atrás. Como escribió un comentarista del siglo IX: "Pedro no podría haber negado al Salvador si se hubiera quedado a su lado." Él se habría quedado a su lado si no hubiera desenfundado su espada sin órdenes y, sobre todo, si hubiera sabido velar y orar con el Salvador. Todo sacerdote pasa por la misma experiencia. La negligencia en la vigilancia, la oración y la mortificación produce una inquietud interior por estar demasiado cerca del Señor.

Cuando esto sucede, el corazón del sacerdote ya no está en su ministerio. Él celebra la Misa y reza su oficio, pero rara vez visita el Santísimo Sacramento. Mantiene al Señor a distancia. Sube al púlpito para suplicar por las misiones, pero no da nada de su propio bolsillo. Ya no asiste a una Misa después de terminar la suya. Pierde el gusto por las cosas espirituales. Los sacerdotes santos le molestan. Observa los días de ayuno y abstinencia, pero recorta muchas esquinas. Susurra a su conciencia: «Bueno, si no he hecho todo el bien que podría, al menos no he hecho daño.»

En lugar de contemplar el mal del que ha sido culpable, se gloría en los pecados que evita; se compara no con los que son mejores, sino con los que son peores. Él abandona la lectura espiritual, sustituyendo el Libro del Mes por el Libro de la Revelación. Sus sermones están sin preparar. Son, en su mayoría, críticos y quejosos. Todo lo que logra es proyectar su propia mediocridad hacia los demás. Su alma está vacía. A lo sumo, es confusamente consciente de que una distancia cada vez mayor lo separa de Nuestro Señor. Por la noche, cuando despierta, las palabras del Maestro resuenan en sus oídos:

Si alguno quiere venir en pos de Mí, niéguese a sí mismo, tome su cruz y sígame.

(Mateo 16:24)

Aunque Pedro sigue al Señor, en realidad camina hacia un abismo en el que caerá. Quien no avanza en la perfección, cae en la imperfección. Un jardín sin cuidar se llena de malas hierbas. Las cosas no permanecen iguales por el simple hecho de dejarlas solas. Las vallas blancas no permanecen blancas; gradualmente se vuelven grises, luego negras. No hay llanuras en la vida espiritual. Subimos la cuesta o bajamos. En el momento en que dejamos de remar contra la corriente, ésta nos arrastra río abajo.

Lo que Dios dijo a través de Isaías de Su pueblo, también puede decirlo de los sacerdotes que le siguen:

Este amigo, a quien amo mucho, tenía una viña en un rincón de su terreno, toda llena de frutos. La cercó, la limpió de piedras y plantó allí una vid escogida; construyó también una torre en medio, y puso en ella un lagar, y en lugar de uvas produjo uvas silvestres.... Os llamo a que juzguéis entre mi viña y Yo. ¿Qué más podía haber hecho por ella? ¿Qué decís de las uvas silvestres que produjo en lugar de las uvas que esperaba? Dejadme deciros, pues, lo que pienso hacer con esta mi viña. Voy a quitarle la cerca para que sea saqueada, a derribar su muro para que sea pisoteada. Quiero convertirlo en un páramo; sin más podas ni cavados; solo crecerán zarzas y espinas, y prohibiré a las nubes que lo rieguen.

(Isaías 5:1-7)

La parábola representa a aquellos que se han consagrado al servicio de Dios. Están cercados con gracias sacerdotales, pero terminan ni calientes ni fríos, de modo que Dios los vomitaría de Su boca (Revelación 3:16). Dios quita el talento al siervo perezoso y se lo da al diligente (Mateo 25:29).

4. *Satisfacción de las necesidades, emociones y comodidades de la criatura*

Pedro primero abandonó la oración, luego la acción y después la mortificación. Cuando llega el momento de la crisis, se está acomodando junto al fuego, primero de pie y luego sentado.

Pedro siguió a distancia, hasta el palacio del Sumo Sacerdote, y allí se sentó con los siervos junto al fuego para calentarse.

(Marcos 14:54)

¡Qué biografía espiritual! Pedro fue el último hombre que debería haber seguido al Señor a distancia. Su antigüedad y su posición de liderazgo conllevaban responsabilidades adicionales. Pero cuando un hombre tiene poca satisfacción espiritual interior, cuando la marea de su devoción ha menguado, debe encontrar alguna compensación para su soledad interior. Para Pedro, esto se manifestó en calentarse junto a un fuego y conversar con las criadas. Para compensar la pobreza interior, se busca ser rico en el exterior. Sólo después de que Adán y Eva, por el pecado, perdieron el resplandor interior de la gracia, se hicieron conscientes de que estaban desnudos. Sintieron la necesidad de vestiduras para cubrir su nueva vergüenza; antes, sus cuerpos resplandecían con un manto de caridad tejido por los dedos de Dios. Es casi universalmente cierto que la ostentación exterior excesiva delata una pobreza interior y desnudez del alma.

Volviendo a Simón Pedro: era el momento de crisis, y allí estaba él acomodándose en una posición equívoca. La narrativa del Evangelio subraya los contrastes irónicos. San Juan (18,18) observa que hacía frío y que Pedro sintió la necesidad de calentarse junto al fuego. Pedro, al alejarse del Sol de Justicia, sintió frío. Su comportamiento fue el que caracteriza al sacerdote burgués: cómodo, mientras otros sufren; un estratega de sillón en las misiones, pero él mismo sin hacer nada por ellas. Pedro era ahora como el pastor que se sienta junto a su fuego el sábado mientras sus curas escuchan confesiones, instruyen a los conversos y realizan visitas a enfermos. El cálido resplandor del fuego en aquel patio era una «parroquia mucho mejor» para Simón que el jardín de Getsemaní.

Su amor por el lujo le proporcionó mala compañía. Los cálidos fuegos de la prosperidad han derribado a muchos que, a través de la necesidad y las tribulaciones, se habían mantenido erguidos en la gracia. El resultado es que, apartado del Señor, Simón encuentra una ocasión de pecado. Careciendo de tiempo para la meditación, sin embargo tiene tiempo para la conversación. Aunque Jesús estaba a distancia, una niña se encontraba cerca. Los labios de Pedro, que apenas habían probado el Banquete Eucarístico de la Vida, ya pronuncian una mentira. Hace poco, estaba dispuesto a morir con Cristo; ahora, sin Él, le falta el valor para resistir la curiosidad de una mujer. Entonces había afirmado:

Tú eres el Cristo, el Hijo de Dios, (Juan 6:70)

Ahora, manipulando su teología, protesta como un cobarde:

No sé nada del hombre.

(Mateo 26:72)

Si Pedro se hubiera quedado con Cristo, ningún interrogador podría haberle arrancado esa vergonzosa ambigüedad. La sutileza de Satanás se infiltra en las amistades de quienes carecen de espiritualidad, causando que hieran a sus amigos más profundamente que cualquier enemigo. Sentarse junto a las hogueras de los impíos puede confortar al cuerpo, pero destruye el principio de Cristo en el interior. Satanás no vino a Pedro *"rugiendo como un león"* (1 Pedro 5:8), sino como una niña frívola que se entrega a su curiosidad. Este fue el momento en que se demostró la conexión automática entre la vigilancia y la oración en la vida de Pedro, como sucede en algún momento inesperado en toda vida. El hombre que no vela no puede esperar respuesta a la oración. Ciertamente, Dios tiene el poder de salvar a quien está cayendo, para que no se le rompan los huesos; pero pedir seguridad sin velar es *"poner a prueba al Señor tu Dios"* (Mateo 4:7). No puede presumirse la protección especial de Dios para Sus amigos cuando nos hemos vuelto indiferentes a Su amistad. Jonás se resistió a la palabra de Dios cuando le dijeron que fuera a Nínive y predicara penitencia; en cambio, puso su corazón en Tarsis y encontró un barco dispuesto a llevarlo lejos de su misión (Jonás 1:3). Una vez que el espíritu de un sacerdote se enfría, los enemigos de Cristo, el mundo, la carne y el diablo encuentran rápidamente la manera de proporcionar el "fuego", el consuelo y la compañía.

Para todo sacerdote hay una lección en la observación del Evangelio de que el sacerdote que sigue a Nuestro Señor a distancia lo llama «un hombre». Es como si dijera: «Nunca estuve hecho para ese tipo de vida; Nunca tuve vocación». De igual modo se enfada cuando alguien le dice que no es cristiforme. En él, como en Pedro, la tendencia a volver a la antigua naturaleza de Adán es fuerte. La mente evoca a Simón en sus primeros días como pescador. Casi se pueden oír las maldiciones pintorescas cada vez que sus redes se enredaban. Mientras vivía en la íntima compañía de Nuestro Señor

Bendito, tales palabras ni siquiera se le ocurrían; sin embargo, en pocas horas tiene una recaída. Las maldiciones brotan de él, y esto ante una joven. Otros tienen mejor comprensión de lo que el sacerdote debe hacer que él mismo. La criada podría decirle a Pedro que debía estar con el galileo. Incluso aquellos cuyo oficio es (como el de Marta) ocuparse de cosas profanas, a menudo se escandalizan ante la falta del sacerdote para reconocer que su oficio es estar con Cristo.

El llamado a ser embajador de Dios no es garantía contra la debilidad. Moisés se volvió arrogante cuando Dios lo eligió para guiar a Su pueblo, y golpeó la roca para sacar agua de ella (Números 20:7-12). David, el más tierno de todos los corazones, es traicionado hasta cometer asesinato (2 Reyes 11:14-27 [2 Samuel 11:14-27, RSV]). Salomón, el más sabio de todos los intelectos, se rebaja a la necedad de la idolatría (3 Reyes 11:4 [1 Reyes 11:4, RSV]). Finalmente, cuando Pedro completó la triple negación, incluso la naturaleza protestó. Lo primero que Nuestro Señor hizo fue despertar la memoria de Pedro, y lo hizo con el canto del gallo. En aquella hora oscura, cuando Pedro incluso había olvidado declarar la Divinidad de su Maestro, había olvidado su lealtad y su deuda con Aquel que lo llamó a ser la Roca, uno podría haber esperado un rayo, un trueno, para proclamar la enormidad de la falta. Cristo se conformó con un sonido que Pedro había escuchado mil veces. Un sonido familiar, pero con un nuevo significado, porque era el cumplimiento de la advertencia del Maestro.

La naturaleza está del lado de Dios, no del nuestro. Tiene en fe hacia Él... inconstancia hacia mí, traicionera fidelidad y... leal engaño... (Francis Thompson, *The Hound of Heaven*)

La caída del sacerdote se completa con estos pasos: negligencia en la oración, alejamiento del Señor Eucarístico, dedicación a una existencia cómoda, descuido respecto a las ocasiones de pecado; y finalmente, la sustitución de una criatura por Cristo.

~ 11 ~

El retorno al Favor Divino

Por horrible que sea esta condición, no es necesariamente definitiva. Cuando Nuestro Señor Bendito fue llevado fuera del tribunal, con el rostro cubierto de saliva, Él "se volvió y miró a Pedro" (Lucas 22:61). El Maestro está atado, es insultado, es abandonado, es rechazado. Sin embargo, Él no se rinde. Se vuelve y mira a Pedro. Con una compasión sin límites, Su mirada busca a aquel que acababa de fallarle. No pronunció palabra alguna. ¡Él solo miró! Pero para Pedro, ¡qué refresco de memoria, qué despertar del amor! Pedro podría negar al "hombre", pero Dios seguiría amando al hombre, ¡a Pedro! El mero hecho de que el Señor tuviera que volverse para mirar a Pedro significaba que Pedro le había dado la espalda al Señor. El ciervo herido buscaba la espesura para sangrar en soledad, pero el Señor vino al corazón herido de Pedro para extraer la flecha.

Y Pedro salió y lloró amargamente.

(Lucas 22:62)

Pedro se llenó de arrepentimiento, como Judas en pocas horas se llenaría de remordimiento. El dolor de Pedro fue causado por el pensamiento del pecado mismo o por la herida a la Persona de Dios. El arrepentimiento no se ocupa de las consecuencias. Esto es lo que lo distingue del remordimiento, que se inspira principalmente en el miedo a las consecuencias desagradables. La misma misericordia extendida a quien le negó sería extendida a quienes le clavarían en la Cruz, y al ladrón penitente que pediría perdón. Pedro no negó realmente que Cristo fuera el Hijo de Dios. Negó que conociera "al hombre", que fuera uno de Sus discípulos. No abjuró de su fe. Pero pecó. Falló al Maestro. Y, sin embargo, el Hijo de Dios eligió a

Pedro, que conocía el pecado, en lugar del amado Juan como la Roca sobre la cual edificar Su Iglesia, para que los pecadores y los débiles nunca tuvieran excusa para la desesperación.

El Amor de Cristo por Sus Sacerdotes

Y el Señor se volvió y miró a Pedro....
(Lucas 22:61)

El incidente probablemente ocurrió cuando Nuestro Señor Bendito, tras ser interrogado por Caifás, era conducido ante el Sanedrín. Nuestro Señor Divino pudo incluso haber escuchado a Pedro alzar su conocida voz, haber oído los juramentos y maldiciones que aseguraban a los presentes que no conocía a Jesús de Nazaret. Nuestro Señor no dijo: «Ya te lo dije.» No pronunció palabras ardientes de condena. Solo una mirada, una sola mirada de amor herido. ¡Tal es la Misericordia de Nuestro Señor cuando somos infieles y desleales a Él! ¡Él busca ganarnos de nuevo mediante privilegios añadidos y Misericordia multiplicada! No sólo los febriles, los paralíticos y los leprosos conocen la tierna compasión en los ojos del Hijo Encarnado; son, sobre todo, los sacerdotes y los pecadores. No es sólo la mirada de Cristo la que provoca el arrepentimiento; es también nuestra respuesta. El sol que brilla tan cálidamente ablanda la cera y endurece el barro. La Misericordia Divina que llama a los caídos los endurece hacia el infierno o los ablanda hacia el cielo.

En la sinagoga de Cafarnaún, Nuestro Señor Bendito lanzó ojos llameantes de ira a sus enemigos desconcertados mientras obraba un milagro. Con Su conocimiento Divino sabía que no estaban dispuestos a creer, que no se convencerían aunque Él resucitara mil veces de entre los muertos. Pero la actitud de Pedro era diferente. Una mirada de reproche doloroso trajo tristeza a su alma. El hombre rico que se acercó a Nuestro Señor aún no estaba preparado para recorrer todo el camino, aunque era un buscador sincero de Dios. El Evangelio nos dice:

El retorno al Favor Divino

Entonces Jesús fijó en él sus ojos y concibió un amor por él.

(Marcos 10:21)

El centurión reconoció la Majestad Divina en la Cruz y dijo:

Sin duda, este era el Hijo de Dios.

(Marcos 15:39)

Es la misma Divinidad que fue recordada a Pedro cuando Jesús se volvió y lo miró. Juan, que tuvo el privilegio de contemplar tan a menudo ese querido Rostro, fue perseguido por Él en la isla de Patmos después del transcurso de medio siglo. Habló de cómo toda la tierra se marchitaría cuando Cristo viniera en juicio:

Y vi un gran trono blanco, y Uno sentado en él, ante cuya mirada la tierra y el cielo desaparecieron y no se hallaron más.
(Revelación 20:11)

Ese Rostro, también, sería la recompensa de todos los que le amaran y volvieran a Él como Pedro lo hizo:

... El trono de Dios (que es el trono del Cordero) estará allí, con sus siervos para adorarlo y para contemplar su Rostro....
(Revelación 22:3,4)

Como Pedro, todo sacerdote en algún momento se descompasa con Cristo, sigue detrás, comulga con compañía mundana y fuegos seculares. Cristo, sin embargo, lo trata como trató a Pedro. Constantemente se vuelve para mirarlo. No fue Pedro quien pensó en volverse, sino el Señor. Pedro, porque era culpable, preferiría haber mirado a cualquier otro lado, pero el Señor lo miró a él. Este es el punto esencial que todo seguidor de Cristo debe tener en cuenta cuando peca — *el Señor se vuelve primero.*

Ningún hombre comprende plenamente el mal hasta que lo ve a la luz del Rostro de Cristo. Puede sentirse mortificado por el necio que se hizo a sí mismo, pero solo se entristecerá cuando contemple al Amado crucificado. El hombre que dice, «Soy tan estúpido» en lugar de «Señor, ten misericordia de mí, pecador» aún está lejos del renacimiento.

¡Qué lección de ternura revela la negativa de Nuestro Señor a reprender a Pedro! En un momento así, cuando uno está al borde del abismo, un suspiro o una mirada lo cambia todo. Es el inicio del retorno a Dios en lugar de precipitarse en el abismo del mal. Como escribió Christina G. Rossetti:

Oh Jesús, tan lejos apartado
Sólo mi corazón puede seguirte,
Esa mirada que traspasó el corazón de San Pedro
Vuelve ahora hacia mí.

Tú que me escudriñas por completo
Y marcas los caminos torcidos que tomé,
Mírame, Señor, y hazme también
Tu penitente.

Una sola mirada a la Divinidad nos convence del pecado. Pedro, el negador, bajo la mirada del Hijo de Dios, se convirtió de inmediato en Pedro, el penitente. Esa única mirada en la que la Divinidad escudriña el alma es el comienzo de la responsabilidad personal ante Dios. No pecamos contra abstracciones ni sólo contra los Mandamientos; Como personas, pecamos contra una Persona. La gravedad del pecado no se agota en la transgresión de un Mandamiento; abarca la re-crucifixión de Cristo. Por eso, el dolor supremo está relacionado con el Crucifijo, donde cada uno de nosotros puede leer su autobiografía. Vemos nuestro orgullo en la Corona de Espinas; nuestra lujuria y carnalidad en los clavos; nuestro olvido de Dios en los Pies traspasados, y nuestro robo en las Manos desgarradas. La penitencia es sostenernos en la infinita Luz de Dios y dejar que Él disipe nuestra oscuridad.

La diferencia entre el pecador y el santo es que uno persiste en el pecado, mientras que el otro llora amargamente. La palabra griega traducida como «llanto» en el Evangelio implica un dolor largo y continuado. Quienes no encuentran tiempo para llorar sus pecados, tampoco tienen tiempo para enmendarse. El hombre dominado por el remordimiento a menudo recurre a la bebida para adormecer su conciencia. A menudo no es el amor al licor, sino el odio a otra cosa, lo que convierte a alguien en un borracho. El remordimiento de Judas no condujo a golpearse el pecho en un Mea Culpa, sino a quitar una vida. Él no tenía corazón para orar. Tampoco buscó el rostro de Dios para suplicar Misericordia. Pero Pedro se entristeció. Él fue humillado, no endurecido.

Una vez que las lágrimas lavan los ojos, la visión espiritual se vuelve más clara; por eso las lágrimas a menudo se asocian con la verdadera comprensión del pecado. Las lágrimas en los ojos de Pedro fueron un arco iris de esperanza después de una tormenta negra. En ellas brillaba todo el espectro del radiante perdón de la mirada de Cristo. El recuerdo de Pedro de esa mirada que restauraba la vida seguramente aún estaba en su mente cuando escribió en su primera Epístola:

> *Habíais sido como ovejas descarriadas; ahora, habéis sido traídos de nuevo a Él, vuestro Pastor, que vela por vuestras almas.*
>
> (1 Pedro 2:25)

Cristo aún nos mira a nosotros, sacerdotes, con ojos tristes pero llenos de esperanza. Él nos exhorta a cada uno de nosotros, cuando Simón domina, a resucitar nuestra vocación de Pedro. Ningún sacerdote llega jamás a un punto en que «todo está perdido». David clamó en su miseria y fue escuchado. Pedro, ahogándose tras un acto de imprudencia, fue salvado. Cuando Tomás dudó, se le ofreció un Corazón traspasado para restaurar su fe. El Hijo Pródigo se levantó de entre los cerdos y las cáscaras para acudir a un banquete en la casa del Padre.

¡Si los sacerdotes comprendieran que el Amor Infinito necesita comunicarse a Sí mismo! Un día, un alma santa postrada ante Jesús en el Tabernáculo preguntó: «¿Cómo deseas que Te llame?» Y Él respondió: «Misericordia.» *Si nunca hubiéramos pecado, nunca podríamos llamar a Jesús nuestro Salvador.*

Un religioso a quien el Sagrado Corazón concedió revelaciones especiales declaró que Él pronunció estas palabras: «Y ahora, por último, Me dirijo a Mis propios consagrados, para que Me den a conocer a los pecadores y al mundo.» "Muchos aún no son capaces de comprender cuáles son Mis verdaderos sentimientos. Me tratan como a Alguien de Quien viven separados, a quien conocen sólo ligeramente y en Quien tienen poca confianza. Que reaviven su fe y su amor confiados en Mi intimidad y amor."

Todos nuestros Poderes Sacerdotales sobre las Almas dependen de nuestro Amor a nuestro Señor.

La siguiente lección que Nuestro Señor enseñó a Pedro fue que el amor debe constituir la base del oficio pastoral. Era la semana después de la Resurrección, y los Apóstoles estaban reunidos junto al Mar de Tiberíades. Simón Pedro, el líder establecido y aceptado, dijo a Tomás, Natanael, Santiago, Juan y otros dos discípulos:

Voy a salir a pescar.

(Juan 21:3)

La palabra que Pedro usó implicaba una acción progresiva o habitualmente repetida. ¿Les estaba diciendo Pedro que iba a dedicarse permanentemente a su negocio de pesca? Parece difícil de imaginar, y sin embargo está implícito en el tiempo verbal. Además, el carácter de Pedro, a pesar de todos sus aspectos positivos, era vacilante e impetuoso. Él fue quien le había dicho a Nuestro Señor que no lo negaría, solo para insistir en que no conocía al hombre. Dejad vuestras barcas atrás, les dijo el Señor a Pedro y a los demás; de ahora en adelante seréis pescadores de hombres (Lucas 5,10). Y aquí están de nuevo en su antiguo oficio.

El retorno al Favor Divino

En el mar de Tiberíades, la noche era el mejor momento para pescar. Aquella noche, sin embargo, no capturaron nada. El trabajo realizado por impulso de nuestra propia voluntad es vano. Entonces amaneció y la luz de la mañana reveló al Salvador resucitado de pie junto al mar. No, respondieron a su pregunta, no habían capturado nada. Echad la red al lado derecho, les indicó; y siguió la captura de una multitud de peces. Tanto Pedro como Juan reaccionaron de manera característica.

Así como Juan fue el primero en llegar al sepulcro vacío en la mañana de Pascua, así Pedro fue el primero en entrar en él. Así como Juan fue el primero en creer que Cristo había resucitado, así Pedro fue el primero en saludar al Cristo resucitado; Así como Juan fue el primero en ver al Señor desde la barca, así Pedro fue el primero en precipitarse hacia el Señor, sumergiéndose en el mar con entusiasmo.

Desnudo como estaba en la barca, se ciñó un abrigo, olvidó el confort personal, abandonó la compañía humana y nadó con fervor los cien metros hasta el Maestro. Juan tenía mayor discernimiento espiritual, Pedro una acción más pronta. Fue Juan quien se recostó en el pecho del Maestro la noche de la Última Cena; Él también estuvo más cerca de la Cruz, y a su cuidado el Salvador encomendó a su Madre; Por eso ahora fue el primero en reconocer al Salvador resucitado en la orilla. Una vez antes, cuando Cristo había caminado sobre las olas hacia la barca, Pedro no pudo esperar a que el Maestro viniera a él, sino que le pidió que le mandara ir sobre el agua. Ahora nadó hacia la orilla después de ceñirse por reverencia a su Salvador.

Los otros seis permanecieron en la barca. Cuando llegaron a la orilla, vieron fuego, un pez puesto sobre él y algo de pan, que el compasivo Salvador había preparado para ellos. El Hijo de Dios estaba preparando una comida para sus pobres pescadores; debió recordarles el pan y los peces que Él había multiplicado cuando se proclamó a Sí mismo como el Pan de Vida. Tras arrastrar la red a la orilla y contar los ciento cincuenta y tres peces que habían capturado, estaban plenamente convencidos de que era el Señor. Tampoco les pasó desapercibido el significado simbólico. Habiéndolos llamado a ser pescadores de hombres, Él ofrecía una anticipación concreta del tamaño de la captura que finalmente sería atraída a la barca de Pedro.

Cristo había sido señalado por Juan el Bautista en la orilla del Jordán, al inicio de Su vida pública, como el "Cordero de Dios" (Juan 1:29); ahora que estaba a punto de dejar esta tierra, aplicó el mismo título a aquellos que creerían en Él. Quien se había llamado a Sí mismo el Buen Pastor, también nombró a otros para que fueran pastores. Acababan de terminar la comida que Él mismo les había preparado en la orilla del mar. Como antes Él había dado la Eucaristía después de la cena, y el poder de perdonar los pecados tras haber comido con ellos; así ahora, después de participar del pan y del pescado, se volvió hacia aquel que le había negado tres veces, y exigió una triple afirmación de amor. La confesión de amor debe preceder a la concesión de autoridad, porque la autoridad sin amor es tiranía: «Simón, hijo de Juan, ¿me amas más que estos?» (Juan 21,15).

Puede uno preguntarse si el fuego matutino que Nuestro Señor había encendido recordó a Pedro otro fuego de hace unos diez días, cuando negó al Maestro. Pedro había negado por un fuego; fue restaurado por un fuego. Tal es la escena de la conversación en la que Cristo encomienda a Pedro alimentar a los corderos y a las ovejas.

Autoridad inseparable del amor

La autoridad nunca debe estar sin amor. El amor de Nuestro Señor precede a todo servicio fructífero en Su Nombre. Tal es la lección que Cristo vuelve a inculcar al restituir a Pedro en el oficio apostólico del que había caído. Una vez más, Él se dirige a él como Simón, recordándole los momentos cruciales en que Cristo le dio un nuevo nombre y una nueva autoridad (Mateo 16:17), y cuando le advirtió de su caída inminente prometiendo la restauración a través de Su amor (Lucas 22:31). Aunque la autoridad en la Iglesia se basa en el amor, el amor a su vez es inseparable de la obediencia:

Si me amáis, guardad mis mandamientos.

(Juan 14:15)

El relato evangélico de la triple pregunta de Cristo a Pedro introduce un detalle curioso. El texto griego utiliza dos palabras diferentes, ambas traducidas al inglés como "love". La primera de estas palabras es *agapao*, un término que implica el conocimiento del valor precioso de quien es amado. Es la palabra que Juan utiliza para expresar el amor de Dios por el hombre caído, a quien amó tanto "que dio a su Hijo unigénito, para que todo aquel que en Él cree no se pierda" (3:16). La otra palabra griega es *phileo*, que indica la respuesta del espíritu humano a todo aquello que se presenta como placentero, un amor que implica algún tipo de amistad.

Amar y Gustar

Las dos primeras veces que Cristo le pide a Pedro que proclame su amor por Él, utiliza la palabra *agapao*, mientras que en la tercera y última pregunta aparece la palabra *phileo*. Pero en cada ocasión, Pedro en su respuesta emplea la misma palabra, la palabra *phileo*. En el Nuevo Testamento, es la palabra menos frecuente para describir el amor. *Agapao,* implyendo un sentido elevado y consciente de valor, aparece aproximadamente 320 veces; *phileo*, que indica un amor de amistad y atracción mutua, sólo 45 veces. Para recrear la escena en los términos y la forma de un dramaturgo, podría producir un resultado semejante a este:

> CRISTO: Simón, hijo de Juan, ¿me amas más que estos otros, con un amor divino, sacrificial, semejante a víctima y entregado completamente?
>
> PEDRO: Sabes, Señor, que te amo con un afecto profundo, humano, instintivo y personal, como a mi amigo más cercano.
>
> CRISTO: Simón, hijo de Juan, ¿me amas más que estos otros, con un amor divino, sacrificial, semejante a víctima y entregado completamente?

PEDRO: Ya te lo he dicho, Maestro. Sabes que te amo con un afecto profundo, humano, instintivo y personal, como a mi amigo más cercano.

CRISTO: Simón, hijo de Juan, ¿me amas con un afecto humano, instintivo, profundo y personal, como a un amigo muy cercano?

PEDRO: ¿Cuántas veces, Señor, debo repetir mi respuesta? Por tercera vez, Te amo con el afecto humano, instintivo, profundo y personal que se tiene por el amigo más cercano.

La respuesta de Pedro muestra que estaba herido. Estaba gravemente herido. Sin embargo, la razón no es tan simple como podría parecer en la superficie. No fue solo la pregunta repetida tres veces lo que le molestó. Fue más bien que el cambio de *agapao a phileo* indicaba una disminución de las exigencias de Nuestro Señor. Ya no estaba pidiendo el tipo de amor víctima por el que Él había pedido primero. Es como si Nuestro Señor pusiera Sus manos bajo ese amor pobre, débil y frágil de Pedro, tal como de hecho comienza con nuestro amor humano pobre y débil como inicio de un rico apostolado. El Señor pidió un amor de devoción, y todo lo que recibió fue un amor de emoción. Pero ni siquiera eso rechaza. No es suficiente, dice, pero es suficiente para comenzar.

Durante la vida pública, cuando Nuestro Señor Bendito le dijo a Pedro que él era la Roca sobre la cual Él edificaría Su Iglesia, también profetizó que Él mismo sería crucificado y resucitaría. Pedro entonces lo tentó a apartarse de la Cruz. En reparación por esa tentación que Nuestro Señor llamó satánica, ahora le notificó a Pedro que no solo lo estaba comisionando con plena autoridad para gobernar sobre Sus corderos y ovejas, sino que también le estaba preparando otro paralelo con Él mismo: que Pedro también moriría en la Cruz. "Tendrás una Cruz como aquella en la que Me clavaron," le dijo en efecto, "la Cruz que tú habrías negado y así habrías impedido Mi gloria. Ahora debes aprender lo que realmente significa amar. Mi Amor es un vestíbulo hacia la Muerte. Porque te amé, Me mataron; por tu amor hacia Mí, te matarán. Una vez dije que el Buen Pastor da Su vida por Sus ovejas; ahora Tú eres Mi pastor en Mi lugar; recibirás la misma recompensa por tus trabajos que Yo he recibido — travesaños, clavos, y luego... vida eterna.

Créeme cuando te digo esto;
Cuando eras joven, te ceñías
y caminabas donde tenías la voluntad de ir,
Pero cuando hayas envejecido,
Extenderás tus manos,
Y otro te ceñirá, y te llevará
adonde tú no quieres ir.

(Juan 21:18)

Impulsivo y voluntarioso en los días de su juventud, Pedro glorificaría en su vejez al Maestro con una muerte en la Cruz. Desde el día de Pentecostés, el Espíritu guió las decisiones de Pedro. Él fue conducido a donde no quería ir. Tuvo que abandonar la Ciudad Santa, donde le aguardaban la prisión y la espada. Luego, su Divino Maestro lo dirigió a Samaria, a la casa del gentil, Cornelio; luego a Roma, la nueva Babilonia, donde fue fortalecido por los extranjeros de la Dispersión que Pablo había incorporado al rebaño; finalmente, fue conducido a una cruz para morir una muerte de mártir en la colina del Vaticano. A su propia petición, fue crucificado con la cabeza hacia abajo, considerando indigno morir como el Maestro. En tanto que Él era la Roca, era apropiado que Él mismo fuera depositado en la tierra como fundamento inexpugnable de la Iglesia.

El hombre que había tentado al Señor a apartarse de la Cruz fue el primer Apóstol en abrazarla él mismo. Su aceptación de la cruz redundó en la gloria de su Salvador más que todo el celo e impetuosidad de su juventud. Cuando Pedro aún no comprendía que la cruz era el medio de redención del pecado, ofreció su propia muerte antes que la del Maestro, afirmando que aunque todos los demás fallaran en defenderle, él se mantendría solo para protegerle. Pero tras la iluminación del Pentecostés, vio que era la Cruz del Calvario la que daba sentido a la cruz que él abrazaría. Hacia el final de su vida, cuando la Cruz ya estaba claramente visible ante Él, Pedro escribiría:

Estoy seguro, por lo que Nuestro Señor Jesucristo me ha dado a conocer, de que pronto debo plegar mi tienda. Y me aseguraré de que, cuando me haya ido, siempre podáis recordar lo que he estado diciendo. No estábamos creyendo fábulas de invención humana cuando os predicamos sobre el poder de Nuestro Señor Jesucristo y sobre Su venida; habíamos sido testigos oculares de Su exaltación.

(2 Pedro 1:14-16)

Los hombres buscan la amistad de aquellos que están por encima de ellos en carácter y en poder, pero Nuestro Señor se digna a pedir nuestro amor. Lo aceptará incluso cuando tenga poca capacidad para el sacrificio y la entrega. La prueba del amor es, en última instancia, entre el alma y Cristo. Cuando un sacerdote es ordenado, el obispo le formula preguntas profundas; pero el verdadero examen está en el corazón, y el interrogador es el Salvador siempre presente y siempre vivo. No se registra que Pedro nunca más volviera a pescar, pero es cierto que durante toda su vida conservó un sentido vivo de la diferencia en su sacerdocio, entre la alegría de conocer al Señor y la tristeza de alejarse de Él.

Solo el amor puede facilitar la tarea pastoral de alimentar corderos y ovejas. Fue el amor lo que convirtió los siete años de dura esclavitud de Jacob por Raquel en tantos días agradables. Incluso las caídas pueden incorporarse a la santidad. Pedro es más glorioso en el Cielo por su recuperación, así como Pablo es más glorioso por su renovada amistad con Marcos después de que discutieran. La ira de Moisés, la mentira de Abraham, la embriaguez de Noé, todo queda barrido en la gran y definitiva afirmación del amor.

Nuestro Señor se queja a menudo en las Escrituras. Expresa decepción y sorpresa ante la conducta de algunos de sus seguidores. Sin embargo, como Pedro, nos encuentra en alguna orilla, y con un perdón rápido nos pide de nuevo que amemos.

Como el médico siente el pulso de su paciente para juzgar su corazón, así Nuestro Señor prueba el pulso del alma de cada sacerdote por su amor. La prueba a veces puede ser dolorosa, pero eso es porque nuestros pecados han sido heridas para Él. No se menciona que Nuestro Señor haya aplicado esta prueba a nadie antes de Su Pasión y Muerte, ni que haya desafiado a un individuo con la pregunta de si le amaba. Ahora actuaba con la seguridad de quien ha ganado un derecho sobre el afecto del hombre, un derecho que el corazón del pecador no puede resistir.

Después de cada afirmación de amor, Nuestro Señor Bendito encomendó a Pedro al apostolado y al servicio. Estos son los elementos que impiden que el amor degeneré en una indulgencia sentimental. Envió a María Magdalena desde el sepulcro para hacer un anuncio a Pedro, y envió a Pedro desde su confesión para realizar la obra de la Iglesia. No podemos separarnos de los demás ni siquiera en el momento de la conciencia de nuestra mayor desconfianza en nosotros mismos. La lección es para todos los sacerdotes: fue a Pedro, a pesar de su notorio abandono, a quien Nuestro Señor Bendito entregó las llaves de la Iglesia.

La simpatía es el camino hacia el autoconocimiento. Nuestra propia penitencia se profundiza al conocer los pecados de nuestro hermano. La caída de cada hermano nos recuerda nuestra necesidad de vigilancia. Nada profundiza nuestro amor por Cristo como el mayor conocimiento de Su gracia que adquirimos al ver almas salvadas por Él. Pedro podía soportar mejor las insuficiencias del rebaño debido a su reconocimiento de sí mismo como un hermano pecador. Santo Tomás de Aquino dice que Dios a veces permite que las personas pequen para sacarlas de su orgullo, para despertar en ellas un amor compasivo hacia los demás.

La decisión fue y es muy personal. No hay multitudes ante los ojos de Dios. Así como Él distinguió entre la multitud a la mujer que tocó el borde de Su manto (Lucas 8:43-44), así distinguió a Pedro. Había actuado de manera similar antes: "Adán; ¿Dónde estás?" (Génesis 3:9); "Abraham, Abraham" (Génesis 22:1); "Samuel, Samuel" (1 Reyes 3:10 [1 Samuel 3:10, RSV]); "Marta, Marta"

(Lucas 10:41); "Saúl, Saúl" (Hechos 9:4); "Simón, hijo de Juan" (Juan 21:15).

Tres formas de amor

La medida de nuestro sacerdocio es el nivel de nuestro amor. El amor existe en tres formas: no despertado, penitente y creyente. La primera etapa incluye muy poco amor a Cristo, debido a un amor excesivo al mundo; el segundo tipo no es tanto amor, sino *"miedo que atormenta,"* debido al pecado; el tercero es el amor que está *"derramado en nuestros corazones por el Espíritu Santo, a quien hemos recibido"* (Romanos 5:5). El hombre no despertado realiza actos de obediencia, pero son más aparentes que reales. La obediencia del penitente es la de un esclavo. Pero en el verdadero amante, la obediencia es filial. Produce oración y Santidad.

Elevándose por encima de los múltiples cuidados del sacerdote como pastor, su preocupación por las escuelas, conventos, finanzas, edificios y administración, el sacerdote como otro Cristo debe, en última instancia, volver a la verdad sublime de que la única realidad es el alma. Para esto se santifica a sí mismo. Pere Jean-Baptiste Lacordaire, en *Cartas a los Jóvenes*, escribió:

> *Estoy de acuerdo contigo sobre las montañas, el mar y el bosque; son las tres grandes cosas de la naturaleza, y tienen muchas analogías, especialmente el mar y el bosque. Me gustan tanto como a ti; pero a medida que avanza la vejez, la naturaleza nos afecta menos, y sentimos la belleza del dicho del Marqués de Vauvenargues: «Tarde o temprano, sólo disfrutamos de las almas.» Por eso siempre podemos amar y ser amados. La vejez marchita el cuerpo, pero al alma que no está corrompida le concede una nueva juventud. Y el momento de la muerte es el florecimiento de nuestra mente.*

Cuando el amor sale de nuestro corazón, odiamos las cosas que estamos obligados a hacer, o al menos ocultamos nuestros sentimientos profundos con el sonido metálico del formalismo. Nuestros sermones se convierten en regaños. Las ovejas perdidas se convierten en interrupciones de nuestro ocio. Ministrar en el altar del amor con un corazón carente de amor; pertenecer a una profesión de amor abnegado, mientras buscamos nuestro propio confort; ofrecer solo palabras vacías de amor a las almas sufrientes: estas cosas traen su propio castigo.

Aunque uno no haya alcanzado aún el nivel de amor que permite desempeñar los deberes del apostolado sin perturbar la felicidad interior, siempre puede seguir el consejo de San Francisco de Sales:

Si no puedes orar como un alma que disfruta del don de la contemplación, al menos puedes hacer una lectura espiritual y reflexionar sobre ella; Si no eres lo suficientemente fuerte para ayunar, al menos puedes privarte de un bocado delicado; Si no puedes abandonar el mundo, al menos puedes guardarte de su espíritu; Si no puedes amar a Dios con un amor puro, al menos puedes amarlo por gratitud; Si no experimentas un dolor vivo por tus pecados, puedes intentar obtenerlo pidiéndoselo a Dios; No puedes dar muchas limosnas, pero al menos puedes ofrecer un vaso de agua; No puedes soportar grandes insultos, pero al menos puedes soportar un pequeño reproche sin murmurar; Ser despreciado es más de lo que puedes soportar, pero puedes tolerar esa pequeña frialdad manifestada por tu prójimo en su comportamiento hacia ti; No se te exige el sacrificio de tu vida, pero puedes soportar algún inconveniente y conservar la paciencia en alguna pequeña circunstancia difícil.

Pedro, restaurado, está cerca de un fuego. Ese otro fuego en el que negó a Cristo es uno que el mundo hizo; pero este fuego que Cristo preparó. El entusiasmo, el esfuerzo, la pasión encendidos por los fuegos del mundo no dejan más que cenizas y polvo. No así, sin embargo, cuando son encendidos por Aquel que vino a echar fuego sobre la tierra (Lucas 12, 49).

~ 12 ~

Melquisedec y el Pan

¿Por qué somos llamados sacerdotes «en la línea de Melquisedec»? ¿Por qué no somos sacerdotes en la línea de Aarón, a quien pertenecía el sacerdocio en el Antiguo Testamento? La Epístola a los Hebreos (7, 11) indica la razón, a saber, que el sacerdocio levítico no representaba la perfección del sacerdocio. Ahora bien, no podría haber necesidad de que surgiera un sacerdote nuevo, acreditado con el sacerdocio de Melquisedec, no con el de Aarón, si el sacerdocio levítico hubiera traído cumplimiento.

Las razones de la insuficiencia del sacerdocio levítico fueron muchas.

1. El sacerdocio de Aarón era carnal, temporal, sucesivo y perecedero. El sacerdocio de Melquisedec, como símbolo del de Cristo, es eterno. Los sacerdotes levíticos eran personalmente impuros, en el sentido litúrgico del término. Debían ofrecer sacrificios por sus pecados, y la muerte de cada uno ponía fin a su ministerio.

Pero Melquisedec es eterno. Este aspecto de su sacerdocio se expresa en términos simbólicos en la Biblia:

> *Sin nombre de padre ni de madre, sin linaje, sin fecha de nacimiento ni de muerte; allí está, eternamente, sacerdote, la verdadera figura del Hijo de Dios.*
>
> (Hebreos 7:3)

La omisión de cualquier referencia a la ascendencia, nacimiento o muerte de Melquisedec es la manera en que el Espíritu Santo lo presenta como tipo de Nuestro Señor.

Resumiendo la diferencia entre los dos sacerdocios, la Escritura continúa:

De aquellos otros sacerdotes hubo sucesión, pues la muerte les negaba la permanencia; mientras que Jesús permanece para siempre, y Su oficio sacerdotal es inmutable; por eso Él puede otorgar la salvación eterna a quienes, por medio de Él, se encaminan hacia Dios; Él vive aún para interceder por nosotros.

(Hebreos 7:23-25)

2. Una segunda razón es que Nuestro Señor reúne en Sí mismo tanto la Realeza como el Sacerdocio, y esto también fue cierto en Melquisedec.

Melquisedec también estaba allí, el rey de Salem. Y él, sacerdote del Dios altísimo...

(Génesis 14:18)

Melquisedec era en su persona rey y sacerdote, prefigurando así al adorable Señor, en quien la justicia y la paz se besan (Salmo 84:10). Nuestro Señor no tendría paz sin justicia; por eso hizo "la paz con ellos mediante Su Sangre, derramada en la Cruz" (Colosenses 1:20).

3. La "grandeza" de Melquisedec fue un presagio de la grandeza de Cristo. Abraham reconoció que Melquisedec era superior a él, pagándole tributo:

A él, Abraham le dio el diezmo de todo lo que había ganado.

(Génesis 14:20)

Esto la Epístola a los Hebreos (7:4-8) lo aplica a Nuestro Señor:

Considera cuán grande era este hombre, a quien el patriarca Abraham mismo le dio la décima parte de su botín escogido. Los descendientes de Leví, cuando se les confiere el sacerdocio, tienen permitido por las disposiciones de la Ley tomar diezmos del pueblo de Dios, aunque estos, como ellos mismos, provienen del linaje privilegiado de Abraham; después de todo, son sus hermanos; aquí hay uno que no posee un linaje común con ellos, tomando diezmos del mismo Abraham. Él también lo bendice, bendice al hombre a quien se le han hecho las promesas; y es indudable que las bendiciones sólo son otorgadas por lo que es mayor en dignidad a lo que es menor. En un caso, los sacerdotes que reciben el diezmo son sólo hombres mortales; En el otro, es un sacerdote (así nos lo relata el registro) quien permanece vivo.

4. El sacerdocio de Melquisedec fue sacramental y sin derramamiento de sangre, no la ofrenda de novillos y cabras.

Y Él, sacerdote como era del Dios altísimo, llevó consigo pan y vino...

(Génesis 14:18)

Cada día en la Misa mencionamos el sacrificio de Melquisedec como *sanctum sacrificium immaculatam hostiam*. El sacrificio fue pacífico, ofrecido después de que Abraham venciera en la guerra contra los cuatro reyes.

5. Nuestro Señor mismo provenía de un linaje distinto al del sacerdocio levítico. Pertenecía a la tribu de Judá; no, como los hijos de Aarón, a la tribu de Leví. Su linaje era diferente, no solo porque Él es eterno, sino también porque, como insiste la Epístola a los Hebreos (7:14-18), Su generación temporal fue distinta:

Nuestro Señor tomó su origen de Judá, eso es seguro, y Moisés, al hablar de esta tribu, no mencionó sacerdotes. Y algo más se hace evidente cuando surge un nuevo sacerdote para cumplir el tipo de Melquisedec, designado no para obedecer la Ley, con sus observancias externas, sino en el poder de una vida eterna; (Tú eres sacerdote para siempre según el orden de Melquisedec, dice Dios de él).

El contexto histórico del encuentro entre Abraham y Melquisedec es significativo. Todo lo que sabemos sobre Melquisedec se encuentra en breves pasajes de Génesis (14:18-20), el Salmo 109 y la Epístola a los Hebreos (5:6-10; 6:20; 7:17,21).

Melquisedec y el Pan

Génesis relata que, mientras Lot, sobrino de Abraham, vivía en Sodoma, la ciudad fue atacada y tomada por los ejércitos de cuatro poderosos reyes. Es la primera guerra registrada en la Biblia. Además de capturar al rey de Sodoma, apresaron a Lot y a su familia. Cuando Abraham supo de la desventura de Lot, reunió un pequeño ejército de 318 siervos y obtuvo una victoria poderosa. No solo recuperó los despojos arrebatados por los invasores, sino que también liberó a Lot y a su familia.

Abraham tenía derecho a todo lo ganado por su victoria. ¿Se aprovecharía de su derecho, ignorando la desgracia de los demás? Sabiendo que Abraham podría haber sido tentado a enriquecerse materialmente, Dios envió ayuda en la persona de Melquisedec.

Melquisedec también estaba allí, rey de Salem. Y él, sacerdote del Dios altísimo, sacó pan y vino con él, y le dio esta bendición: Sobre Abram sea la bendición del Dios altísimo, Creador del cielo y de la tierra, y bendito sea ese Dios altísimo, cuya protección ha puesto a tus enemigos en tu poder.

(Génesis 14: 18 – 20)

Dios ganó la victoria para Abraham. Por lo tanto, los despojos no pertenecían realmente a Abraham, sino a Dios, quien además prometió ahora a Abraham una recompensa aún mayor. La ayuda fue aceptada, y Abraham entregó su diezmo al sacerdote.

Más tarde, cuando el rey de Sodoma vino y dijo a Abraham que se quedara con el botín para sí mismo, Abraham pudo responder:

Por esta mano, que levanto al Señor Dios, el Príncipe del cielo y de la tierra, no tomaré nada tuyo, aunque sea un hilo del urdimbre o la correa de un zapato. Nunca dirás que Abram obtuvo su riqueza de mí.

(Génesis 14:22-23)

¡Qué palabras tan nobles! No guardaría nada para sí mismo. Porque no había buscado la riqueza, así como Salomón no la pidió en oración, se le concedió una recompensa especial:

No temas, Abram, yo soy para protegerte.

(Génesis 15:1)

Así bendice el Sumo Sacerdote celestial a aquellos que no buscan los despojos materiales de la tierra.

Entonces somos sacerdotes según la línea de Melquisedec. Cuando el sacerdocio levítico demostró ser insuficiente en los días de Elí y sus hijos (1 Reyes 1:4-5; 2:12-17,22 [1 Samuel 3; 2:12-17,22, RSV]), Dios dijo:

Después, Me encontraré un sacerdote que sea un intérprete fiel de Mi mente y voluntad.

(1 Reyes 2:35 [1 Samuel 2:35, RSV])

El cumplimiento se encuentra en Cristo, cuyos sacerdotes somos:

Así sucede con Cristo. Él no se elevó a Sí mismo a la dignidad del Sumo Sacerdocio; fue Dios quien Lo elevó a ella, cuando dijo: Tú eres Mi Hijo, Yo te he engendrado hoy, y también, en otro lugar, Tú eres sacerdote para siempre, según el orden de Melquisedec.

(Hebreos 5:5,6)

Dado que Melquisedec ofreció pan y vino, es apropiado buscar el Pan Eucarístico anticipado en el Antiguo Testamento.

Pan de la Presencia

Dios siempre ha estado presente a Su Iglesia de una manera diferente a Su presencia en otros lugares. La Iglesia del Antiguo Testamento ya disfrutaba de un prototipo, figura o símbolo de la Presencia Eucarística. El antiguo santuario contenía dos objetos de particular significado: el candelabro y el pan de la Presencia. San Juan aplica ambos a Cristo, la Luz del Mundo (Juan 8:12) y el Pan de Vida (Juan 6).

El Antiguo Testamento

La Epístola a los Hebreos (9:2) registra que "había un tabernáculo exterior, que contenía el candelabro, la mesa y los panes dispuestos delante de Dios; santuario era el nombre dado a esto." La llamada mesa del pan de la proposición era importante no tanto por la mesa en sí, sino por el pan colocado sobre ella. Era el Pan de la Presencia, literalmente "Pan del Rostro." Fue a este Pan de la Presencia al que Cristo se refirió en Mateo (12:4) como "los panes que estaban allí delante del Señor." El pan estaba destinado a ser un memorial colocado continuamente en la presencia de Dios.

El pan debía ser un sacrificio-símbolo para el Señor.

(Levítico 24:7)

Cada sábado se sustituía un suministro fresco de pan por el viejo, doce panes — uno para cada una de las doce tribus. Así estaban todas representadas, el pequeño Benjamín no menos que el real Judá, Dan así como el sacerdotal Leví, y tanto por una tribu como por otra. Ninguna parte de la familia de Dios fue olvidada. Cada una estaba plenamente representada, y siempre estaban ante Él.

La mesa es para sostener los panes que deben colocarse continuamente en Mi Presencia.

(Éxodo 25:30)

El pan del Antiguo Testamento era la presencia del pueblo ante el Señor, pero el Pan del Nuevo Testamento es la Presencia del Señor ante el pueblo. En el Antiguo Testamento nunca hubo un momento en que estuvieran fuera de Su vista. El pan era un recordatorio continuo para Él de Su relación de alianza con ellos y de Sus promesas de un Salvador y Redentor. Así como las doce tribus fueron hechas una en Su Presencia, también Su ecclesia, Su Iglesia, así por «un solo pan, nosotros, siendo muchos, somos un solo cuerpo; todos participamos del mismo pan» (1 Corintios 10:17).

El Pan de la Presencia estaba ante Su Rostro; por eso se llamaba el pan continuo.

...mantener los panes consagrados expuestos continuamente....

(2 Paralipómena 2:4 [2 Crónicas 2:4, RSV])

...el pan expuesto allí como siempre...

(Números 4:7)

El pan debía hacerse con la mejor harina y sobre cada fila se colocaba incienso para indicar que la ofrenda era un sacrificio al Señor.

Pon granos de incienso fino sobre ellos; el pan debe ser un sacrificio simbólico para el Señor.

(Levítico 24:7)

Así se prefiguraba la unión del sacramento y el sacrificio bajo la Ley Nueva.

Incluso se proveía una "lámpara del santuario" — no porque el Pan fuera la sustancia del Cuerpo y la Sangre de Cristo, sino sólo una sombra, una anticipación.

Nunca debe el altar estar vacío de este fuego perpetuo.

(Levítico 6:13)

Desde aquel día hasta hoy, una lámpara anuncia la Presencia.

La Santidad del Santuario

Para el cristiano que vive en el ámbito de la gracia, las exigencias de la santidad de Dios no son menos rigurosas que para el judío bajo el Antiguo Testamento. Si aquellos que se rebelaron en el desierto no escaparon al juicio, mucho menos nosotros, que tenemos el privilegio de vivir en la plenitud de la Revelación.

Tened cuidado de no excusaros de escuchar a Aquel que os está hablando. No hubo escape para aquellos otros que intentaron excusarse cuando Dios pronunció Sus advertencias en la tierra; menos aún para nosotros, si nos apartamos cuando Él habla desde el Cielo.

(Hebreos 12:25)

El Antiguo Testamento contiene siete casos de juicio repentino relacionados con el tabernáculo o el templo, su liturgia, su adoración o sus vasos. Tres de ellos tenían que ver con la ofrenda de incienso, tres con el Arca y uno con el candelabro.

Probablemente los primeros en morir en el desierto fueron los dos hijos de Aarón que acababan de ser ordenados sacerdotes. Dios había enviado fuego desde el Cielo sobre el altar del sacrificio y ordenado que siempre se mantuviera encendido, como una lámpara del santuario ante un tabernáculo (Levítico 9:23-24). Cuál fue su pecado es incierto, pero pudo haber sido beber alcohol en circunstancias prohibidas (Levítico 10:9); en cualquier caso, ofrecieron un fuego extraño. Es posible que ellos mismos hayan encendido un fuego en lugar de tomarlo del altar, y también que hayan mezclado un incienso extraño que estaba expresamente prohibido (Éxodo 30:9-10): «por lo cual el Señor envió fuego que los consumió y murieron allí en la presencia del Señor» (Levítico 10:2). Acercarse al tabernáculo con el espíritu del mundo en nuestra alma, en lugar del Espíritu de Cristo, es ofrecer fuego extraño. Pero sea cual fuere el pecado de aquellos sacerdotes del Antiguo Testamento, se nos manda «adorar a Dios como Él quiere que le adoremos, con temor y reverencia»; sin duda alguna, nuestro Dios es fuego consumidor» (Hebreos 12:28-29).

El Arca cayó en manos de los filisteos (1 Reyes 4 [1 Samuel 4, RSV]), porque los judíos la habían usado como un amuleto mágico para protegerse en tiempo de guerra. Los filisteos la pusieron en el Templo de Dagón, y la estatua del dios cayó postrada ante el Arca, así como aquellos que vinieron a arrestar a Nuestro Señor Bendito cayeron al suelo al mencionar Su Nombre (Juan 18:6).

Cuando los Filisteos se negaron a reconocer el poder de Dios, muchos de ellos murieron a causa de la plaga (1 Reyes 5:6 [1 Samuel 5:6, RSV]). Así como el Arca era fuente de bendiciones para quienes la reverenciaban, también era fuente de aflicción para quienes se negaban a reconocer el poder de Dios que simbólicamente habitaba en ella. Lo mismo ocurre con Cristo.

Somos el incienso de Cristo ofrecido a Dios, manifestando tanto a quienes alcanzan la salvación como a quienes están en camino a la ruina; como un humo mortal donde encuentra muerte, como un perfume vivificante donde encuentra vida. ¿Quién puede probarse digno de tal llamado?

(2 Corintios 2:15,16)

Por dondequiera que iba el Arca, mientras estaba en manos de los Filisteos, iba también el castigo de Dios:

Ninguna ciudad estaba libre del temor a la muerte y de la pesada visita de Dios; Incluso aquellos que sobrevivieron tenían llagas vergonzosas que atender, y por doquier se elevaban al Cielo gritos de angustia.

(1 Reyes 5:12 [1 Samuel 5:12, RSV])

Aunque no veamos tales manifestaciones de este poder cuando se profana la Eucaristía, ¿no será que Dios reserva Su juicio para aquellos que se acercan a ella sin Fe? Los hombres pueden alegar que han comido en Su Presencia y realizado obras maravillosas en Su Nombre y clamado «Señor, Señor», pero Él dirá que no conoce a tales obradores de iniquidad (Mateo 7:21-23; Lucas 12:25-27).

Los filisteos finalmente se arrepintieron, devolvieron el Arca y ofrecieron signos de reparación por sus pecados; ¡Pero cuánta más Misericordia habrían obtenido si hubieran reconocido la Presencia de Dios, no con terror, sino apelando a Su Misericordia!

Si Dios castigó tan severamente a los filisteos por guardar el Arca, que era sólo una promesa y prototipo de la Eucaristía, ¡cuánta reverencia no debería despertar la misma Eucaristía en quienes poseen la realidad y la sustancia! ¡Qué terrible cosa es caer en manos del Dios Vivo! (Hebreos 10:31) ¡Qué débil parecía Nabucodonosor cuando se alimentaba de hierba (Daniel 4:30)! ¡Qué «dios» tan despreciable apareció Herodes cuando los gusanos devoraban sus entrañas (Hechos 12:21-23)! ¡Cómo temblaba de miedo Belsasar, con las rodillas temblorosas ante la vista de la escritura en la pared (Daniel 5:6)! ¡Cómo huyó Félix de la iluminación cuando Pablo razonaba con él acerca de la justicia y el juicio (Hechos 24:25)! Las personas llenas de temor servil buscan desterrar aquello que les causa terror, en lugar de desprenderse del pecado que sólo hace de Dios un objeto de temor. ¡Pero a nosotros se nos ha concedido el poder de llamar al Señor sobre nuestros altares! Nuestros mayores privilegios deberían hacernos temblar al saber cómo Dios castigó a aquellos con menos talentos y menos luz.

Otro episodio del Antiguo Testamento que ayuda al sacerdote a comprender cuánta reverencia exige Dios para Su Sacramento se observa en el castigo impuesto al pueblo de Betsames. Estaban alegres por recibir el Arca de vuelta de los Filisteos, pero no mostraron respeto. Más bien, manifestando una curiosidad ilícita, miraron dentro y fueron heridos por Dios (1 Reyes 6:19 [1 Samuel 6:19, RSV]).

Algunas cosas son demasiado sagradas para ser contempladas con ojos curiosos. A Moisés no se le permitió acercarse a la zarza ardiente para ver por qué no se consumía (Éxodo 3:5). El Antiguo Testamento establecía una prohibición muy estricta contra cualquier curiosidad indebida respecto a los símbolos sagrados. Como se le dijo a Moisés, «No te acerques» (Éxodo 3:5), así también en relación con el Arca, que debía ser llevada por Aarón y sus hijos: «Nadie debe indagar en los secretos del santuario mientras estén descubiertos bajo pena de muerte» (Números 4:20).

Por su curiosidad pecaminosa, «El Señor hirió a algunos de los bet-samitas mismos, por husmear en el arca del Señor (1 Reyes 6:19 [1 Samuel 6:19, RSV]). Los bet-samitas, siendo israelitas y teniendo

Melquisedec y el Pan

levitas entre ellos, conocían las leyes respecto al Arca Sagrada y la reverencia con que debía ser tratada.» Probablemente la razón por la que husmearon en ella fue para ver si los filisteos habían puesto algún oro en ella, además de las ofrendas de oro que habían colocado en un cofre separado cuando la devolvieron. Al hacerlo, quebrantaron la ley que prohibía incluso a la gente común acercarse al Arca, y ordenaba al sacerdote cubrirla con un velo.

Por irreverencia hacia lo que era una mera figura del Santísimo Sacramento, los filisteos fueron afligidos con enfermedades, y los israelitas visitados con la muerte. Si la pena nos parece severa, es porque nuestras mentes han quedado cortas ante la reverencia debida tanto a lo que simboliza Su Presencia como a lo que es la Presencia misma. Después de que el desastre cayera sobre ellos,

> *¿Quién podrá mantenerse firme, preguntaron los betsamitas, ante un Dios tan Santo como este?*
> (1 Reyes 6:20 [1 Samuel 6:20, RSV])

Después de que el Arca hubiera sido guardada en la casa de Abinadab por algún tiempo, sus dos hijos, Oza y Ajío, fueron designados como sus conductores para preparar el camino mientras los bueyes eran guiados por Oza. Habían llegado al era de Nacón, cuando los bueyes comenzaron a patear, inclinando así el Arca hacia un lado. Oza extendió la mano y la sostuvo. El acto parecía natural dadas las circunstancias, sin embargo fue castigado como una acción temeraria, pues "provocó la ira Divina; el Señor lo hirió, y murió allí junto al Arca" (2 Reyes 6:7 [2 Samuel 6:7, RSV]).

Tal era el desagrado del Señor cuando se mostraba alguna irreverencia hacia el Arca. La Ley era clara respecto a quién podía tocar el Arca y cómo debía ser transportada. No era propio ponerlo en un carro como se había hecho, ni debía ser tocado por nadie excepto el sacerdote:

> *Entonces, cuando Aarón y sus hijos hayan envuelto el santuario y todos sus enseres listos para la marcha, los hijos de Caath*

[Cohat] entrarán y los llevarán envueltos; no deben tocar las cosas del santuario, bajo pena de muerte.

(Números 4:15)

El Arca debía ser llevada por dos varas, sostenidas por sacerdotes. Oza no era sacerdote y, por consiguiente, no estaba autorizado para tocar lo sagrado. Esta violación del mandato de Dios pudo haber sido fruto de una irreverencia habitual inducida por la larga familiaridad con el Arca. La acción de Dios mostró que ningún servicio le era aceptable a menos que estuviera regulado por la estricta observancia de Su Voluntad revelada. Se exigía la máxima reverencia a todos los que se acercaban a Él (Levítico 10:3).

Cuán estrictamente el Señor manda a Sus sacerdotes:

Manteneos sin mancha, vosotros que tenéis a vuestro cargo los vasos del culto del Señor.

(Isaías 52:11)

El privilegio de pertenecer al Cuerpo Místico de Cristo implica tanto enormes privilegios como iguales responsabilidades.

Nación no hay que haya reclamado para Mí, sino vosotros; y culpa vuestra no hay que quede impune.

(Amós 3:2)

Tales son los juicios que caen sobre los hombres en relación con el tabernáculo, o el templo, su culto, sus vasos sagrados o su sacerdocio. Cuando se consideran todos estos juntos, se tiembla ante la reverencia que Dios exige para las cosas que son Suyas, y el castigo que a veces impone por la menor infracción de lo dedicado a Su servicio. El altar ante el cual está el sacerdote es santo.

Si los ángeles tiemblan, ¿no temblaremos nosotros? Pero la Presencia no debe encender un temor nacido del pecado o la impiedad, sino un santo temor engendrado por el amor a Aquel que habita entre nosotros. Como dijo León XIII:

Nuestro Señor lo instituyó para recordar el supremo Amor con que Nuestro Redentor derramó todos los tesoros de Su Corazón, para permanecer con nosotros hasta el fin de los tiempos.

La Presencia Real

Es una experiencia común que un desconocido te detenga en la calle y pregunte: «¿Dónde vive fulano?» Esa misma pregunta, a lo largo de los siglos, se ha dirigido a quienes creen en Dios:

A diario debo escuchar la burla: ¿Dónde está ahora tu Dios?

(Salmo 41:4 [42:3, RSV])

Para quien sufre, puede parecer que Dios ha desaparecido. Pero, en los momentos más serenos del Nuevo Testamento, sus discípulos un día preguntaron a Nuestro Señor:

¿Dónde vives Tú?

(Juan 1:38)

Juan y Andrés ya le habían oído hablar; habían aprendido su teología, a saber, que Él es el «Cordero de Dios» (Juan 1:36, 37), y por tanto, el Redentor. Allí, presente corporalmente, estaba Aquel por quien todas las edades habían suspirado sin aliento. Comenzaron a seguir a Nuestro Señor, y Él pronunció las primeras palabras de Su vida mesiánica pública:

¿Qué quieres de Mí?

(Juan 1:38)

¿Hombre? ¿Maestro? ¿Salvador? ¿Estima? ¿Progreso? ¿Poder? ¿Qué busca cada uno de nosotros en Cristo? ¿Es algo que Él tiene, o es Él mismo?

La respuesta de los discípulos fue una pregunta sencilla:

¿Dónde vives? (Juan 1:38)

Melquisedec y el Pan

¿Dónde está Su Presencia permanente? ¿Dónde Su morada? Sabemos que Su Poder está en las montañas; Su Sabiduría en las leyes de la naturaleza; Su Amor en la gravitación que atrae todas las cosas hacia un centro. Pero esto no es presencia. Son sólo efectos. Pero Cuerpo, Sangre, Alma y Divinidad — «¿Dónde vives?»

Conocemos la respuesta en teoría. Él habita en la Eucaristía. Pero en la práctica, ¿lo sabemos? ¡Ah! Eso requiere una búsqueda especial, un esfuerzo extra, quizá una hora para descubrirlo. Por eso, en respuesta a su pregunta, Él contestó:

Ven y ve. (Juan 1,39)

El "ven" es una visita; el "ver" es un gozo. Las primeras palabras que salieron de los labios de Aquel que es el Pan de Vida fueron una invitación a buscar una unión más profunda con Él. Juan y Andrés le llamaron "Maestro" cuando le vieron por primera vez, pero ahora se les urgía a descubrir que Él era el "Señor." En la Última Cena, Él seguía siendo "Maestro" para Judas, pero para los demás, Él era "Señor."

Desde aquel día hasta hoy, el conocimiento directo de Él como Señor se concede a los sacerdotes que "vienen y ven." Los sacerdotes pueden seguirle, como Juan y Andrés. La devoción eucarística es algo añadido, algo extra, algo especial en la comprensión de Nuestro Señor. Se puede conocer toda la teología del Cordero de Dios y de la Redención, y aun así no recorrer esa milla "extra" para saber dónde Él "habita." Venir exige salir de la sacristía o de la revista; Ver requiere estar en Su Presencia. Pero una vez ante Su tabernáculo, podemos decir con Job:

He oído Tu Voz ahora; más aún, Te he visto.

(Job 42: 5)

Un sacerdote francés recién ordenado recibió la visita de un extraño sacerdote de otra nacionalidad. El visitante, desaliñado, recibió una habitación pobre en el desván. El sacerdote francés vivió para ver canonizado a ese visitante, como Don Bosco. Al enterarse de la canonización, reflexionó: «Si hubiera sabido que era un santo, le habría dado una mejor habitación.» ¿Qué pensaremos el día del Juicio cuando recordemos las miles de veces que pasamos por nuestra iglesia o una capilla sin siquiera una rápida oración o un saludo? El posadero en Belén no «vio» que era Él. Los capitalistas de los gerasenos no supieron que era Él. Los samaritanos, que se negaron a recibirlo, no supieron que era Él.

Ahora, al formular la pregunta: «¿Dónde moras?» Él señala el tabernáculo y dice: «Ven y ve.» No deberíamos hacer mal en no amarlo cuando Él se acerca tanto. Juan y Andrés dieron el ejemplo:

Fueron a ver dónde vivía, y permanecieron con Él todo el resto del día, desde aproximadamente la décima hora en adelante.

(Juan 1:39)

El «fueron y vieron» equilibraba el «ven y ve». Pero había más: «y permanecieron con Él». Ningún sacerdote que haya experimentado tal hora en Su Presencia tendrá jamás otras palabras en sus labios que las de Andrés:

Hemos encontrado al Mesías.

(Juan 1:41)

Inmediatamente después de esa visita, Andrés llevó a su hermano Pedro al Señor. La obra de la conversión está inseparablemente ligada a largas visitas a Jesús en Su morada.

~ 13 ~

Judas y la Primera Grieta en Su Sacerdocio

¿Dónde comienza un declive espiritual? ¿Cuál es el primer síntoma de una cadena de pecados? Los enemigos tradicionalmente enumerados de la espiritualidad son el mundo, la carne y el diablo. ¿Pero no son estos secundarios? ¿No existe primero un desapego de algo, antes de que sea posible un apego a cualquier cosa? A menudo se dice que Judas, el supremo ejemplo del apóstol caído, fue primero corrompido por la avaricia. El Evangelio no respalda esta visión. La avaricia podría haber sido concebiblemente su intención cuando aceptó el llamado de Cristo a seguirle. Tal como apareció en su vida, requería cierta vigilancia para evitar ser detectada. ¡Cómo debió retorcerse cuando Nuestro Señor Bendito desplegó las parábolas sobre la vanidad de las riquezas! Seguramente, se dio cuenta de que se aplicaban a él.

Más tarde, la avaricia se volvió audaz. Judas protesta por el derroche de María al ungir los pies del Salvador con un ungüento costoso. Conociendo el precio de todo y el valor de nada, Judas calculó que el costo del ungüento permitiría a un hombre vivir cómodamente durante un año. ¡Cuán decepcionado debió de estar Judas cuando antes había oído a Zaqueo de Jericó decir a Nuestro Señor:

Aquí y ahora, Señor, doy la mitad de lo que tengo a los pobres; y si he defraudado a alguien en algo, le devuelvo cuatro veces más.

(Lucas 19:8)

Judas y la primera grieta en su sacerdocio

Judas también debió preguntarse por qué Mateo abandonó un puesto lucrativo como recaudador de impuestos para seguir la pobreza del Salvador. Mateo mismo pudo haberse sorprendido de no haber sido nombrado tesorero, debido a su familiaridad con las transacciones monetarias. El amor al dinero estaba presente en Judas; esto es evidente. Se manifestó claramente cuando vio el perfume derramado sobre los pies del Señor.

¿Cuál es el significado de este desperdicio? ... Habría sido posible vender esto a un gran precio y dar limosna a los pobres.

(Mateo 26:8,9)

María obedeció el impulso instintivo de un amor no calculado solo para ser acusada de no haber calculado. Los amantes en la tierra se preocupan poco por la utilidad de sus dones. Los verdaderos amantes de Cristo no miden sus dones. Rompen alabastro y lo entregan todo. Pero para Judas, el espectador de sangre fría, era un desperdicio inútil. La avaricia, en efecto, puede ser uno de los grandes pecados del sacerdote, y quizás el más insidioso. Es una especie de pecado «limpio», porque se pavonea bajo el disfraz de la prudencia, del «cuidado de la vejez». Simón el Mago, por ejemplo, comprendió muy pronto que la imposición de manos era una buena manera de hacer dinero (Hechos 8:19).

El buen sacerdote vive para su vocación; el sacerdote avaro vive de su vocación. Cuando asiste a una conferencia pastoral, ignora toda referencia a la santificación del clero, a la disciplina moral y espiritual, a la visita a los enfermos. Pero cuando el obispo habla de salarios, honorarios por la estola, promociones, entonces se incorpora y escucha. Él siempre busca una parroquia "mejor", pero para él "mejor" simplemente significa más lucrativa.

A pesar de las palabras del Señor en sentido contrario, el hombre avaro cree que puede servir a Dios y a Mammón. Lo que Nuestro Señor quiso decir es que un hombre no puede dividir su corazón entre Dios y el dinero; y si pudiera, Dios no quiere parte de un corazón dividido. San Pablo dijo:

Sabéis bien que donde dais consentimiento a un esclavo, os hacéis esclavos de aquel amo; esclavos del pecado, destinados a la muerte, o esclavos de la obediencia, destinados a la justificación.

(Romanos 6:16)

A menudo sucede que quienes gustan de acumular riquezas son a veces sin pecado en otros aspectos. Son célibes, pueden incluso ser meticulosos con las leyes externas de la Iglesia, pero así también lo eran los Fariseos, "*los Fariseos, que gustaban de las riquezas*" (Lucas 16:14). Fue a ellos a quienes el Señor contó la parábola del hombre rico y Lázaro (Lucas 16:19-31).

¿Fue la avaricia el principio de la caída de Judas?

¿Pero fue la avaricia la causa de la caída de Judas? ¡No! Su caída comenzó con la falta de fe y confianza en el Señor, lo cual se hizo evidente cuando, en el momento de la segunda Pascua mencionada en el Evangelio de San Juan, Jesús prometió la Eucaristía a la multitud que le había seguido hasta Cafarnaún (Juan 6). Pedro creyó y confesó su fe. Pero Jesús sabía que no todos los Doce eran fieles:

¿No he elegido a los doce de vosotros? Y uno de vosotros es un diablo. Él hablaba de Judas, hijo de Simón, el Iscariote, que era uno de los doce y que iba a traicionarle.

(Juan 6:71,72)

Fue la falta de fe de Judas la que endureció su corazón y lo confirmó en su codicia. Un año después, nuevamente en tiempo de Pascua, Nuestro Señor reprendió a Judas por su codicia. San Juan inicia su relato de la tragedia del Calvario con las palabras: "Seis días antes de la fiesta de la Pascua, Jesús fue a Betania" (Juan 12:1). Allí, en la casa de Lázaro, María ungió a Jesús. Pero él, "que iba a traicionarle" (Juan 12:4), protestó diciendo que el dinero debería haberse dado a los pobres. Ya estaba claro que Judas "era un ladrón" (Juan 12:6) y, reprendiéndole al instante y prediciendo Su propia muerte, Jesús respondió:

Déjala; basta que lo guarde para el día en que mi Cuerpo sea preparado para el sepulcro. Siempre tendréis pobres entre vosotros; pero no siempre estaré entre vosotros.

(Juan 12:7,8)

Así se narra la caída de Judas en relación con la Pascua. Fue en una Pascua cuando Nuestro Señor anunció por primera vez la Eucaristía, y en otra Pascua la instituyó. La primera ruptura en el alma de Judas fue cuando Nuestro Señor dijo que daría al hombre Su Cuerpo y Su Sangre como alimento. El colapso total se produjo la noche de la Última Cena, cuando Nuestro Señor Bendito cumplió esta promesa. Aquí se presenta una evidencia inequívoca de que la fidelidad y la santidad, por un lado, y la traición y la deslealtad, por otro, están vinculadas a la Eucaristía, el Pan de Vida. La primera fractura en el sacerdocio surge en nuestra actitud hacia la Eucaristía: la santidad con que ofrecemos la Misa, la sensibilidad de nuestra devoción al Santísimo Sacramento.

La primera mención en la Biblia de que Judas era un traidor no fue cuando reveló su codicia, sino cuando Nuestro Señor se declaró a Sí mismo el Pan de Vida. En esa ocasión, Nuestro Señor perdió el apoyo de tres tipos distintos de seguidores; Perdió a las masas, porque se negó a ser un Rey Pan, dando la Eucaristía en lugar de abundancia; Perdió a varios discípulos que "*ya no caminaban en Su compañía*" (Juan 6:67), porque la Eucaristía para ellos era un escándalo; finalmente, perdió a Judas.

Dos que habían sido llamados por Cristo para ser sacerdotes son contrastados por San Juan: Pedro y Judas. Cuando las deserciones masivas siguieron al anuncio de Cristo de que Él daría Su Carne por la Vida del mundo, Nuestro Señor preguntó a Pedro si él también se iría. Pedro respondió:

Señor, ¿a quién iremos? Tus palabras son palabras de vida eterna; hemos aprendido a creer y estamos seguros de que Tú eres el Cristo, el Hijo de Dios.

(Juan 6:69, 70)

Judas y la primera grieta en su sacerdocio

El Corazón de Nuestro Señor ahora se entristece por lo que sucedió a Sus doce. El número era simbólico, proveniente de los doce patriarcas y las doce tribus, y tan frecuentemente usado en referencia a los Apóstoles. (¿No era acaso cada uno de los doce Apóstoles de una de las doce tribus?) Por lo tanto, hay algo trágico en la queja Divina:

Jesús les respondió: ¿No he escogido a los doce? Y uno de vosotros es un diablo. Él hablaba de Judas hijo de Simón, el Iscariote, que era uno de los doce y que iba a traicionarle.

(Juan 6:71, 72)

¡La avaricia después! Pero ahora, mucho antes de la comida en la casa de Simón, mucho antes de su intercambio con los Sacerdotes del Templo, Judas es descrito primero como un traidor, mientras Nuestro Señor nos da Su Carne para comer y Su Sangre para beber. ¿Qué añadieron las treinta piezas de plata a la venta de ese Cuerpo y Sangre? ¡Él ya lo había negado! Aún es un ladrón; luego, un traidor; más tarde, un aliado abierto del enemigo. Robó del tesoro apostólico, desarrolló un odio neurótico tanto hacia el dinero como hacia sí mismo; finalmente, se quitó la vida. ¿Pero cuándo apareció la fisura por primera vez? ¿Cuándo comenzó el colapso invisible — tan invisible que los Apóstoles en la Última Cena no lo sabían? Comenzó cuando aquel que fue llamado a ser sacerdote y víctima, se negó a aceptar las palabras de su Señor:

Así como vivo por causa del Padre, el Padre vivo que me envió, así también el que me come vivirá por mí.

(Juan 6:58)

¡La carne! Ciertamente, explica ciertos aspectos de la debilidad sacerdotal. ¡Mundanalidad! ¡Amor a las acciones y bonos! ¡Lujo! ¡Alcohol! Mencione cualquier pecado que le venga a la mente. Estas son las colas en las cometas que caen del sacerdocio. Pero ya había una rotura en el manto de la Santidad antes de que aparecieran estas otras formas de desnudez y vergüenza. Nuestro Señor sabe dónde comenzaron todos esos pecados tan evidentes y escandalosos. Quizás comenzaron en una «Misa de quince minutos», un «acción de gracias de un minuto», una huida de la camisa de dormir a la alba, una falta de visita al Salvador Eucarístico excepto «oficialmente» cuando uno «tenía» que celebrar la Misa o dirigir devociones. Pero en algún lugar, de alguna manera, el hombre que es sacerdote por la Eucaristía dejó de ser un sacerdote eucarístico. Si un cirujano se alejara del Cuerpo y la Sangre humanos, ¿no perdería su destreza? ¿No está él precisamente autorizado para el Cuerpo y la Sangre? Pero nosotros, que no estamos "autorizados" sino "ordenados" para el Cuerpo y la Sangre, ¿cómo conservaremos nuestro poder, nuestra santidad, nuestra destreza sacerdotal, sino por esa viva fe en el Cuerpo y la Sangre de Cristo?

La Traición y la Pascua

Los Evangelios parecen enfatizar la asociación de Judas con la Pascua. La avaricia, uno de los efectos de su fracaso para ser eucarístico, se menciona por primera vez en esta conexión:

Seis días antes de la fiesta pascual, Jesús fue a Betania.

(Juan 12:1)

Estas son las palabras con las que el Discípulo Amado levanta el telón sobre la tragedia del Calvario. ¿Y quién es el primero en ser mencionado? ¡Judas! Así como María, la hermana de Lázaro, muestra devoción al Cuerpo y la Sangre del Salvador, ungiéndole "para el entierro" (Juan 12:7, 8), así Judas traiciona su codicia y se dispone a vender ese Cuerpo y Sangre.

La hipocresía de Judas al expresar preocupación por los pobres se subraya con la identificación de Nuestro Señor consigo mismo esa misma semana con los pobres (Mateo 25:35 y ss.). Cuando Jesús reprendió a Judas y le dijo que "la dejara en paz" (Juan 12:7), el falso apóstol resolvió consumar la traición.

Judas y la primera grieta en su sacerdocio

> *Y entonces, uno de los doce, Judas llamado Iscariote, fue a los principales sacerdotes y les preguntó: «¿Qué me daréis, y yo os lo entregaré?» Ellos le entregaron treinta piezas de plata, y desde entonces buscaba oportunidad para entregarlo.*
>
> (Mateo 26:14-16)

La Cruz unió no solo a los amigos de Nuestro Señor, sino también a sus enemigos. Los saduceos y fariseos, Judas y el Sanedrín, Roma y los sacerdotes del Templo, Herodes y Pilato — todos aquellos que tenían enemistades menores se unieron en la mayor hostilidad contra Jesús, el Salvador del mundo. La Iglesia, que es el Cristo permanente, debe siempre esperar tales coaliciones hostiles en tiempos de crisis. El mal es hipersensible a la bondad. Detecta un desafío a su existencia mucho antes de que los hombres buenos estén atentos a los signos de los tiempos.

Judas en la Última Cena

Ahora llega la Pascua de la Muerte de Nuestro Señor, cuando el verdadero Cordero de Dios es sacrificado por nosotros, peregrinos hacia la eternidad. Los doce Apóstoles están reunidos alrededor de Nuestro Señor. ¿Dónde se sentó Judas en esta primera Misa? Juan estaba ciertamente al lado de Su Corazón. ¿Quién estaba al otro lado del Señor? Posiblemente Pedro, aunque un detalle sugiere lo contrario:

> *Jesús tenía un discípulo, a quien amaba, que ahora estaba sentado con la cabeza apoyada en el pecho de Jesús; por eso, Simón Pedro le hizo una señal y le preguntó: ¿Quién es a quien se refiere?*
>
> (Juan 13:23-24)

Si Pedro estuviera al otro lado, difícilmente haría una señal como la descrita aquí.

¿Podría Judas haber estado junto a Nuestro Señor? Es concebible, pues Nuestro Señor realiza numerosos intentos para salvar a aquellos que ha elegido. Mateo parece sugerirlo, pues ¿de qué otra manera Cristo podría haberle dicho a Judas que conocía sus intenciones, mientras los demás permanecían bajo la impresión de que había salido a ayudar a los pobres (Mateo 26:22,25)? Los traidores rara vez saben que han sido descubiertos. Si entonces a Judas se le concedió ese lugar como signo del Amor Divino, ¿cómo no habría pensado en su corazón endurecido: «Si Él supiera lo que voy a hacer, nunca me habría dado este lugar»?

En este momento, Nuestro Señor volvió a referirse a la Pascua:

He deseado con ansias compartir esta comida pascual con vosotros antes de Mi Pasión.

(Lucas 22:15)

¿Se le recordó a Judas la otra Pascua cuando Nuestro Señor había prometido la Eucaristía?

También fue significativo para Judas, aunque ignorado por él, el énfasis en la humildad en este momento solemne de la institución de la Eucaristía. Nuestro Señor insistió en que, en cierto sentido, Sus apóstoles eran reyes. Él no negó su instinto hacia la aristocracia, pero les dijo que la suya debía ser la nobleza de la humildad, siendo los mayores los que se convierten en los menores. Para enfatizar la lección, les recordó la posición que Él ocupaba entre ellos como Maestro y Señor de la mesa y, sin embargo, libre de toda señal de superioridad. Muchas veces repitió que no había venido para ser servido, sino para servir. Soportar la carga de los demás y, particularmente, su culpa fue la razón por la que se convirtió en el «Siervo Sufriente» profetizado por Isaías (52:13-53:12). Y no contento con las palabras, las reforzó con el ejemplo.

Y ahora, levantándose de la cena, se quitó sus vestiduras, tomó una toalla y se la ciñó; luego vertió agua en la palangana y comenzó a lavar los pies de sus discípulos, secándolos con la toalla que le ceñía.

(Juan 13:4)

Judas y la primera grieta en su sacerdocio

La minuciosidad de la descripción de Juan es sorprendente. Enumera siete acciones distintas: levantarse, dejar a un lado sus vestiduras, tomar una toalla, ceñírsela, verter agua, lavar los pies y secarlos con la toalla. Se puede imaginar a un rey terrenal, justo antes de regresar de una provincia lejana, prestando un servicio humilde a uno de sus súbditos; pero no se diría que lo hacía porque estaba a punto de regresar a su capital. Sin embargo, Nuestro Señor Bendito es descrito lavando los pies de los discípulos porque ha de volver al Padre. Había enseñado la humildad por precepto: «El que se humilla será exaltado» (Lucas 14:11); por parábola, como en la historia del fariseo y el publicano; por ejemplo, como cuando tomó a un niño en sus brazos; y ahora por condescendencia.

La escena era como una reescenificación de Su Encarnación. Levantándose del Banquete Celestial en íntima unión de naturaleza con el Padre, dejó a un lado las vestiduras de Su gloria, envolvió Su Divinidad con la toalla de la naturaleza humana, que tomó de María; derramó el lavacro de regeneración que es Su Sangre derramada en la Cruz para redimir a los hombres, y comenzó a lavar las almas de Sus discípulos y seguidores por los méritos de Su Muerte, Resurrección y Ascensión. San Pablo lo expresó bellamente:

Su Naturaleza es, desde el principio, Divina, y sin embargo no consideró, en el rango de la Divinidad, un premio codiciable; Él se despojó a Sí mismo, tomando la naturaleza de esclavo, hecho a semejanza de los hombres, y presentándose a nosotros en forma humana; y luego rebajó Su propia dignidad, aceptando una obediencia que lo condujo a la muerte, muerte en la Cruz.
(Filipenses 2:6-8)

Una vez que las protestas de Pedro se aquietan, los otros discípulos permanecen inmóviles, perdidos en un asombro mudo. Cuando la humildad proviene del Dios-hombre, como aquí sucede, es evidente que será a través de la humildad que los hombres volverán a Dios. Cada uno habría retirado sus pies del lavacro si no fuera por el amor que impregnaba sus corazones.

Pero Nuestro Señor aún no estaba dispuesto a abandonar a Judas. Una vez más intentó despertarlo a la conciencia de lo que planeaba.

Y ahora estáis limpios; sólo que no todos vosotros.

(Juan 13: 10)

Era una cosa ser elegido apóstol; era otra ser elegido para la salvación mediante la observancia de las obligaciones correspondientes. Pero para que los Apóstoles comprendieran que la herejía, las cismas o la traición en sus filas no eran inesperadas, Jesús citó el Salmo 40 para mostrar que había sido anticipado por los profetas:

El hombre que compartió Mi Pan ha levantado su talón para hacerme tropezar. Os lo digo ahora, antes de que suceda, para que cuando suceda creáis que fue escrito acerca de Mí.

(Juan 13:18, 19)

La referencia era a los sufrimientos de David a manos de Ajitofel, una deslealtad ahora identificada como una prefiguración de lo que sufriría el Hijo real de David. La parte más baja del cuerpo, el talón, fue descrita en ambas instancias como la que infligía la herida. En Génesis (3:14) Dios dijo a la serpiente que la mujer le aplastaría la cabeza mientras él acechaba a sus talones. Ahora parecía que el diablo tendría una venganza momentánea, usando el talón para infligir una herida en la simiente de la mujer — el Señor. En otra ocasión Nuestro Señor dijo:

Los enemigos del hombre serán los de su propia casa.

(Mateo 10:36)

Sólo quien ha sufrido tal traición desde el seno del hogar puede siquiera atisbar la tristeza del alma del Salvador aquella noche. Todo buen ejemplo, consejo, compañía e inspiración son infructuosos con aquellos que quieren hacer el mal. Una de las expresiones más intensas de dolor expresadas por Jesús cayó ahora de sus labios para

Judas y la primera grieta en su sacerdocio

describir su amor por Judas y lamentar la libre decisión del apóstol renegado de pecar.

Jesús dio testimonio de la angustia que sentía en su Corazón; Creedme, dijo, creedme, uno de vosotros me va a traicionar.

(Juan 13:21)

Hubo doce preguntas en total. Diez de los apóstoles preguntaron:

"¿Soy yo, *Señor?*"

Todos estaban llenos de tristeza y comenzaron a decir, uno tras otro: Señor, ¿soy yo?

(Mateo 26:22)

Sin embargo, uno preguntó:

Señor, ¿quién es?

(Juan 13:26)

Este fue el mismo Juan. El duodécimo no tuvo más opción que continuar con su fingimiento.

Entonces Judas, el que lo estaba traicionando, dijo abiertamente: Maestro, ¿soy yo?

(Mateo 26:25)

Observa que once lo llamaron Señor; pero Judas lo llamó Maestro. Es una ilustración perfecta de la insistencia de San Pablo en que sólo a través del Espíritu Santo alguien puede decir: «Jesús es el Señor». (1 Corintios 12:3). Porque el espíritu que llenaba a Judas era satánico, lo llamó Maestro; los otros lo llamaron Señor, en plena confesión de la Divinidad.

Durante la primera parte de la cena de la Pascua, tanto Nuestro Señor como Judas habían mojado sus manos en el mismo plato de vino y fruta. El hecho mismo de que Nuestro Señor eligiera el pan como símbolo de la traición podría haber recordado a Judas el Pan prometido en Cafarnaún. Hablando humanamente, parecería que Nuestro Señor debería haber lanzado un fuerte reproche contra

Judas, pero, más bien, en un último intento por salvarlo, usó el pan de la comunión.

Él respondió: el hombre que ha puesto su mano en el plato conmigo me va a traicionar. El Hijo del Hombre sigue su camino, como la Escritura lo predice de Él; ¡Pero ay de aquel hombre por quien el Hijo del Hombre ha de ser traicionado; mejor le fuera a ese hombre no haber nacido.

(Mateo 26:23-25)

Ante la Presencia de la Divinidad, ¿quién puede estar seguro de su inocencia? Era razonable que cada discípulo preguntara si era él. El Hombre es un misterio incluso para sí mismo. Él sabe que dentro de su corazón yacen, enroscadas y dormidas, serpientes que en cualquier momento pueden picar a un prójimo, o incluso a Dios, con su veneno. Ninguno de ellos podía estar seguro de que él no era el traidor, aunque ninguno era consciente de una tentación de traicionarle. Sólo Judas sabía dónde se encontraba. Aunque Nuestro Señor reveló Su conocimiento de la traición, Judas permaneció firme en su determinación de hacer el mal. La revelación de que el crimen fue descubierto y el mal desnudado no le avergonzó hasta el punto de retirarse.

Algunos se estremecen de horror cuando sus pecados se les presentan sin rodeos. Pero aunque Judas vio su traición descrita en toda su deformidad, en efecto declaró en el lenguaje de Nietzsche: «Mal, sé tú mi bien.» Nuestro Señor dio una señal a Judas. En respuesta a la pregunta de los Apóstoles («¿Soy yo?») Él declaró:

Es el hombre a quien doy este trozo de pan que estoy mojando en el plato. Entonces Él mojó el pan y se lo dio a Judas, el Hijo de Simón, el Iscariote.

(Juan 13:26, 27)

Que Judas cometiera su pecado libremente queda evidenciado por su posterior remordimiento. Así también Cristo fue libre para hacer de Su traición la condición de Su Cruz. Los hombres malvados parecen ir en contra de la economía de Dios, ser un hilo errante en el tapiz de la vida, pero todos encajan en el Plan Divino. Si el viento salvaje ruge desde los cielos negros, en algún lugar hay una vela que lo atrapa y lo yuga al servicio útil del hombre.

Cuando Nuestro Señor dijo: «Es el hombre a quien doy este pedazo de pan que estoy mojando en el plato», en realidad estaba ofreciendo un gesto de amistad. El dar el bocado parece haber sido tradicional tanto entre griegos como semitas. Sócrates dijo que siempre era una señal de favor dar un bocado al vecino de la mesa. Nuestro Señor le ofreció a Judas la oportunidad de arrepentirse, como lo hizo nuevamente más tarde en el Jardín de Getsemaní. Pero, aunque Nuestro Señor dejó la puerta abierta, Judas no quiso entrar. Más bien, entró Satanás.

Una vez dado el bocado, Satanás entró en él; y Jesús le dijo: Sé pronto en tu encargo.

(Juan 13:27)

Satanás posee solo víctimas voluntarias. Las señales de Misericordia y amistad extendidas por la Víctima deberían haber movido a Judas al arrepentimiento. El pan debió quemarle los labios, como las treinta piezas de plata le quemarían después las manos. Solo unos minutos antes, las Manos del Hijo de Dios habían lavado los pies de Judas; ahora las mismas Manos Divinas tocan los labios de Judas con un bocado; En pocas horas, los labios de Judas besarán los de Nuestro Señor en el acto final de traición. El Divino Mediador, conociendo todo lo que le sucedería, dirigió a Judas a abrir más el telón sobre la tragedia del Calvario. ¿Lo que Judas debía hacer, que lo hiciera pronto? El Cordero de Dios estaba preparado para el sacrificio.

La Misericordia Divina no identificó al traidor, porque Nuestro Señor ocultó a los demás la identidad del traidor. La práctica del mundo, que ama difundir escándalos, incluso falsos, aquí se invierte en el ocultamiento de lo verdadero. Cuando vieron a Judas salir, los demás supusieron que iba en una misión de caridad.

> *Ninguno de los que estaban sentados allí pudo comprender el sentido de lo que Él dijo; algunos pensaron, dado que Judas llevaba la bolsa común, que Jesús le decía: Ve y compra lo que necesitamos para la fiesta, o le ordenaba dar alguna limosna a los pobres.*
>
> (Juan 13:28)

Pero Judas había salido para vender, no para comprar. No ministraría a los pobres, sino a los ricos encargados del tesoro del templo. Aunque Nuestro Señor Bendito conocía la mala intención de Judas, continuó comportándose con bondad. Él soportaría la ignominia en soledad. En muchas ocasiones, Jesús actuaba como si los efectos de las acciones de otros le fueran desconocidos. Sabía que resucitaría a Lázaro de entre los muertos, incluso cuando lloraba. Sabía quién no creía en Él y quién le traicionaría; sin embargo, esto no endureció Su Sagrado Corazón. Judas rechazó el último llamado, y así la desesperación permaneció en Su corazón.

Judas salió, «y era de noche» (Juan 13,30), un escenario apropiado para una obra de oscuridad. Quizás fue un alivio alejarse de la Luz del Mundo. La naturaleza a veces está en simpatía, a veces en discordia con nuestras alegrías y tristezas. El cielo está sombrío y nublado cuando hay melancolía en el interior. La naturaleza se adecuaba a las malas acciones de Judas. Cuando salió, no encontró el sol sonriente de Dios, sino la negrura estigia de la noche. También sería de noche al mediodía cuando El Señor fue crucificado.

Judas es inteligible solo en términos del Cuerpo y Sangre de Cristo. Aferrarse al dinero fue el efecto, no la causa, de un sacerdocio arruinado.

Judas y el Sacerdocio

1. Aquellos que han sido acunados en las sagradas asociaciones del sacerdocio saben mejor cómo traicionar a Nuestro Señor. Judas sabía dónde encontrar a Nuestro Señor después del anochecer.

Judas y la primera grieta en su sacerdocio

Aquí había un jardín, adonde Él y Sus discípulos se dirigieron. Judas, Su traidor, conocía bien el lugar; Jesús y Sus discípulos se habían reunido a menudo en él.
(Juan 18:1, 2)

2. La Divinidad es tan santa, que toda traición debe precederse por alguna señal de estima o afecto.

No es otro, les dijo, que el Hombre a quien saludaré con un beso.
(Mateo 26:48)

3. Ningún obispo ni sacerdote conoce la profundidad última del dolor y la tristeza espiritual, hasta que ha sentido el ardiente y abrasador beso de un hermano en Cristo que es un traidor.

4. Un sacerdote siempre puede vender a Nuestro Señor, pero ningún sacerdote puede comprarlo.

Entonces pusieron sobre la mesa treinta piezas de plata.
(Mateo 26:15)

5. Cualquier placer, beneficio o ganancia que uno reciba por rechazar al Señor Eucarístico resulta tan repugnante, que el beneficiario se ve impulsado, como Judas, a devolverlo en la cara de quienes *nos lo dieron.*

Y ahora Judas, su traidor, estaba lleno de remordimiento al verlo condenado, por lo que devolvió a los sumos sacerdotes y ancianos sus treinta piezas de plata; He pecado, les dijo, al traicionar la Sangre de un Hombre Inocente.
(Mateo 27:3,4)

¿No se podría haber dado el dinero a los pobres? Judas nunca pensó en eso entonces.

6. Muchas psicosis y neurosis se deben a un sentimiento de culpa no correspondido. El Señor habría perdonado a Judas como perdonó a Pedro, pero Judas nunca lo pidió.

Judas y la primera grieta en su sacerdocio

Cuando un hombre se odia a sí mismo por lo que ha hecho y está sin arrepentimiento ante Dios, a veces se golpea el pecho como si quisiera borrar un pecado. Hay un mundo de diferencia entre golpearse el pecho con disgusto hacia uno mismo y hacerlo con el *mea culpa* de quien pide perdón. El odio hacia uno mismo puede llegar a ser tan intenso que arrebate la vida a un hombre, llevándole al suicidio. Aunque la muerte es una pena del pecado original y naturalmente temida por cualquier persona normal, algunos se precipitan en sus brazos.

La conciencia de Judas le advirtió antes del pecado. Después del pecado le carcomió, y el desgarramiento fue tal que no pudo soportarlo. Bajó por el valle de Cedrón, ese valle de tantas asociaciones fantasmales. Rocas dentadas y árboles nudosos y raquíticos eligió como el lugar adecuado para vaciarse de sí mismo. Todo a su alrededor proclamaba su destino y su fin. Nada le resultaba más repugnante a sus ojos que el techo dorado del templo, pues le recordaba el Templo de Dios que acababa de vender. Cada árbol parecía la horca a la que había sentenciado a la Sangre Inocente. Cada rama era un dedo acusador. La misma colina en la que estaba se asomaba al Calvario, donde Aquel a quien había sentenciado a muerte uniría el cielo y la tierra, una unión que ahora él esforzaría sus últimos esfuerzos en impedir. Arrojando una cuerda sobre una rama de un árbol, se ahorcó (Mateo 27:5).

La lección es clara. Somos sacerdotes eucarísticos. Observe a un sacerdote celebrar la Misa y podrá discernir cómo trata a las almas en el confesionario, cómo atiende a los enfermos y pobres, si está interesado o no en hacer conversos, si se preocupa más por agradar al Señor Obispo que al Señor Dios, cuán eficaz es en infundir paciencia y resignación en los que sufren, si es administrador o pastor, si ama a los ricos, o a ricos y pobres, y si predica solo sermones de dinero o palabras de Cristo. La corrupción moral del sacerdocio comienza con la falta de una fe viva en la Presencia Divina, y la santidad del sacerdocio también comienza allí.

~ 14 ~

¿Por qué hacer una Hora Santa?

¿Qué bien logra una convención médica si los doctores coinciden en la necesidad de la buena salud, pero no toman medidas prácticas para implementar su argumento? Así pues, con un libro sobre el sacerdocio. ¿Qué recomendaciones concretas pueden darse al sacerdote para hacerlo digno de la vocación suprema a la que es llamado? Una respuesta inmediata y esencial es la Hora Santa. Pero, ¿por qué hacer una Hora Santa?

1. Porque es tiempo pasado en la Presencia de Nuestro Señor mismo. Si la Fe está viva, no se necesita otra razón.

2. Porque en nuestra vida ocupada se requiere un tiempo considerable para sacudirnos a los «diablos del mediodía», las preocupaciones mundanas que se adhieren a nuestras almas como polvo. Una hora con Nuestro Señor sigue la experiencia de los discípulos en el camino a Emaús (Lucas 24,13-35). Comenzamos caminando con Nuestro Señor, pero nuestros ojos están «retenidos», de modo que no «Lo reconocemos». Luego, Él conversa con nuestra alma mientras leemos las Escrituras. La tercera etapa es de dulce intimidad, como cuando «Él se sentó a la mesa con ellos». La cuarta etapa es el pleno amanecer del misterio de la Eucaristía. Nuestros ojos se «abren» y Lo reconocemos. Finalmente, llegamos al punto en que no queremos irnos. La hora pareció tan corta. Al levantarnos preguntamos:

¿No ardían nuestros corazones dentro de nosotros cuando Él nos habló en el camino y cuando nos explicó las Escrituras?

(Lucas 24:32)

¿Por qué hacer una Hora Santa?

3. Porque Nuestro Señor lo pidió.

¿No tuviste fuerzas, entonces, para velar conmigo siquiera una hora?

(Mateo 26:40)

La palabra fue dirigida a Pedro, pero se le llama Simón. Es nuestra naturaleza simonina la que necesita la hora. Si la hora parece difícil, es porque... *el espíritu está dispuesto, pero la carne es débil.* (Marcos 14:39)

4. Porque, como nos dice Santo Tomás de Aquino, el poder del sacerdote sobre el *corpus mysticum* se deriva de su poder sobre el *corpus physicum* de Cristo. Es porque consagra el Cuerpo y Sangre de Cristo que el sacerdote puede enseñar, gobernar y santificar a los miembros de la Iglesia. Prácticamente, esto significa que entra en el confesionario desde el pie del altar; que sube al púlpito después de haber representado el misterio de la Redención. Cada visita a enfermos, cada palabra de consejo en el salón, cada lección de catecismo impartida a los niños, cada acto oficial en la cancillería, brota del altar. Todo el poder reside allí, y cuantos más "atajos" tomemos desde el tabernáculo hacia nuestros otros deberes sacerdotales, menos fuerza espiritual tendremos para ellos.

La Eucaristía es la *fans et caput* de todos los bienes espirituales de la Iglesia. (Urbi et Orbi, 8 de mayo de 1907)

Es de la Eucaristía de donde todos los demás Sacramentos reciben su eficacia. (Catecismo del Concilio de Trento, Parte II, Capítulo 4, n° 47.)

Si todos los Sacramentos, si toda nuestra predicación, confesión, administración y salvación comienzan con esa Llama de Amor, ¿cómo podemos negarnos a ser encendidos por ella una hora al día?

5. Porque la Hora Santa mantiene un equilibrio entre lo espiritual y lo práctico. Las filosofías occidentales tienden a un activismo en el que Dios no hace nada y el hombre lo hace todo; las

filosofías orientales tienden a un quietismo en el que Dios hace todo y el hombre nada. La justa medida es *Surgite postquam sederitis:* acción después del descanso; Marta caminando con María; *contemplar aliis tradere,* en palabras de Santo Tomás. La Hora Santa une la vida contemplativa con la vida activa del sacerdote.

Gracias a la hora con Nuestro Señor, nuestras meditaciones y resoluciones pasan de lo consciente a lo subconsciente y luego se convierten en motivos de acción. Un nuevo espíritu comienza a impregnar nuestras visitas a enfermos, nuestros sermones y nuestras confesiones. El cambio lo realiza Nuestro Señor, que llena nuestro corazón y obra a través de nuestras manos. Un sacerdote sólo puede dar lo que posee. Para dar a Cristo a los demás, es necesario poseerlo.

6. Porque las revelaciones hechas por el Sagrado Corazón a almas santas indican que aún quedan profundidades inexploradas de ese Corazón reservadas para los sacerdotes. Hay velos de amor tras los cuales sólo el sacerdote puede penetrar, y de los cuales saldrá ungido y con un poder sobre las almas muy superior a su propia fuerza. La "casa" del sacerdote no es la sacristía. Él está "en casa" sólo donde Cristo está presente. Allí sólo aprende los secretos del amor. Al contarle a Santa Margarita María, el Sagrado Corazón se quejaba de que tan pocos sacerdotes responden a Su clamor: "*Tengo sed"* (Juan 19:28). Sus palabras para ella fueron: "Tengo una sed ardiente de ser honrado en el Santísimo Sacramento, y apenas encuentro a alguien que se esfuerce según Mis deseos por saciar esa sed haciendo alguna devolución a Mí."

7. Porque la Hora Santa nos hará practicar lo que predicamos. Entristece al Sagrado Corazón ver una disparidad escandalosa entre el alto ideal del sacerdocio y su pobre realización.

Aquí hay una imagen, dijo Él, del Reino de los Cielos; Había una vez un rey que celebró una fiesta de bodas para su hijo y envió a sus siervos con una convocatoria a todos aquellos a quienes había invitado a la boda; pero no quisieron venir.

(Mateo 22: 2,3)

¿Por qué hacer una Hora Santa?

Estaba escrito de Nuestro Señor que Él «se dispuso a hacer y a enseñar» —*facere et docere* (Hechos 1: 1). El sacerdote que practica la Hora Santa encontrará que, cuando enseña, el pueblo dirá de él como del Señor:

Todos... se asombraban de las palabras de gracia que salían de su boca.

(Lucas 4:22)

8. Porque la Hora Santa nos convierte en instrumentos obedientes de la Divinidad. En la Eucaristía hay este doble movimiento: primero, del sacerdote al Corazón Eucarístico; y, en segundo lugar, del sacerdote al pueblo. El sacerdote que se ha entregado al Corazón de Nuestro Señor Bendito es conocido por Nuestro Señor como «prescindible» para Sus propósitos. El sacerdote se ve dotado de un poder adicional debido a su docilidad en las manos de su Maestro. Dios concede algunas gracias directamente a las almas, como un hombre da limosnas al pobre que encuentra. Pero el Sagrado Corazón desea que grandes gracias sean distribuidas a las almas a través de las manos de Sus sacerdotes.

La eficacia de los sacerdotes tiene poco o nada que ver con sus dones naturales. Un sacerdote eucarístico será un mejor instrumento del Señor entre las almas que uno erudito que Le ama menos. Una de las promesas hechas a los sacerdotes que aman el Sagrado Corazón es: «Daré a tales sacerdotes el poder de tocar los corazones más endurecidos.»

9. Porque la Hora Santa nos ayuda a hacer reparación tanto por los pecados del mundo como por los nuestros. Cuando el Sagrado Corazón se apareció a Santa Margarita María, fue Su Corazón, y no Su Cabeza, el que fue coronado de espinas. Fue el Amor el que fue herido. Misas negras, comuniones sacrílegas, escándalos, ateísmo militante — ¿quién los compensará? ¿Quién será un Abraham para Sodoma, una María para los que no tienen vino? Los pecados del mundo son nuestros pecados, como si los hubiéramos cometido nosotros. Si causaron a Nuestro Señor un sudor de Sangre, hasta el

punto de que reprendió a sus discípulos por no quedarse con Él una hora, ¿acaso nosotros, como Caín, preguntaremos:

10.

¿Acaso soy yo el guardián de mi hermano?

(Génesis 4:9)

El sacerdote que se pregunta qué puede hacer contra el Comunismo sabe que las batallas se ganan cuando sus manos se levantan, como las de Moisés, en oración.

11. Porque restaurará nuestra perdida vitalidad espiritual. Nuestros corazones estarán donde están nuestras alegrías. Una razón por la que muchos no progresan después de muchos años en el sacerdocio es que rehúyen echar sobre Nuestro Señor toda la carga de sus vidas. No buscan su alegría en la unión de su sacerdocio con la condición de víctima de Cristo. A veces permanecen obstinados, aferrándose a las cosas sensibles, olvidando que la puerta eucarística en realidad no es una puerta en absoluto; ni siquiera es un muro, porque allí tenemos el «derribar el muro que era una barrera entre nosotros» (Efesios 2:14).

El Sagrado Corazón prometió a través de Santa Margarita María «hacer a Sus sacerdotes como espadas de dos filos, que harán brotar en ellos la santa fuente de la penitencia». Nuestras vidas, en el mejor de los casos, son débiles, quizás rotas como porcelana fragmentada. Así que acudimos al Sagrado Corazón y pedimos *ut congregata restaures, et restaurata conserves*: que «Tú reúnas y remiendes, remiendes y para siempre preserves, lo que ahora está roto». Necesitamos ser cementados nuevamente por el amor en la unidad, y ¿dónde puede encontrarse tal amor sino en el Sacramento de la unidad?

12. Porque la Hora Santa es la «Hora de la Verdad». A solas con Jesús, allí nos vemos a nosotros mismos, no como nos ve la gente — siempre juzgándonos mejores de lo que somos— sino como nos ve el Juez. Si tomamos en serio el elogio, nada desinfla tanto nuestra pomposidad como la realización de la impotencia a la que el Señor

del Cielo se ha reducido, bajo la especie del Pan. Nuestras faltas, nuestra carencia de caridad hacia otros sacerdotes, nuestras respuestas demasiado apresuradas a quienes nos ofenden en su apariencia, nuestra dulzona amabilidad con los bien vestidos, nuestra búsqueda de los ricos, nuestra evitación de los pobres, nuestra Misa apresurada, nuestra impaciencia en el confesionario —todo esto el Señor Eucarístico lo extrae de nuestra conciencia.

Vivir en pecado, grave o venial, se vuelve intolerable para el sacerdote que practica la Hora Santa. Es como tener un médico a mano que nos advierte de un cáncer en crecimiento. Eventualmente, nos vemos impulsados a pedir al Divino Médico que nos sane. Ningún pecado es pecado oculto en la meditación; no se dan excusas. Sacamos el pecado de su guarida y lo ponemos ante Dios. Siempre supimos que *Dios lo veía;* pero en la Hora Santa lo vemos. Nuestros pecados se colocan ante nuestros ojos no como una debilidad humana, sino como una re-crucifixión de Nuestro Señor:

Escúdriñame, oh Dios, como Tú quieras, y lee mi corazón; Pruébame, y examina mis pensamientos inquietos. Ve si en algún camino falso está puesto mi corazón, y Tú mismo guíame por los caminos antiguos.

(Salmo 138:23-24 [139:23-24, RSV])

Pero no hay necesidad de temer, porque durante la Hora, entramos en las cámaras privadas del Juez. Nos hacemos amigos de Él antes del juicio, mientras hacemos reparación por nuestros pecados.

13. Porque reduce nuestra responsabilidad ante la tentación y la debilidad. Presentarnos ante Nuestro Señor en el Santísimo Sacramento es como poner a un paciente tuberculoso en buen aire y luz solar. El virus de nuestros pecados no puede subsistir mucho tiempo ante la Luz del Mundo.

¿Por qué hacer una Hora Santa?

Siempre puedo mantener al Señor a la vista; siempre Él está a mi derecha, para hacerme permanecer firme.
(Salmo 15:8 [16:8, RSV])

Nuestros impulsos pecaminosos son impedidos de surgir por la barrera erigida cada día por la Hora Santa. Nuestra voluntad se dispone al bien con poco esfuerzo consciente de nuestra parte. Satanás, el león rugiente, no tuvo permiso para extender su mano y tocar al justo Job hasta que recibió autorización (Job 1:12). Ciertamente, entonces el Señor retendrá la caída grave de aquel que vela (1 Corintios 10:13). Con plena confianza en su Señor Eucarístico, el sacerdote tendrá una resiliencia espiritual. Se recuperará rápidamente después de una caída:

Caeré, pero es solo para levantarme de nuevo; si me siento en la oscuridad, el Señor será mi luz. Debo soportar la desaprobación del Señor, yo que he pecado contra Él, hasta que finalmente admita mi súplica y conceda reparación.

(Miqueas 7:8-9)

El Señor será favorable incluso con el más débil de nosotros, si nos encuentra a Sus pies en adoración, disponiéndonos a recibir los favores Divinos. No bien Saúl de Tarso, el perseguidor, se humilló ante su Creador, Dios envió un mensajero especial en su auxilio, diciéndole que «aún ahora está en su oración» (Hechos 9:11). Incluso el sacerdote que ha caído puede esperar consuelo, si vela y ora.

Aumentarán los que hasta ahora habían menguado, serán exaltados los que una vez fueron humillados.
(Jeremías 30:19-20)

14. Porque la Hora Santa es una oración personal. La Misa y el Breviario son oraciones oficiales. Pertenecen al Cuerpo Místico de Cristo. No nos pertenecen personalmente. El sacerdote que se limita estrictamente a su obligación oficial y adoración es como el obrero

sindicalizado que deja de trabajar en cuanto suena el silbato. El amor comienza cuando el deber termina. Es dar la capa cuando ya se ha tomado el abrigo. Es recorrer la milla extra.

La respuesta vendrá antes de que se pronuncie el grito de auxilio; la oración encontrará audiencia mientras aún está en sus labios.

(Isaías 65:24)

Por supuesto, no tenemos que hacer una Hora Santa — y ese es precisamente el punto. El amor nunca es forzado, excepto en el infierno. Allí el amor debe someterse a la justicia. Ser forzado a amar sería una especie de infierno. Ningún hombre que ama a una mujer está obligado a darle un anillo de compromiso; y ningún sacerdote que ama el Sagrado Corazón está obligado a dar una Hora de compromiso.

"¿También tú te vas?" (Juan 6:68) es un *amor* rebelde; "¿Duermes?" (Marcos 14:37) es un *amor* imprudente; "Tenía grandes posesiones" (Mateo 19:22; Marcos 10:22) es un *amor* egoísta. ¿Pero tiene el sacerdote que ama a Su Señor tiempo para otras actividades antes de realizar actos de amor "más allá del deber"? ¿Ama el paciente al médico que cobra por cada visita, o comienza a amar cuando el médico dice: "Solo pasé para ver cómo estabas"?

15. La meditación nos impide buscar una escapatoria externa a nuestras preocupaciones y miserias. Cuando surgen dificultades en la sacristía, cuando los nervios se tensan por falsas acusaciones, siempre existe el peligro de que miremos hacia afuera, como hicieron los Israelitas, en busca de liberación.

Del Señor Dios, el Santo de Israel, se te dio la palabra: Vuelve y guarda silencio, y todo te irá bien; en la quietud y en la confianza está tu fuerza. Pero tú no quisiste; ¡A caballo! gritaste, ¡Debemos huir! y huirás; Debemos cabalgar rápido, dijiste; pero más rápido aún cabalgan tus perseguidores.

(Isaías 30:15-16)

¿Por qué hacer una Hora Santa?

No hay escape exterior; ni el placer, ni la bebida, ni los amigos, ni el mantenerse ocupado son una respuesta. El alma de un sacerdote no puede «volar sobre un caballo»; debe tomar «alas» hacia un lugar donde su «vida está escondida ... con Cristo en Dios» (Colosenses 3:3).

16. Finalmente, porque la Hora Santa es necesaria para la Iglesia. Nadie puede leer el Antiguo Testamento sin tomar conciencia de la Presencia de Dios en la historia. ¡Cuántas veces Dios utilizó a otras naciones para castigar a Israel por sus pecados! Hizo de Asiria la «vara que ejecuta Mi venganza» (Isaías 10:5). La historia del mundo desde la Encarnación es el Camino de la Cruz. El ascenso y la caída de las naciones permanecen relacionados con el Reino de Dios. No podemos comprender el misterio del gobierno de Dios, pues es el «libro sellado» de la Revelación. Juan lloró al verlo (Apocalipsis 5:4). Él no podía entender por qué aquel momento de prosperidad y aquella hora de adversidad.

Lo que a menudo olvidamos es que todos los juicios de Dios comienzan con la Iglesia, como comenzaron con Israel. No la política, sino la teología es la clave del mundo. Lamentamos la maldad de los hombres, pero ¿acaso el Señor no está todo el tiempo mirando nuestras propias fallas? El juicio comienza con nosotros:

Haz tu camino, dijo el Señor, por toda la ciudad, de un extremo a otro de Jerusalén; y donde encuentres hombres que lloran y lamentan las acciones abominables cometidas en ella, marca sus frentes con una cruz. A los otros les oí decir: Vuestra tarea es recorrer la ciudad a sus talones y golpear. Nunca permitas que tu ojo se derrita de compasión; viejos y jóvenes, hombres y doncellas, madres e hijos, destruid a todos por igual hasta que no quede ninguno, salvo sólo donde veáis la cruz marcada en ellos. Y comienza primero con el templo mismo.

(Ezequiel 9:4-6)

Amós dio la misma lección. Cuanto más inmerecidos los favores, insistió, mayor será el castigo:

¿Por qué hacer una Hora Santa?

Nación no hay que haya reclamado para mí, salvo vosotros; y culpa vuestra no hay que quede impune.

(Amós 3:2)

Dios habla a través de Jeremías y dice que el castigo comienza con la ciudad santa, *in civitate mea.*

Aquí comienzo mi obra de venganza con esa ciudad que es el santuario de Mi Nombre, ¿y vosotros otros seréis absueltos y quedaréis impunes? Eso nunca será, dice el Señor de los ejércitos; a la espada si apelo, es para el castigo de todo un mundo.

(Jeremías 25:29)

Para que no pensemos que no compartimos la responsabilidad por lo que acontece al mundo en el Nuevo Testamento, que Pedro reafirme la advertencia:

El tiempo está maduro para que comience el juicio, y para comenzar por la casa de Dios; y si nuestro turno llega primero, ¿cuál será su resultado para aquellos que rehúsan dar crédito al mensaje de Dios?

(1 Pedro 4:17)

La Mano de Dios golpeará primero a la Iglesia, luego al mundo. Nosotros, que somos los veladores puestos en las murallas, somos los primeros en ser juzgados. Jerusalén fue destruida sólo después de que Nuestro Señor purificó el Templo. La casa de Jacob sintió la hambruna antes que los egipcios. Los judíos fueron llevados al cautiverio antes de que los asirios cayeran ante los medos y persas.

Si entonces de cosas terribles un *sanctuario meo incipite,* ¿no habremos nosotros, sacerdotes, de expiar los pecados del mundo, mantener santo nuestro sacerdocio por el bien de nuestro país y del mundo, y ser fieles? Si el Juicio comienza así en el santuario, entonces también comenzará la Misericordia. Así, el mundo puede ser salvado. Qué contribución podrían hacer los 55.000 sacerdotes en los Estados Unidos a la paz del mundo, si cada uno dedicara una hora diaria en el santuario. ¡Y qué bendito sería para cada uno el momento de la muerte:

Bendito es aquel siervo que se encuentre haciendo esto cuando venga su Señor.

(Lucas 12,43)

Un sacerdote que termina su Hora Santa dirá con Juan el Bautista:

Él debe crecer, y yo debo menguar.

(Juan 3,30)

La supuesta superioridad de estar «en la cancillería» o la supuesta inferioridad de ser «solo un asistente» se disuelve ante el tabernáculo. ¿Qué diferencia definitiva importa si uno es pasado por alto para una parroquia «buena» (rica), o si el «segundo mejor» hombre de la diócesis es nombrado *officialis*? La autoafirmación cede ante la afirmación en Cristo en la presencia del tabernáculo. El sacerdote que hace del Señor todo durante una hora cada mañana no resulta seriamente herido por un "paso por alto" episcopal cuando la promoción era lógicamente suya. La "pequeñez" del Señor en la Eucaristía convierte en una absurdidad la "grandeza" en el sacerdote.

En lugar de ser el "padrino" en las nupcias de Cristo y Su Iglesia, a veces actuamos como si quisiéramos ser el esposo—y ese oficio el Señor no lo cederá. En la Hora Santa, el sacerdote aprende a ocuparse únicamente de promover la belleza de la Esposa que es la Iglesia, para que pueda presentarse sin "mancha ni arruga" (Efesios 5:27) en el día de las Bodas del Cordero.

A nuestra parroquia, como Pablo a los corintios, decimos:

Os he desposado con Cristo, para que ningún otro sino Él os reclame, Su Esposa sin mancha.

(2 Corintios 11: 2)

¿Por qué hacer una Hora Santa?

Una ley inflexible rige la influencia del sacerdote sobre los demás: cuanto más se infla, menos se glorifican el Señor y Su Iglesia. La meditación sobre el «vaciamiento» del Salvador en la Eucaristía mantendrá al sacerdote siempre consciente de que es la luna que recibe su luz del sol.

Ningún obispo eucarístico dirá o siquiera pensará jamás: «Construí veintiún institutos secundarios, cuarenta y tres nuevas parroquias y seis conventos en diecinueve años.» Sabe demasiado bien quién proporcionó el dinero — ¡el pueblo! Sabe demasiado bien quién dio la autoridad — ¡la Iglesia! Sabe demasiado bien quién suministró la ayuda — ¡sus sacerdotes! Diariamente escuchará al Señor desde el tabernáculo susurrar:

Después de todo, amigo, ¿quién es el que te concede esta preeminencia? ¿Qué poderes tienes que no te hayan sido dados como don? Y si te fueron dados como don, ¿por qué te jactas de ellos como si no fuera un don?

(1 Corintios 4:7)

Si el Señor no nos hubiera dado una vocación, ¿qué seríamos: empleados de seguros, camioneros, maestros, médicos, agricultores, camareros? El Señor no eligió a ninguno de nosotros como el mejor. Él escoge «vasijas frágiles». Y al reunirnos alrededor de la Eucaristía y contemplarnos unos a otros, reconocemos en nuestro corazón la verdad de las palabras de Pablo:

Considerad, hermanos, las circunstancias de vuestra propia vocación; no muchos de vosotros sois sabios según la carne, ni muchos poderosos, ni muchos de noble linaje.

(1 Corintios 1:26)

No somos los mejores, pues de otro modo el poder del Evangelio estaría en nosotros y no en el Espíritu. Pero, ¿dónde se aprende mejor esta verdad que en la presencia del Misterio que parece pan, pero que en realidad es Emmanuel; tan pequeño que nuestras manos pueden partirlo, tan lleno de poder que su ruptura renueva la Pasión y Muerte

¿Por qué hacer una Hora Santa?

de Cristo? El sacerdote disminuido es el Cristo aumentado. Cuando la Eucaristía no es más que un fondo remoto en nuestras vidas, es como tener el sol bajo en el horizonte detrás de nosotros. Proyectamos una sombra hacia adelante; Y cuanto más bajo está el sol, más larga es la sombra. Si el Señor está lejos de nosotros, apenas visible, parece crecer nuestro propio ego como nuestra sombra, y con él nuestras opiniones y obras adquieren la apariencia de gran sustancia. Pero esto es una ilusión. Si, por el contrario, cada día comienza con la Eucaristía ante nosotros como nuestro sol naciente, la sombra del ego ya no oculta nuestro verdadero rostro, y cuando el Sol de Justicia alcanza el meridiano, ningún ego sobrevive. Entonces las almas a quienes atendemos, como los apóstoles en la Transfiguración, ven «ya a nadie, sino sólo a Jesús con ellos» (Marcos 9,7).

El único requisito es la aventura de la fe, y la recompensa son las profundidades de la intimidad para quienes cultivan Su amistad. Permanecer con Cristo es comunión espiritual, como Él insistió en la noche solemne y sagrada de la Última Cena, el momento que eligió para darnos la Eucaristía:

Sólo tienes que vivir en Mí, y Yo viviré en ti.

(Juan 15:4)

Él nos quiere en Su morada:

Para que vosotros también estéis donde Yo estoy.

(Juan 14:3)

Cuánto nos perdemos las alegrías de nuestro sacerdocio cuando nuestros únicos encuentros con el Señor son «audiencias públicas» — en la Misa, las devociones, el Vía Crucis, siempre que tenemos que estar allí. El Señor quiere «audiencias privadas». Quiere una audiencia prolongada, una hora completa. ¡Juan y Andrés se quedaron todo el día!

✠ J.M.J. ✠

~ 15 ~

Cómo hacer la Hora Santa

Si es posible, el sacerdote debe hacer su Hora Santa diaria antes de celebrar su Misa. Ahora que las normas de la Iglesia sobre el ayuno preeucarístico han sido modificadas, será aconsejable que tome una taza de café antes de comenzar. *El estadounidense medio es física, biológica, psicológica y neurológicamente incapaz de hacer algo provechoso antes de tomar una taza de café.* Y esto también se aplica a la oración. Incluso las hermanas en conventos cuyas reglas fueron escritas antes de que se desarrollaran las cafeteras eléctricas, harían bien en actualizar sus procedimientos. Que tomen café antes de la meditación.

Limite la recitación del Breviario a veinte minutos de la hora. El propósito fundamental de esta hora es meditar. Algunos escritores espirituales recomiendan una división mecánica de la hora en cuatro partes: acción de gracias, petición, adoración y reparación. Esto resulta innecesariamente artificial. La conversación de una hora con un amigo no se divide en cuatro segmentos o temas rígidos. La Hora Santa no es una oración oficial; es personal. Cada sacerdote, siendo hombre, posee un corazón único en el mundo. Este corazón singular debe constituir el contenido de su oración. A Dios no le agradan más las «cartas circulares» que a nosotros. Además de la oración litúrgica u oficial, debe existir la oración del corazón. Constantemente predicamos a los demás; En la Hora Santa nos predicamos a nosotros mismos.

Muchos libros sobre meditación tienen un formato rígido que es soportable en el seminario, pero que el sacerdote pronto encuentra demasiado árido para sus propósitos. Los llamados «métodos» de meditación son generalmente poco prácticos y no adecuados para nuestra mentalidad. Consisten en un análisis de una meditación *que ya se realizó*, y que resultó satisfactoria para quien la llevó a cabo. Un niño correrá tras una pelota con gracia y libertad de movimiento. Pero si se le dice que narre lo que hace en cada segundo, cómo primero levanta el pie derecho y luego el izquierdo, toda la espontaneidad desaparece. Fundar una meditación primero en el intelecto, luego en la voluntad y finalmente en las emociones, es destruir la intimidad. Esto no es lo que realmente sucede. El intelecto no actúa primero en la meditación, luego la voluntad y después la imaginación. *La Persona medita; todas sus facultades actúan conjuntamente.* Para lograr esto, debe dejarse la mayor libertad posible al individuo:

... donde está el Espíritu del Señor, allí hay libertad.

(2 Corintios 3:17)

El mejor libro para la meditación es la Escritura. Pero, dado que muchas de sus profundidades necesitan ser explicadas, un buen comentario espiritual resulta valioso. Con demasiada frecuencia, el Señor debe repetir la queja que expresó a sus discípulos:

No entendéis las Escrituras ni el poder de Dios.

(Mateo 22:29)

Lee las Escrituras, o un comentario, o cualquier libro espiritual sólido, hasta que un pensamiento te llame la atención. Luego cierra el libro y habla con Nuestro Señor sobre ello. Pero no hagas todo el hablar. Escucha también: «Habla, Señor, que tu siervo escucha» (1 Reyes, 3:10 [1 Samuel 3:10, RSV]); no debe ser: «Escucha, Señor, que tu siervo habla.» Aprendemos a hablar escuchando, y crecemos en el amor a Dios escuchando. La meditación es al menos mitad escucha:

Es Mi turno de hacer preguntas.

(Job 40:2)

Cuando estés tan fatigado y exhausto que no puedas rezar, ofrece tu inutilidad. ¿Acaso no ama el perro estar cerca del maestro, incluso cuando el maestro no le da ninguna señal evidente de afecto?

No permitas que ninguna dificultad para hacer la Hora sea excusa para abandonarla. Cuando hacerla es un placer, podemos considerarnos sacerdotes; cuando es un esfuerzo, podemos recordar que también somos víctimas. Entonces nos volvemos como Moisés, que pidió a Dios que borrara su nombre del registro si con ello ganaba el perdón para el pueblo (Éxodo 32:31), y como Pablo, que estaba dispuesto a ser maldito por su raza (Romanos 9:1-3). El mismo esfuerzo que hacemos cada día nos convierte en dueños de nosotros mismos y, por lo tanto, en mejores siervos del Sagrado Corazón.

Cuando sientas la tentación de abandonar la Hora, pregúntate cuál de estas tres excusas, que el Señor dijo que serían nuestras (Lucas 9:57-62), nos está reteniendo del servicio total: deseos terrenales, amor terrenal o dolor terrenal.

¿Sentarse o arrodillarse?

¿Debe uno arrodillarse, sentarse, estar de pie o caminar durante la Hora Santa? La Escritura registra ejemplos de cada una de estas diversas posturas. El publicano que estaba de pie en la parte trasera del Templo fue considerado justificado. San Simpliciano, quien sucedió a San Ambrosio como obispo de Milán, preguntó a Agustín cuál era la postura adecuada para orar y por qué David no se arrodillaba al orar delante del tabernáculo. Agustín respondió que se debe adoptar la posición corporal que mejor contribuya a mover el alma. Aristóteles dijo que el alma se vuelve sabia al sentarse. La regla de San Jerónimo era que, al orar y meditar, el cuerpo debía adoptar siempre la posición que pareciera mejor para excitar la devoción interna del alma.

Sentarse a veces se asocia con la desesperación y el cansancio en la Escritura. Cuando Israel fue llevado al cautiverio y Jerusalén quedó desierta:

... el profeta Jeremías se sentó allí y lloró.

(Lamentaciones 1:1)

Elías también, en su desesperación, se sentó bajo un enebro y «oró para acabar con la vida» (3 Reyes 19:4 [1 Reyes 19:4, RSV]). Los exiliados de Jerusalén son representados en el Salmo

Nos sentamos junto a los arroyos de Babilonia y lloramos allí, recordando Sion.

(Salmo 136:1 [137:1, RSV])

Y cuando Moisés oraba por la victoria contra Amalec, «se le cansaban los brazos»; así que le encontraron una piedra para sentarse y le pidieron que se sentara sobre ella» (Éxodo 17:12).

Por otro lado, Nuestro Señor Bendito oró en el Jardín de rodillas: «Se postró en tierra orando» (Mateo 26:39). Esteban oró en la misma posición: «Arrodillándose, clamó a gran voz: Señor, no les tomes en cuenta este pecado» (Hechos 7:59). Después de la pesca milagrosa: «Simón Pedro cayó de rodillas y se agarró de Jesús; Déjame a mí mismo, Señor, soy un pecador» (Lucas 5:8). San Pablo evidentemente oró de rodillas: «Me postro de rodillas ante el Padre de nuestro Señor Jesucristo» (Efesios 3:14). El joven que se acercó a Nuestro Señor preguntando qué debía hacer para recibir la vida eterna "se arrodilló ante Él" (Marcos 10:17). Incluso cuando los soldados se burlaron de Nuestro Señor Bendito, después de golpearle en la cabeza con una vara y escupirle, "doblaron las rodillas en adoración a Él" (Marcos 15:19). El gesto de ridículo es una burla evidente de un gesto de adoración.

Cuando Nuestro Señor entró en el Jardín, Él "se arrodilló para orar" (Lucas 22:41). Cuando Pedro resucitó a Tabita, "se puso de rodillas para orar" (Hechos 9:40). Cuando Pablo llegó a Éfeso y citó las únicas palabras pronunciadas por Nuestro Señor registradas en la Escritura fuera de los Evangelios ("Es más bienaventurado dar que recibir"), "se arrodilló y oró con todos ellos" (Hechos 20:35,36). El salmista usó una expresión semejante: "Venid, adoremos postrándonos, doblando la rodilla ante Dios que nos hizo" (Salmo 94:6 [95:6 RSV]). La madre de los hijos de Zebedeo adoptó la misma posición al buscar un favor para sus dos hijos, "postrándose de rodillas para hacerle una petición" (Mateo 20:20).

El padre que tenía al hijo lunático se acercó a Nuestro Señor "y se arrodilló ante Él: Señor, dijo, ten piedad de mi hijo, que es lunático" (Mateo 17:14). El leproso que se acercó a Nuestro Señor Bendito en la sinagoga de Galilea para ser sanado se arrodilló a Sus pies y dijo: «Si quieres, puedes limpiarme» (Marcos 1:40). La condición que el diablo impuso a Nuestro Señor Bendito para darle todos los reinos del mundo fue igualmente la de arrodillarse: «Si te postras delante de mí y me adoras» (Lucas 4:7).

Pedro, en cambio, estaba de pie cuando se calentaba junto al fuego (Juan 18:18,25).

La conclusión es obvia. Es mejor arrodillarse durante la Hora Santa, pues indica humildad, sigue el ejemplo de Nuestro Señor en el Jardín, hace expiación por nuestras faltas y es un gesto de respeto ante el Rey de Reyes.

¿Con qué frecuencia?

¿Debe el sacerdote que escucha el llamado del Salvador sufriente para velar una Hora con Él hacer el sacrificio una vez a la semana? ¡No! Es demasiado arduo. Lo que se realiza una vez a la semana es una interrupción de nuestra vida habitual. La tentación es posponerlo hasta el final de la semana, corriendo así el riesgo de no hacerlo en absoluto.

La Hora Santa semanal nunca puede convertirse en un hábito. Una vez a la semana no es una señal profunda de Amor. ¿Qué madre se contenta con ver a su hijo una vez a la semana? ¿Qué esposa, a su marido? El Amor no es intermitente. Los medicamentos tomados una vez a la semana pueden aportar poca fortaleza.

Si la Hora Santa una vez a la semana es demasiado difícil, ¿con qué frecuencia debe hacerse? La respuesta es evidente. Debe hacerse todos los días.

La Hora Santa realizada una vez a la semana es una interrupción en la semana. Pero realizada diariamente, su ausencia es una interrupción. Además, un acto que se convierte en hábito por repetición diaria pierde su dificultad. Lo que al principio se realiza imperfectamente, por hábito se vuelve más fácil con cada intento progresivo. Si la Hora Santa se repite diariamente a la misma hora, la comenzamos sin premeditación; se vuelve casi automática. La Hora Santa diaria se vuelve tan fácil como cualquier cosa que hacemos a diario. Se convierte no solo en un hábito, sino en parte de la naturaleza del sacerdote. Como escribió Aristóteles en su Retórica:

Lo que se ha vuelto habitual se convierte, por así decirlo, en parte de nuestra naturaleza; el hábito es algo parecido a la naturaleza, porque la diferencia entre «a menudo» y «siempre» no es grande, y la naturaleza pertenece a la idea de «siempre», el hábito a la de «a menudo».

En el Antiguo Testamento, el maná caía cada día, no solo semanalmente.

Pero el Señor dijo a Moisés: Tengo la intención de hacer llover pan sobre vosotros desde el cielo. Será para que el pueblo salga y recoja lo suficiente para sus necesidades, día a día; y así tendré una prueba para ver si están dispuestos a seguir Mis órdenes o no.

(Éxodo 16:4)

Dios prometió darles pan cada día, pero el día antes del sábado caía un doble suministro, porque no caería ninguno en el sábado. Esta recolección diaria fue una prueba de amor y obediencia. El Señor siempre tiene una prueba: en el desierto, así como en el Jardín. Los primeros padres fueron probados por la prohibición de comer del fruto del árbol del conocimiento del bien y del mal. La obediencia de los israelitas fue probada por el mandato de no recoger en los días ordinarios más de lo suficiente para ese día. Toda la vida es una prueba. La inferencia sugerida es que, bajo la nueva dispensación, una fe diaria en la Eucaristía mediante una Hora Santa es una prueba de nuestra fidelidad.

El maná enseñaba una lección diaria de dependencia de Dios y desempeñó un papel importante en la educación espiritual de Israel. No venía a intervalos o de forma irregular, sino de manera regular. Lo que el Señor daba diariamente, podemos devolverlo diariamente.

El sacerdote debe considerar la práctica diaria de la Hora Santa como algo que debe prolongar durante toda su vida. Los hijos de Israel comieron el maná durante cuarenta años (Éxodo 16:35) hasta llegar a las fronteras de la tierra de Caná. Los cuarenta años representan el peregrinaje de la vida. Esto implica espiritualmente que todo sacerdote debe recoger diariamente el maná celestial para su alma.

La Hora Santa diaria nos concede sabiduría. La adoración diaria de la Eucaristía no solo estaba implícita en el tipo o prefiguración del maná, sino también en la manera en que se otorga la sabiduría a quienes cumplen las condiciones indicadas. Nuestro Señor dijo que quienes hicieran Su Voluntad conocerían Su doctrina. Esto significa que el conocimiento es necesario al principio para amar, pero que luego el amor profundiza el conocimiento. El Libro de los Proverbios, hablando de la sabiduría que es anterior a este mundo, convoca al alma a una vigilancia temprana y diaria:

Ámame, y ganarás Mi Amor; Espera temprano a las puertas de mi casa, y tendrás acceso a Mí.

(Proverbios 8:17)

La mente del sacerdote que vive cerca de la puerta del tabernáculo recibe una iluminación especial. La mente y el corazón del sacerdote se guían mejor cuando buscan al Señor Eucarístico al amanecer. También se fortalece el joven sacerdote que comienza su vigilia en la puerta del tabernáculo en los primeros días de su sacerdocio.

Otro pasaje del Libro de los Proverbios que describe la búsqueda diaria de la sabiduría a los pies del Señor, se aplica frecuentemente a la Madre Bendita:

Estaba a Su lado, como maestro de obras, mi deleite aumentando cada día, mientras jugaba delante de Él todo el tiempo; jugaba en este mundo de polvo, con los hijos de Adán como compañeros de juego.

(Proverbios 8:30-32)

Es ciertamente digno de notar que este deleite no se describe como espasmódico o semanal, sino día tras día. «Bienaventurados los que me escuchan, que velan día tras día a mi umbral, esperando que abra mis puertas» (Proverbios 8:34).

Las exigencias diarias requieren una Hora Santa diaria. La oración del Señor nos recuerda que el alimento de ayer no nos nutre hoy:

Danos hoy nuestro pan de cada día.

(Mateo 6:11)

Las vitaminas no pueden almacenarse. La energía espiritual debe renovarse; la fuerza de hoy debe venir del Señor hoy. Así se rompe la monotonía de la vida, y llega al sacerdote un nuevo poder para el apostolado de cada día. La Hora Santa diaria también destruye en el sacerdote los presentimientos y preocupaciones sobre el futuro. Arrodillado ante el Señor Eucarístico, recibe las raciones para la marcha de cada día, sin preocuparse en absoluto por el mañana.

La Hora Santa debe ser un acontecimiento diario porque nuestras cruces son diarias, no semanales.

Cómo hacer la Hora Santa

Si alguno quiere venir en pos de mí, niéguese a sí mismo, tome su cruz cada día y sígame.

(Lucas 9:23)

Nuestros hijos, nuestras misiones, nuestras deudas, nuestras úlceras, nuestras manías — ninguna de ellas viene en octavas. Sus entrelazados horizontales y verticales forman para nosotros una cruz diaria. Estas cruces diarias nos amargarán, quemarán nuestras almas y nos harán amargos, a menos que las transformemos en crucifijos; ¿y cómo puede hacerse eso sino viéndolas como provenientes del Señor? Eso solo podemos hacerlo si estamos con Él. La Hora Santa puede ser un sacrificio, pero el Señor no hace de la semana la unidad del sacrificio. Él nos dice que nuestra cruz es diaria.

Un momento en que Nuestro Señor exultó fue cuando exclamó en medio de sus discípulos que «la hora ha llegado» (Juan 17:1). La palabra «hora» la usó solo en relación con Su Pasión y Muerte. Fue para ese tiempo, esa hora, que el reloj del tiempo se puso en marcha; fue para esa hora que el mundo fue creado, el Cordero sacrificado, el polvo de la tierra preparado. A ella los patriarcas aguardaban con esperanza; a ello miramos hacia atrás. Sin ello no habría Misa, ni absolución, ni perdón. ¿Se retraerá el verdadero sacerdote ante tal Hora, dispuesto a ser sacerdote pero no víctima? ¿Ofrecer, pero no ser ofrecido? ¿Ser un grano de incienso pero no estar dispuesto a consumirse en el fuego? Antes bien, debe cada día tomar su cruz de vigilia diciendo con el Sagrado Corazón: «la Hora ha llegado».

Cada día, mientras esté en su poder hacerlo, porque habrá un día y una Hora que no serán suyos, sobre los cuales no tendrá control, pues

... ese día y esa Hora de que hablas, no los conoce nadie, ni siquiera los ángeles en el Cielo.

(Marcos 13, 32)

No es concebible que un sacerdote que ha santificado cada día con su Hora sea jamás rechazado por el Juez. Si Nuestro Señor une el día y la Hora para hacer de ello un símbolo de Juicio, ¿no uniremos nosotros el día y la Hora para la salvación, para la alegría y para el amor?

Bendito es aquel siervo que se encuentre haciendo esto cuando venga su Señor.

(Lucas 12:43)

Se podría objetar que una hora al día retirada del trabajo sacerdotal significa que se puede hacer mucho menos bien. La misma objeción se hizo respecto a la prisión de Pablo. Sin embargo, desde su prisión San Pablo escribió a los filipenses para asegurarles que, aunque no predicaba activamente, estaba haciendo el bien. Cada sacerdote en oración puede decir, como Pablo en prisión:

Me apresuro a aseguraros, hermanos, que mis circunstancias aquí solo han tenido el efecto de difundir más el Evangelio; tan ampliamente se ha dado a conocer mi prisión, en honor a Cristo, por todo el pretorio y a todo el mundo más allá.

(Filipenses 1:12)

Todas las cosas que le sucedían allí estaban promoviendo el Evangelio. Todos estamos comprometidos con Cristo bajo una obligación espiritual de mantener una lealtad clara y decisiva, no solo por nuestro propio bien, sino por el de todos aquellos a quienes nuestra firmeza y vigilancia fortalecerán. La Hora Santa diaria es una limitación de tiempo, pero una limitación que se conquista por un bien espiritual superior. Según los estándares humanos, nada podría ser un mayor desperdicio que Pablo en prisión, justo cuando el cristianismo comenzaba a conquistar el mundo. Lo mismo podría decirse de un pastor que inicia una parroquia. Nada podría parecer más desperdiciado que sacrificar una hora para el Señor. Pero los caminos de Dios son diferentes. La aparente derrota y desconcierto del hombre se convierte en el triunfo de la Verdad. Las misericordias se recogen y los recursos se encuentran ocultos por el sacerdote que llama a la puerta del tabernáculo.

Todo pastor puede preguntarse legítimamente si no debería prestar más atención al tabernáculo y al altar en su iglesia, para enfatizar la Presencia Real. Un altar que parece una mesa y un tabernáculo que parece una caja, ayudan poco a hacer presente al espectador la Presencia Divina. ¿No sería quizás enriquecedor el tabernáculo restaurando los dos querubines prescritos bajo la Ley de Moisés?

Haz también un trono de oro puro, de dos codos y medio de largo, de un codo y medio de ancho, y dos querubines de oro puro batido para los dos extremos de este trono, uno para estar a cada lado; con sus alas extendidas para cubrir el trono, guardianes del santuario. Deben mirarse el uno al otro a través del trono. Y este trono será la cubierta del Arca, y el contenido del Arca, la Ley escrita que te daré. De allí emitiré mis mandatos; desde ese trono de Misericordia, entre los dos querubines que están sobre el Arca y sus registros, Mi Voz te llegará, siempre que envíe palabra a través de ti a los hijos de Israel.

(Éxodo 25:17-22)

La forma exacta de los querubines del Templo fue mantenida en secreto por los judíos. El historiador judío del siglo I, José, señaló que «nadie es capaz de afirmar o conjeturar de qué forma eran los querubines». Las dos alas de ambos querubines estaban tan adelantadas frente a ellos y elevadas, que cubrían la parte superior del Arca de la Alianza. Sus rostros se inclinaban el uno hacia el otro, de modo que ambos miraban hacia abajo al Arca, como vigilándola. Se habla de los querubines como los serafines de la visión del Templo en Isaías (6:2), y también como los guardianes del Paraíso (Génesis 3:24). Sus alas también eran una sombra protectora para quienes se refugiaban bajo ellas en la Misericordia Divina (Salmo 90:1-3 [91:1-4 RSV]). San Pedro afirmó más tarde que a los ángeles les encantaba contemplar y meditar sobre el misterio de la Redención — una referencia evidente a la posición de los ángeles sobre el Arca de la Alianza.

Y ahora los ángeles pueden satisfacer su mirada ansiosa.

(1 Pedro 1:12)

La parte superior del Arca, a veces llamada el Propiciatorio, estaba manchada de sangre, pues se rociaba sangre sobre ella una vez al año. Como figura del Nuevo Testamento, los rostros de los ángeles están, por tanto, orientados hacia Cristo, suspendidos sobre la Cruz y la Sangre de la Redención.

El ángel que guarda el Jardín del Edén para impedir el regreso de nuestros primeros padres (Génesis 3:24) parece ahora un contrapunto de aquellos colocados para velar por el prototipo de la Eucaristía, salvo que estos últimos no empuñan espada en sus manos. Zacarías parece indicarnos dónde se encontrará la espada, a saber, en el Corazón del Pastor que ofreció su vida por sus ovejas.

¿Qué heridas son estas en Tus Manos Clavadas? Así herido estaba yo, Él responderá, en la casa de mis amigos. ¡Levántate, espada, y ataca a este Pastor Mío... dice el Señor de los ejércitos.

(Zacarías 13:6,7)

La preocupación principal del pastor debe ser el tabernáculo, no la sacristía, no el ego, sino el Señor; no su comodidad, sino la gloria de Dios. La moqueta de pared a pared en una sacristía no combina bien con un altar y tabernáculo que parecen una casa sobre pilotes. ¿No debería el Rey tener un hogar mejor que su representante? Lo primero es lo primero, como cantó David:

Nunca entraré bajo el techo de mi casa, ni subiré a la cama que está preparada para mí; Nunca cerrarán estos ojos el sueño, ni se cerrarán estos párpados, hasta que haya encontrado al Señor un hogar, al gran Dios de Jacob un lugar donde habitar... Que tus sacerdotes vistan la vestidura de la inocencia, que tu pueblo fiel clame con júbilo.

(Salmo 131:3-5,9 [132:3-5,9, RSV])

Algunos pueden ser olvidadizos de la Eucaristía, como Saúl fue descuidado con el arca. Pero David contrastó su propia casa cómoda con la pobreza del arca: «Aquí estoy yo, habitando en una casa toda de cedro, mientras que el arca de Dios no tiene nada mejor que cortinas de piel alrededor» (2 Reyes 7:2 [2 Samuel 7:2, RSV]). David no podía permitir que el Dios Eterno habitara en una morada inapropiada. El Señor reprende a quienes construyen casas finas mientras descuidan Su Templo:

> *Escuchad, dijo el Señor (a ellos por medio del profeta Hageo), ¿no es aún demasiado pronto para que tengáis techos sobre vuestras cabezas, y Mi templo en ruinas? ... A vuestras propias casas corréis de prisa, y Mi templo está en ruinas. Por eso los cielos os están vedados para que no llueva sobre vosotros.*
>
> (Hageo 1:4,9,10)

Pero mientras construimos iglesias dignas del Señor Eucarístico, entregaremos el 10 por ciento del costo para edificar humildes hogares para el mismo Señor en África y Asia. Quien realiza la Hora diaria pensará en esto, porque sabe que su parroquia debe ser una condición de víctima, así como también un sacerdocio real.

Habrá momentos en que la Hora sea difícil — la mayoría de las veces en vacaciones, pero a veces en gran aflicción. ¿Qué es entonces lo que da valor al sacerdote? Este puede ser un tiempo de oscuridad, como cuando los griegos vinieron a Nuestro Señor diciendo: «Queremos ver a Jesús», probablemente debido a la majestad y belleza de Su apariencia, que reverenciaban tanto como seguidores de Apolo. Pero Él señaló Su Ser desgarrado y maltrecho en un monte, y luego añadió que solo a través de la Cruz en sus vidas habrá belleza del alma en la novedad de la vida.

Luego hizo una pausa por un momento mientras Su alma era presa de un temor aterrador ante la Pasión y el ser "hecho pecado", de ser traicionado, crucificado y abandonado. Desde las profundidades de Su Sagrado Corazón brotaron estas palabras:

Y ahora Mi alma está angustiada. ¿Qué voy a decir? Diré: Padre, líbrame de pasar por esta hora de prueba; Y, sin embargo, sólo he llegado a esta hora de prueba para poder pasar por ella.

(Juan 12:27)

Estas son casi las mismas palabras que Él pronunció más tarde en el Jardín de Getsemaní — palabras inexplicables salvo por el hecho de que Él llevaba la carga de los pecados del mundo. Era natural que Nuestro Señor Bendito sufriera una lucha en cuanto que era un hombre perfecto. Pero no fueron sólo los sufrimientos físicos los que Le afligían; Él, como los estoicos, filósofos, hombres y mujeres de todas las épocas, podría haber permanecido sereno ante grandes pruebas físicas. Pero Su angustia se dirigía menos al dolor y más a la conciencia de los pecados del mundo que exigían esos sufrimientos. Cuanto más amaba a aquellos por quienes Él era el rescate, mayor era su angustia, ¡pues son las faltas de los amigos y no de los enemigos las que más perturban los corazones!

Ciertamente no pedía ser salvado de la Cruz, pues reprendió a sus Apóstoles por intentar disuadirle. Dos opuestos estaban unidos en Él, separados solo en la expresión: el deseo de liberación y la *sumisión* a la voluntad del Padre. Al desnudar su propia alma, les dijo a los griegos que el autosacrificio no es fácil. No debían ser fanáticos en querer morir, porque la naturaleza no quiere crucificarse a sí misma; pero, por otro lado, no debían apartar la mirada de la Cruz con cobarde temor. En su caso, ahora como siempre, los estados de ánimo más dolorosos pasan a los más dichosos; nunca hay Cruz sin Resurrección; la "Hora" en que el mal tiene dominio pasa rápidamente al "Día" en que Dios es Victorioso.

Y así como en aquel momento le vino una Voz del Cielo, así le vendrá al sacerdote-víctima una voz del tabernáculo.

~ 16 ~

La Eucaristía y el Cuerpo del Sacerdote

Un efecto de la devoción al Santísimo Sacramento es un concepto más elevado del cuerpo. Mucha literatura devocional está impregnada de un énfasis jansenista en la vileza del cuerpo. Se le representa como un "gusano" y "el enemigo del alma", como si el alma pudiera salvarse sin el cuerpo. Tal desprecio del cuerpo olvida que el hombre es una persona, un compuesto de cuerpo y alma. Al anunciar la Eucaristía, Nuestro Señor Bendito habló de ella en relación no solo con el alma, sino también con el cuerpo que participará en la Resurrección.

Y Aquel que me envió quiere que conserve sin pérdida y resucite en el último día todo lo que me ha confiado.

(Juan 6:39)

Job, aguardando con esperanza la Resurrección mientras contemplaba sus llagas ulcerosas, exclamó:

Esto al menos sé: que vive Aquel que me vindicará, levantándose del polvo cuando llegue el último día. Una vez más mi piel me vestirá, y en mi carne contemplaré a Dios.

(Job 19:25)

De igual modo, el Señor habla a Ezequiel:

¿Dudarás entonces del poder del Señor, cuando abra tus sepulcros y te haga vivir?

(Ezequiel 37:13)

La Eucaristía y el Cuerpo del Sacerdote

Esta idea San Pablo la desarrolló ampliamente (1 Corintios 15:35-44), relacionándola con la Resurrección de Cristo. Las características que asumirá el cuerpo reflejarán las del alma. Si se vierte un líquido azul en un vaso, el vaso parecerá azul. Si se vierte rojo, parecerá rojo. Si el alma es negra en su interior, el cuerpo asumirá una corrupción semejante. Si el alma participa de la Naturaleza Divina, el cuerpo tomará el resplandor del Cielo. Como escribió Dante en su *Paradiso*:

Una carne gloriosa y santificada se nos revestirá de nuevo, haciendo que nuestras personas sean más agradables por estar plenamente completas.

Lo que se dijo de Nuestro Señor Bendito al venir al mundo debe, por tanto, aplicarse a todo sacerdote.

En cambio, Me has dotado de un cuerpo.

(Hebreos 10:6)

Esto significa que Dios no se satisfaría con los sacrificios de la Antigua Ley (Isaías 1:11-17; Jeremías 7:21-23; Oseas 6:6), sino que el Cuerpo que Su Hijo tomó sería el instrumento de Su Divinidad. Fue gracias al Cuerpo que María le dio que Él pudo sufrir. Fue gracias a ese mismo Cuerpo que la Divinidad caminó esta tierra en forma de hombre:

En Cristo está encarnada toda la plenitud de la Divinidad, y habita en Él.

(Colosenses 2:9)

En el desierto, Satanás apeló al apetito del hambre después de que Nuestro Señor hubiera estado ayunando. Pero Nuestro Señor hizo reparación por todos esos pecados ofreciendo Su Cuerpo como Sacrificio en la Cruz.

Puede preguntarse por qué en la Epístola a los Hebreos se pone énfasis en el cuerpo que Nuestro Señor tomó, y no en el alma, como ocurre en Isaías (53:10). Probablemente fue para subrayar el hecho de que la ofrenda de Cristo debía ser por medio de la muerte, lo cual requería un cuerpo; y también para llamar la atención sobre la necesidad de confirmar el Nuevo Pacto con sangre, así como el Antiguo. Por ello, Nuestro Señor, en la noche de la Última Cena, cambió el vino en Sangre, llamándola la Sangre del Nuevo Testamento o Pacto; pero la Sangre no podía darse sin el Cuerpo.

Otra razón puede ser para recordarnos que la Naturaleza Humana de Cristo (Lucas 1:35) no constituía una persona distinta, sino que pertenecía a la Segunda Persona de la Santísima Trinidad. El misterio de la Encarnación es que la Divinidad habitó en el Cuerpo; El misterio de la Expiación está oculto en una única ofrenda del Cuerpo de Cristo; El misterio de la santificación es que el Espíritu Santo habita y santifica también el Cuerpo.

Puesto que el gran Sumo Sacerdote enfatizó Su Cuerpo como fuente de santificación para las almas, ¿no debe acaso el sacerdote que toca ese Cuerpo de Cristo en la Eucaristía ver su propio cuerpo incorporado en ese mismo Señor Eucarístico?

Este respeto por el cuerpo se manifestará de dos maneras: por la pureza del cuerpo y por un espíritu de sacrificio. Para todos los cristianos, pero particularmente para el sacerdote que toca el Cuerpo de Cristo, la obligación de ser puro es clara:

Pero vuestros cuerpos no son para la inmoralidad, sino para el Señor, y el Señor reclama vuestros cuerpos.

(1 Corintios 6:13)

¿Acaso nunca os han dicho que vuestros cuerpos pertenecen al Cuerpo de Cristo?

(1 Corintios 6:15)

El cuerpo no pertenece al sacerdote; él es sólo su administrador. Él está obligado a usarlo conforme a la dirección del gran Sumo Sacerdote:

La Eucaristía y el Cuerpo del Sacerdote

Ya no sois vuestros propios amos. Se pagó un gran precio para redimirte; glorificad a Dios haciendo de vuestros cuerpos los santuarios de Su Presencia.

(1 Corintios 6:19,20)

No solo el alma es del Señor; también lo es el cuerpo. Miembro a miembro, el cuerpo del sacerdote debe ser el mismo que el que tomó el Hijo de Dios, que por nosotros fue crucificado y que ahora está en gloria a la derecha de Dios. Una vez que el sacerdote realmente ve su cuerpo como el templo de Dios, debe mostrarle un mayor respeto. La manera en que se viste, cómo se presenta a quienes llaman a la puerta, cómo mantiene su cuerpo disciplinado, libre de excesos en la comida y la bebida, estas y todas sus relaciones con su cuerpo están guiadas por un sentido de lo que es propio del templo que es de Dios. El cuerpo del sacerdote es el muro del templo, sus sentidos son la puerta, su mente la nave, su corazón el altar-sacerdote y su alma el Santo de los Santos.

Incluso habrá una agradable expresión en el rostro del sacerdote. Los constructores de catedrales medievales dedicaban mucho tiempo a las puertas para hacerlas lo más dignas posible. El rostro es la puerta del alma, y no debe ser un descrédito para el templo. Una expresión triste y sombría, la irritabilidad y el descontento, poco convienen a quienes tienen cuerpos que son templos del Espíritu Santo y que tocan el Cuerpo y la Sangre de Cristo cada mañana en el altar. En el rostro brillará la Presencia Divina.

pureza

La pureza del sacerdote es, por tanto, espiritual antes que física; es teológica antes que fisiológica; es eucarística antes que higiénica. La pureza es un reflejo de la Fe; es una actitud antes que un acto; una interioridad reverente, no una integridad biológica.

La pureza en el sacerdote no es el resultado de algo que Él "renuncia"; es reverencia al misterio — y el misterio es creatividad. Dios ha permitido que las criaturas participen en Su Creación. El esposo y la esposa la prolongan engendrando fruto para su matrimonio, una encarnación de su amor mutuo. El embajador de Cristo está llamado a otro tipo de creatividad: engendra almas. Él consagra; Él bautiza; Él recrea almas en el confesionario. En todos estos actos su cuerpo participa. Por lo tanto, no ha entregado ciertas funciones del cuerpo; las ha transformado, integrándolas en el plan Divino de Redención.

La virginidad consagrada es la forma más elevada de amor sacro o sacrificial; no busca nada para sí misma, solo busca la voluntad del Amado. El mundo comete el error de suponer que la virginidad se opone al amor, como la pobreza se opone a la riqueza. Más bien, la virginidad está relacionada con el amor, como la educación universitaria está relacionada con la educación primaria. La virginidad es la cima montañosa del amor, como el matrimonio es su colina. Simplemente porque la virginidad a menudo se asocia con el ascetismo y la penitencia, se piensa que significa únicamente renunciar a algo. La verdadera imagen es que el ascetismo es solo la cerca que rodea el jardín de la virginidad. Siempre hay un guardia apostado alrededor de las joyas de la corona de Inglaterra, no porque Inglaterra ame a los soldados, sino porque los necesita para proteger las joyas. Así, cuanto más precioso es el amor, mayores son las precauciones para guardarlo. Puesto que no hay amor más precioso que el del alma enamorada de Dios, el alma debe estar siempre vigilante contra los leones que quisieran invadir sus verdes pastos. La reja en un monasterio carmelita no es para mantener a las hermanas dentro, sino para mantener al mundo fuera. Así como la virginidad no es lo opuesto al amor, tampoco es lo opuesto a la generación. La bendición cristiana sobre la virginidad no derogó el mandato de Génesis (1:22) de "creced y multiplicaos", porque la virginidad tiene su propia generación. La consagración a la virginidad de María fue única en cuanto que resultó en una generación física — el Verbo hecho Carne. Pero también estableció el modelo para la generación espiritual, pues ella también engendró al cristiforme. De igual modo, el amor virginal no debe ser estéril. Antes bien, debe decir con Pablo:

Fui yo quien os engendró en Jesucristo ... (1 Corintios 4:15)

Cuando la mujer en la multitud alabó a la Madre de Nuestro Señor, Él dirigió la alabanza hacia la maternidad espiritual, y dijo que quien hacía la voluntad de Su Padre en el cielo era Su madre. La relación fue aquí elevada del nivel de la carne al espíritu. Engendrar un cuerpo es bendecido; salvar un alma es más bendecido, pues tal es la Voluntad del Padre. Una idea así puede transformar una función vital, no condenándola a la esterilidad, sino elevándola a una nueva fecundidad del Espíritu. Por tanto, parecería implicarse en toda virginidad la necesidad del apostolado y el engendramiento de almas para Cristo. Dios, que aborreció al hombre que enterró su talento en la tierra, ciertamente despreciará a quienes se comprometen a estar enamorados de Él y, sin embargo, no muestran nueva vida — conversos o almas salvadas mediante la contemplación.

Instruyendo a los jóvenes sobre la pureza

Al dialogar con otros sobre la dignidad del Cuerpo, el verdadero sacerdote no se limitará a la repetición rutinaria de las prohibiciones tradicionales ni al consejo igualmente rutinario de imitar a la Madre Bendita. La técnica del "no hacer" provoca que los jóvenes se pregunten por qué su instinto de procreación debe ser tan fuerte, si está asociado al mal. Por otro lado, los jóvenes se cuestionan cómo debe imitarse a la Madre Bendita. El ideal es tan elevado y abstracto que fácilmente puede parecer impracticable para los jóvenes.

Así como el agua pura es más que la ausencia de impurezas, como un diamante puro es más que la ausencia de carbono, y como un alimento puro es más que la ausencia de veneno, así la pureza es más que la ausencia de voluptuosidad. Porque se defiende la fortaleza contra el enemigo, no se sigue que la fortaleza en sí misma no contenga tesoro alguno.

El sacerdote debe decir a los jóvenes que todo misterio contiene dos elementos; Uno visible, el otro invisible. Por ejemplo, en el Bautismo, el agua es el elemento visible y la gracia regeneradora de Cristo es el elemento invisible. El sexo es también un misterio, porque posee estas dos características. El sexo es algo conocido por todos y, sin embargo, es algo oculto para todos. El elemento conocido es que todos son o varón o mujer. El elemento invisible, oculto y misterioso en el sexo es su capacidad creativa, una participación, de algún modo, en el poder creador por el cual Dios hizo el mundo y todo lo que hay en él. Así como el amor de Dios es el principio creador del universo, así Dios quiso que el amor del hombre y la mujer fuera el principio creador de la familia. Este poder de los seres humanos para engendrar a uno hecho a su imagen y semejanza participa del poder creador de Dios.

Los jóvenes deben entender que la antorcha de la vida puesta por Dios en sus manos debe arder controlada hacia el propósito y destino establecidos por la razón y el Dios de la razón. El misterio de la creatividad que Dios puso en ellos está rodeado de asombro. Una reverencia especial envuelve el poder de ser cocreadores con Dios en la creación de la vida humana. Es este elemento oculto el que, de manera especial, pertenece a Dios, así como la gracia de Dios en los sacramentos. Aquellos que hablan solo del sexo se concentran en el elemento físico o visible, olvidando el misterio espiritual o invisible de la creatividad. Los humanos, en los sacramentos, suministran el acto, el pan, el agua y las palabras; Dios suministra la gracia, el misterio. En el acto sagrado de crear la vida, el hombre y la mujer suministran la unidad de la carne; Dios suministra el alma y el misterio. Tal es el misterio del sexo como el sacerdote debería explicarlo.

En la juventud, esta grandeza ante el misterio se manifiesta en la timidez de la mujer, que la hace retraerse de una entrega precoz o demasiado pronta de su secreto. En el hombre, el misterio se revela en la caballerosidad hacia las mujeres, que es algo más que un mero sentido de asombro ante lo desconocido. Porque, también, por la reverencia que envuelve este poder misterioso que proviene de Dios, la humanidad siempre ha sentido que debe ser utilizado únicamente con una sanción especial de Dios y bajo ciertas relaciones. Por eso, tradicionalmente, el matrimonio ha estado asociado con ritos religiosos, para dar testimonio de que el poder del sexo que viene de

Dios debe tener su uso aprobado por Dios, pues está destinado a cumplir Sus designios creativos.

Ciertos poderes pueden ser usados propiamente solo en determinadas relaciones. Lo que es lícito en una relación no lo es en otra. Un hombre puede matar a otro hombre en una guerra justa, pero no en su capacidad privada como ciudadano. Un policía puede arrestar a alguien como guardián debidamente designado de la ley, pero no de otro modo. Así también, la "creatividad" del hombre y la mujer es lícita bajo ciertas relaciones sancionadas por Dios, pero no fuera de esa relación misteriosa llamada matrimonio.

La pureza ahora se considera no como algo negativo, sino positivo. La pureza es una reverencia tan profunda por el misterio de la creatividad, que no permitirá ningún cisma entre el uso del poder para engendrar y su propósito Divinamente ordenado. Los puros no pensarían jamás en aislar la capacidad de participar en la creatividad de Dios, así como no pensarían en usar un cuchillo para otro fin que no sea su propósito humanamente ordenado. Aquellas cosas que Dios ha unido, los puros nunca las separarían. Nunca usarían el signo material para deshonrar el santo misterio interior, así como no usarían el Pan del altar, consagrado a Dios, para alimentar solo el cuerpo.

La pureza, por tanto, no es mera integridad física. El sacerdote le dirá a la joven que es una firme resolución no usar el poder hasta que Dios le envíe un esposo. En el joven, es un deseo firme de esperar la voluntad de Dios para que tenga una esposa. En este sentido, los verdaderos matrimonios se hacen en el Cielo; porque cuando el Cielo los hace, cuerpo y alma no tiran en direcciones opuestas. El aspecto físico, conocido como sexo, no está alienado del aspecto invisible y misterioso que se revela sólo a aquel a quien Dios ha querido compartir en la creatividad divina, en el tiempo propio de Dios.

Los jóvenes verán que la experiencia confirma la definición de pureza como reverencia al misterio. Nadie se escandaliza al ver a personas comer en público, o leer en los autobuses, o escuchar música en la calle, pero se escandalizan ante espectáculos obscenos, libros indecentes o manifestaciones indebidas de afecto en público. No es porque los jóvenes sean mojigatos, ni porque estén educados en escuelas católicas, ni porque aún no hayan estado bajo la influencia "liberadora" de un Freud, sino porque estas cosas involucran aspectos de un misterio tan profundo, tan personal, tan incomunicable que no deben vulgarizarse.

Nos gusta ver la bandera americana ondeando sobre la cabeza de un vecino, pero no queremos verla bajo sus pies. Hay un misterio en esa bandera; es más que un trozo de tela; representa lo invisible, lo espiritual, el amor y la devoción a la patria. Los puros se escandalizan ante los impuros, debido a la prostitución de lo sagrado; hace que el reverente se vuelva irreverente. La esencia de la obscenidad es convertir el misterio interior en una burla. Dada una presencia oculta de un don de Dios en cada persona, así como hay una Presencia Divina oculta en el Pan del altar, cada persona se convierte en un huésped. Así como se discierne el Pan de los ángeles bajo el signo del pan, también se discierne un alma y una potencial cooperación con la creatividad de Dios bajo un cuerpo. Así como el católico anhela el abrazo de Cristo en el Sacramento porque primero aprendió a amarlo como Persona, así reverencia el cuerpo porque primero aprendió a reverenciar el alma. Esto es adoración en primer lugar, y pureza en segundo.

Al tratar con adultos, el sacerdote que ha entregado su cuerpo al Señor les explicará el significado de «dos en una sola carne». No solo en el matrimonio, sino también fuera de él, todo acto de este tipo crea unidad y algo que perdura por la eternidad. No existe tal cosa como beber el agua y olvidar el vaso:

> *¿Tomaré lo que pertenece a Cristo y lo uniré con una ramera? Dios no lo permita. ¿O nunca habéis oído que el hombre que se une a una ramera se hace un solo cuerpo con ella? Los dos, nos dicen, serán una sola carne.*
>
> (1 Corintios 6:15,16)

Cada Persona posee un don que sólo puede darse una vez, y recibirse sólo una vez. En la unidad de la carne, Él la hace Mujer;

ella lo hace Hombre. Pueden disfrutar del don muchas veces, pero una vez dado, nunca puede ser retirado, ni en el Hombre ni en la Mujer. No es sólo una experiencia fisiológica, sino el despliegue de un misterio. Así como uno puede pasar sólo una vez de la ignorancia al conocimiento respecto a un hecho o axioma dado, por ejemplo, el principio de contradicción, así uno puede pasar sólo una vez de la incompletitud al pleno conocimiento de sí mismo que aporta la pareja. Una vez que se cruza esa línea divisoria, ninguno pertenece enteramente a sí mismo. Su reciprocidad ha creado dependencia; el enigma ha sido resuelto, el misterio ha sido revelado; los dos se han convertido en una unidad, ya sea sancionada por Dios o en desafío a Su Voluntad.

San Pablo también enseña una lección que el sacerdote puede comunicar acerca del cuerpo.

Cualquier otro pecado que un hombre cometa, deja el cuerpo intacto, pero el fornicador está cometiendo un crimen contra su propio cuerpo.

(1 Corintios 6:17-18)

La embriaguez y la gula son pecados realizados en y por el cuerpo, son pecados cometidos mediante el abuso del cuerpo; pero aún están fuera del cuerpo, es decir, introducidos desde fuera. La fornicación es la alienación de un cuerpo que es del Señor y convertirlo en el cuerpo de otro; es la entrega de la propiedad del Señor a otro. Es un pecado contra el propio cuerpo del hombre en su misma naturaleza.

Después de presentar a los demás el aspecto positivo de la pureza, el ideal de la Madre Bendita se hace entonces evidente. Ella es el amor ideal que contemplamos más allá de todo amor creado, un amor al que instintivamente acudimos cuando el amor carnal falla. Ella es el ideal que Dios tuvo en Su Corazón desde toda la eternidad — la Señora a quien llamaría nuestra Bendita «Madre». Ella es a quien todo hombre ama cuando ama a una mujer — lo sepa o no. Ella es lo que toda mujer desea ser cuando se contempla a sí misma. Ella es la mujer que todo hombre toma por esposa en su ideal; está oculta como ideal en el descontento de toda mujer ante la agresividad carnal del hombre; es el deseo secreto que toda mujer alberga de ser honrada y fomentada. Para conocer a una mujer en la hora de la posesión, un hombre debe primero haberla amado en la exquisita hora de un sueño. Para ser amada por un hombre en la hora de la posesión, una mujer debe primero querer ser amada, fomentada y honrada como un ideal. Más allá de todo amor humano existe otro amor; Ese "otro" es la imagen de lo posible. Es ese "posible" lo que cada hombre y cada mujer aman cuando se aman mutuamente. Ese "posible" se hace real en el amor modelo del Único amado de Dios antes de que el mundo fuera creado, y en ese otro amor que nos trae a Cristo y a Cristo a nosotros: María, la Virgen Inmaculada, la Madre de Dios.

El Cuerpo del Sacerdote: Una Víctima Viviente

El sacerdote eucarístico vive las palabras de Pablo:

Os ruego, por la misericordia de Dios, que presentéis vuestros cuerpos como sacrificio vivo, santo y agradable a Dios.

(Romanos 12:1)

San Pablo quizá tenía en mente algunos de los sacrificios de la Antigua Ley. El sacerdote, habiendo matado al animal, lo abría y sacaba todo lo que era inmundo. Luego lo lavaba y lo consumía en el altar con fuego, ante el Señor. Nuestro gran Sumo Sacerdote quiere que nos lavemos externamente de nuestra culpa en Su Sangre, y luego, abriéndonos, quite todo lo corrupto dentro de nosotros mediante el lavado y la regeneración del Espíritu Santo, para que seamos presentados como santos sacrificios sobre el altar y consumidos ante el Señor.

"Vivir" puede entenderse aquí en contraposición a la lujuria sensual que tiene su origen en el cuerpo y contra la cual el Apóstol se quejó más tarde (Romanos 7:24). "Vivir" también puede significar el sacrificio continuo. La palabra griega usada en este texto es la habitual para presentar animales sacrificatorios en el altar, pero aquí se especifican nuestros cuerpos. El Judío tenía que presentar a Dios el cuerpo de un animal; el sacerdote, su propio cuerpo. Bajo la Ley, el animal era sacrificado; en la Misa, el sacerdote es "sacrificado" y hecho víctima.

Cuando el cuerpo es ofrecido a Dios como un "sacrificio razonable", la tierra no se pisa como un campo de golf ni como un mercado, sino como un templo. Si nuestro único sentimiento hacia nuestro gran Sumo Sacerdote fuera un sentimiento religioso no expresado en una forma apropiada de sacrificio, nuestros sentimientos eventualmente se extinguirían. Expresar nuestra vida sacerdotal en sacrificio evita que la piedad se convierta en mera emoción. Nada da tanto poder a las palabras del sacerdote en el púlpito, en el aula o en el hogar como sus negaciones personales. Nada en este mundo tiene valor hasta que es ofrecido o dedicado a un fin superior. ¿Qué valor tiene la tierra si no hacemos algo con ella? ¿Qué valor tiene nuestro cuerpo si no se entrega por Cristo?

El Sacrificio de la Misa que ofrecemos se realiza sin ninguna satisfacción para los sentidos. ¿Pero cuándo se vuelve sensible, tangible, vivido, concreto? Cuando el sacrificio matutino se hace visible en la víctima viviente del cuerpo del sacerdote. Cualquier exceso que embote el espíritu y lo haga incapaz de servirle, cualquier preocupación absorbente por las cosas externas que frene el crecimiento de Cristo en nosotros, tales cosas erigen una barrera contra el poder del sacerdote para santificar a otros *ex opere operantis*. No existe tal cosa como una "Misa de las seis". La Misa es continua — una "víctima viviente". Lo que se presenta mística y sacramentalmente en la Misa matutina debe presentarse corporalmente durante todo el día.

Habiendo muerto con Cristo en el altar, continuamos la muerte instruyendo a los conversos, enterrando a los muertos, consolando a los enfermos, dando limosna para la Propagación de la Fe. Nadie despreciará los sacrificios que el cuerpo debe hacer si la llama del sacrificio se enciende en la Consagración.

El sacrificio continuo del sacerdote es del corazón y de la mente en acción de gracias (Romanos 15:16; Hebreos 13:15); el sacrificio de las buenas obras (Hebreos 13:16); el sacrificio de corazones quebrantados y espíritus contritos (Salmo 50:17 [51:17 RSV]); el sacrificio del hombre entero y la entrega de sí mismo a Dios (1 Pedro 2:15; Romanos 12:1; Filipenses 2:7).

Que la motivación de nuestra víctima viviente sea la Eucaristía es claro:

Así, es la Muerte del Señor lo que proclamáis cada vez que coméis este Pan y bebéis este Cáliz, hasta que Él venga.

(1 Corintios 11:26)

La Eucaristía no es sólo una incorporación a la *Vida* de Cristo, sino también una incorporación a Su *Muerte*. Nuestra Misa no sólo mira hacia la primera venida de Cristo, sino también hacia Su segunda venida. La Misa es también una representación mística de la Muerte de Cristo mediante la consagración separada del Pan y el Vino, tipificando la separación de la Sangre del Cuerpo de Cristo. Esta representación mística e incruenta de la Muerte de Cristo nos compromete a la disciplina y mortificación del cuerpo cuando dejamos el altar. Así como la Muerte de Cristo no fue una simple agonía, sino una muerte con fines altos y gloriosos, así nuestra representación no es un mero recuerdo histórico, sino una vivencia práctica de la Cruz. Sin la prolongación del sacrificio, sólo hay un recuerdo especulativo, como el que se podría tener de una película, pero sin un despertar del amor mutuo y la gratitud.

Un descenso en la reverencia al decir la Misa será seguido por un descenso del sacrificio en las actividades sacerdotales del día. El sacerdote perezoso siempre trabajará "más duro" para terminar su Misa lo más rápido posible. Él no quiere que la llamada de trompeta al sacrificio sea fuerte o demasiado clara. Pero el sacerdote santo sabe que el trigo debe pasar por un molino para ser apto para el altar y que las uvas deben ser aplastadas en el lagar; así también debe ser víctima, para ofrecer dignamente el sacrificio que proclama y representa la Muerte de Cristo.

Mons. Ronald Knox nos invita a reflexionar sobre nuestra condición de víctima. como decimos en acción de gracias: "Este es Su Cuerpo que se entrega por mí; esta es Su Sangre que se derrama por mí; después de todo este tiempo, Él aún viene a mí en la postura de Víctima. Y quiere imprimir algo de Sí mismo en mí; Yo debo ser la cera, Él el anillo de sello. Algo, entonces, de la Víctima quiere ver en mí; ¿no dice la *Imitación* que corresponde a todo cristiano llevar una vida moribunda? Quizá no me corresponde a mí entrar muy profundamente en las disposiciones de mi Salvador Crucificado, sino ser más humilde cuando soy frustrado; más bien resignado, cuando las cosas me salen mal; menos ansioso por trazar un mapa de mi propio progreso espiritual, más dispuesto a dejar que Él haga en mí lo que quiere hacer, ¡sin permitirme saberlo! Si tan solo pudiera morir un poco al mundo, a mis deseos, a mí mismo; ¡sé paciente y espera Su venida, contento de anunciar Su Muerte muriendo con Él!

Nuestra lucha como sacerdotes no es entonces llegar a ser angélicos y vivir como si no tuviéramos cuerpo, sino a ser más cristiformes.

Este es mi anhelo ferviente y mi esperanza... que este cuerpo mío haga honor a Cristo....

(Filipenses 1:20)

Al final de un día ajetreado, cuando la fatiga se instala, debido a todo lo que hicimos por amor a Cristo, podemos leer en nuestro cuerpo las huellas de la Crucifixión: «Llevamos siempre en nuestro cuerpo la muerte de Jesús, para que también la vida de Jesús se manifieste en nuestro cuerpo» (2 Corintios 4:10).

En la Misa de la mañana "anunciamos la muerte del Señor"; en la parroquia, en el hogar, en el confesionario y en todas partes la prolongamos hasta el agotamiento, sabiendo que tales múltiples "muertes" por los demás son la condición para la gloriosa resurrección de ese mismo cuerpo. Algunos escritores espirituales hablan de la imitación de Cristo como si fuera solo en el alma. San Pablo insiste en que la muerte de Cristo se "manifiesta en nuestros cuerpos." San Pablo emplea dos palabras para cuerpo: una es "sarks," que representa al hombre en su ausencia de Dios; la otra es "soma," que representa al hombre en la solidaridad de la Creación y hecho para Dios. El primero es crucificado por causa de Cristo, el otro es glorificado por Su causa. El "sarks" no puede heredar el Reino de Dios (1 Corintios 15:50), pero el "soma" sí puede. Puesto que el "cuerpo es para el Señor," entonces nuestro cuerpo no es propio. *El sacerdote no es propio.* "Ya no sois vuestros propios amos. Se pagó un gran precio para redimiros; glorificad a Dios haciendo de vuestros cuerpos los santuarios de Su Presencia" (1 Corintios 6,19-20).

✠ J.M.J. ✠

~ 17 ~

El Sacerdote y Su Madre

Todo sacerdote tiene dos madres: una en la carne, y otra en el espíritu. Se sabe mucho más sobre la primera; se ha escrito mucho más sobre la segunda. No existe mayor rivalidad entre estas dos madres que entre el padre terrenal del sacerdote y su Padre celestial. A menudo, uno de los primeros actos de la madre de la carne fue poner a su hijo a los pies de la Madre Bendita, como hizo la madre del autor, para simbolizar la entrega de la filiación. ¿Cuántas fueron las conferencias secretas entre estas dos madres en las que la madre de la carne suplicaba a la madre en Cristo que un día él sostuviera en sus manos una Hostia y un Cáliz?

Si es cierto (como dicen los Padres) que María concibió en su Corazón antes de concebir en su vientre, ¿no podría decirse lo mismo de las madres de muchos sacerdotes? Algunos sacerdotes han sido llamados a la undécima hora, pero muchas madres podrían parafrasear el libro de Proverbios y decir: «El hijo aún no existía, y yo concebí a un sacerdote.» Así como Dios consultó con María para preguntarle si le daría una naturaleza humana, así Él a menudo consulta con la madre de un sacerdote para pedir su consentimiento para la continuación de Su sacerdocio. Cuando se realiza el sueño de la madre, ¿qué pensamientos pasan por el alma de su hijo, ahora sacerdote?

El sacerdote, en primer lugar, renuncia al amor terrenal de una mujer, así como María renunció al amor terrenal de un hombre. Su «No conozco mujer» equilibra su «No conozco varón» (Lucas 1,34). La expresión en la Escritura significa unión carnal, como en Génesis 4,1 («Adán conoció a su mujer Eva, y ella concibió»). Desde el principio mismo, el sacerdote sabe que el amor es simultáneamente una afirmación y una negación. Toda protesta de amor es una limitación sobre todo amor que compite. El verdadero amor, por su naturaleza, impone restricciones. El hombre casado se impone limitaciones respecto a todas las mujeres, salvo una. El sacerdote no admite excepción, y lo hace en el ejercicio de una libertad perfecta. En la Encarnación, Dios estableció una cabeza de playa en la humanidad, mediante la libre elección de una Mujer; ahora Nuestro Señor encuentra una extensión de su sacerdocio en el acto libre de un sacerdote. Él espera nuestro consentimiento.

Nuestra madre terrenal quiso en general concebir, pero cuándo se realizaría fue imprevisto e impredecible. No así la entrega del sacerdote en la ordenación. Su entrega es como la de María. Ella quiso a su Hijo y concibió. Así, el sacerdote quiso ser de Dios, y puede identificar el día y la hora. Cuanto más sirve esa entrega, más sabe que sólo los atados a Cristo son libres.

Pero un sacerdote no puede vivir sin amor. La Madre Bendita sabía que no podía haber concepción sin fuego y pasión. ¿Cómo podría haber un Hijo, si ella no tenía "conocimiento de varón"? El Cielo tenía la respuesta. Ciertamente, habría fuego, pasión y amor, pero ese fuego y ese amor serían el Espíritu Santo.

Tampoco puede el sacerdote vivir sin amor. Si ha de haber una generación de almas, y si él ha de ser un "Padre" engendrando a otros en Cristo, debe haber amor. Ese amor es el mismo que el de María; el Fuego y la Pasión del Espíritu Santo que lo cubren. Así como en ella se unieron virginidad y maternidad, así en el sacerdote debe haber la unidad de virginidad y paternidad. Esto no es esterilidad sino fecundidad, no ausencia de amor, sino su éxtasis.

La siguiente etapa del amor del sacerdote es el servicio.

Así es que el Hijo del Hombre no vino para que le sirvieran; Él vino a servir a los demás...

(Marcos 10:45)

Así como la maternidad espiritual de María no fue un privilegio aparte de la humanidad, tampoco lo es la paternidad espiritual del sacerdote. Nada provoca tanto el servicio a los demás como el sentido de la propia indignidad cuando se es visitado por la gracia de Dios. María, apresurándose por los montes en la Visitación, revela cómo ella, la sierva del Señor, se convirtió en la sierva de Isabel. Ahora es el ejemplo para el sacerdote de que el Cristo en su interior debe impulsar la dedicación a «todos aquellos que son nuestros amigos en la fe común» (Tito 3:15), y a toda la humanidad. Así como la visita de María santificó a Juan el Bautista, así la visita del sacerdote-víctima siempre santificará las almas.

Cada visita a enfermos del sacerdote será para él el misterio de la Visitación una vez más. Llevando el Santísimo Sacramento sobre su pecho, en automóvil o a pie, se convierte en otra María que lleva al Cristo clausurado en su puro cuerpo. No hay demoras en las visitas a enfermos, ni se tarda mientras la familia se preocupa, sino que, como María, el sacerdote «se apresura» — porque nada exige tanta prontitud como la necesidad de los demás. Cuanto más poseído por Cristo está el sacerdote, más probable es que escuche de aquellos que le abren la puerta a quien lleva el Santísimo Sacramento: «Porque tan pronto como la voz de tu saludo llegó a mis oídos» (Lucas 1,44), mi corazón saltó de alegría. El santo sacerdote inspira Magníficats en cada visita a los enfermos, como las familias de la parroquia le dicen: «¿Cómo he merecido que me visite así?» (Lucas 1,43) otro Cristo.

El sacerdote tiene un amor profundo a María no solo en sus mejores momentos, sino incluso en sus fallos. Él confía en su intercesión para combatir su debilidad. Entonces, especialmente, acude a ella para recibir atención especial, sabiendo que el niño que más cae es el que más besos recibe de la Madre.

Si alguna vez la naturaleza de Simón lo domina; si llegan momentos en que, como Demas, «se ha enamorado de este mundo presente» (2 Timoteo 4:9); Si se le conoce en la parroquia como un «jugador de golf» o un «tipo simpático» o «uno de los chicos» en lugar de como un buen sacerdote, entonces sabe adónde debe ir para que le ayuden a encontrar a su Señor de nuevo. Debe ir a María. Ella también «perdió» a Cristo. Esa pérdida física fue un símbolo de la pérdida espiritual que el sacerdote sufre al perder su primer ardor. El Corazón de María es traspasado por una espada con la pérdida de cada *alter Christus*. Pero ella también está en su búsqueda. Tener a Dios y luego perderlo es una pérdida mayor que nunca haberlo tenido. María y el sacerdote débil sufren juntos, pero de maneras diferentes. Ella sintió la oscuridad de perder a Dios, cuando el niño Jesús se quedó en Jerusalén sin que ella lo supiera (Lucas 2:43). Fue en ese momento cuando María se convirtió en el Refugio de los Pecadores. Ella comprendió qué es el pecado; pues ella, criatura, perdió experimentalmente al Creador. Perdió al Niño sólo en la oscuridad mística del alma, mientras que el sacerdote, que cae, siente la negrura moral de un corazón ingrato. Pero María encontró al Niño. A todos los obispos y sacerdotes a lo largo de los siglos, les dio la lección de que no debemos esperar a que los perdidos regresen; debemos salir en su búsqueda. Y su intercesión ayudará en los casos más desesperados, como decimos con Agustín a ella: «Lo que todos los demás santos pueden hacer con tu ayuda, tú sola puedes hacerlo sin ellos.»

En el banquete nupcial de Caná, María enseña al sacerdote cuánto pertenece a la Iglesia, y tan poco a sí mismo. Hasta ese momento y durante el banquete se la llama «madre de Jesús» (Juan 2:1,3). Al final, sin embargo, ella se convierte en "mujer" (Juan 2,4). Lo que sucede aquí es semejante a lo que ocurrió cuando Cristo estuvo perdido durante tres días. Entonces María dijo: «Tu padre y yo» (Lucas 2,48), y Nuestro Señor inmediatamente le recordó a Su Padre celestial, evocando el misterio de la Anunciación y el hecho de que José era sólo el padre putativo.

Desde ese momento, José desaparece de la Sagrada Escritura; nunca más se le vuelve a ver. En Caná, «la madre de Jesús» pide una manifestación de Su papel mesiánico y de Su Divinidad; Nuestro Señor le dice que en el momento en que realiza un milagro y comienza Su vida pública, se dirige a Su «Hora», la Cruz. Una vez que el «agua se convierte en vino» con la mirada divina, ella se convierte en «mujer». Así como José desaparece en el Templo,

El Sacerdote y Su Madre

María, como Madre de Jesús, desaparece para convertirse en la Madre de todos aquellos a quienes Él redimirá. Ella nunca vuelve a hablar en la Sagrada Escritura. Ha pronunciado sus últimas palabras, y qué hermosa despedida fueron:

Haced todo lo que Él os diga.

(Juan 2:5)

Ahora ella es la «Madre universal», la mujer con la simiente más numerosa que las arenas del mar.

A través del ejemplo e influencia de María, llega un momento en la vida del sacerdote en que se da cuenta de que no pertenece a su familia, a su parroquia, a su diócesis, a su país. Él pertenece a las misiones y al mundo; pertenece a la humanidad. Cuanto más se acerca el sacerdote a la misión de Cristo, más ama a cada alma del mundo. Así como María «maternó» a todos los hombres en la Cruz, así el sacerdote los «paterniza». Ningún obispo es consagrado para una diócesis; Él es consagrado para el mundo. Sólo se le asigna a una diócesis por razones jurisdiccionales. El sacerdote no es ordenado para una diócesis; Él está ordenado para las almas. "Él no pertenece a nuestra parroquia" es una razón jurisdiccional válida para no tramitar un caso matrimonial, pero no es razón válida para no considerar al peticionario como miembro de Cristo y, por lo tanto, con derecho a la leche de la bondad humana. Santo Tomás de Aquino nos dice que María, en la Anunciación, habló en nombre de toda la humanidad. En Caná, ella es dada a la humanidad; a los pies de la Cruz, se confirma como madre de la humanidad.

La devoción a María evita que el sacerdote sea un mercenario, un siervo contratado con horas fijas, deberes asignados, límites parroquiales y sin ovejas perdidas. No existe el "estar de servicio" para un sacerdote. Él está "en el amor" en todas partes — en el campo de golf, en el avión, en un restaurante, en un hospital. Nada humano le es ajeno. Cada alma es o un potencial converso, o un potencial santo.

El Sacerdote y Su Madre

En la Pasión, María enseña la compasión al sacerdote. Los santos menos indulgentes consigo mismos son los más indulgentes con los demás. Pero el sacerdote que lleva una vida fácil y sin mortificación no puede hablar el lenguaje de los aterrados. Elevado por encima de la necesidad, no puede inclinarse para consolar; o si lo hace, es con condescendencia, no con compasión. El buen sacerdote, en cambio, ve a María en el polvo de las vidas humanas; ella vive en medio del terror, los lavados de cerebro, las falsas acusaciones, los libelos y todos los demás instrumentos del terror. La Inmaculada está con la maculada, la sin pecado con el pecador. No lleva ni rencor ni amargura, sino solo compasión, compasión porque no ven ni saben cuán amoroso es ese Amor que están enviando a la muerte.

En su pureza, María está en la cima de la montaña; en su compasión está en medio de maldiciones, celdas de muerte, verdugos, ajusticiadores y sangre. Un hombre puede llegar a obsesionarse tanto con su pecaminosidad que se niegue a clamar a Dios por perdón, pero no puede rehuir invocar la intercesión de la Madre de Dios. Si la buena Santa María, que mereció ser librada del mal, pudo sin embargo, en la Providencia especial de su Hijo, tener una Cruz, ¿cómo podremos nosotros, que no merecemos ser puestos a su altura, esperar escapar a nuestro encuentro con una Cruz? "¿Qué he hecho para merecer esto?" es un grito de orgullo. ¿Qué hizo Jesús? ¿Qué hizo María? No haya queja contra Dios por enviar una Cruz; que sólo haya suficiente sabiduría para ver que María está allí aliviándola, endulzándola, haciéndola suya.

Cada desgracia, cada herida en el mundo es nuestra como sacerdotes. Mientras haya un sacerdote inocente en una cárcel siberiana, yo estoy en prisión. Mientras un misionero esté sin techo, yo estoy sin hogar. Compartir con ellos debe haber, si ha de haber compasión. El sacerdote nunca se sentará a contemplar la enemistad del mundo contra Nuestro Señor, sabiendo que la cooperación de María fue tan real y activa que estuvo al pie de la Cruz. En toda representación de la Crucifixión, la Magdalena está postrada; ella está casi siempre a los pies de Nuestro Señor. Pero María está de pie.

El Sacerdote y Su Madre

Finalmente, María está presente en la muerte del sacerdote. Millones de veces ha pedido a María que rece por él en la «hora de mi muerte». Se espera que le haya ofrecido la Misa una vez a la semana durante todo su sacerdocio. Diariamente, anunció la muerte del Señor en la Eucaristía (1 Corintios 11,26), y ahora no llega al fin de su sacerdocio, porque este nunca termina: «Sacerdote para siempre según el orden de Melquisedec» (Salmo 109,4 [110,4 RSV]; Hebreos 5,6). Pero es el fin de la prueba. Este es el momento en que el sacerdote más mira a María para su intercesión. Ve el Crucifijo ante él y puede oír una vez más a Su Señor diciéndole: «Esta es tu madre» (Juan 19,27). La muerte para los que se salvan es nuevamente la infancia, un segundo nacimiento. Por eso se llama *natalitia* o cumpleaños en la liturgia. El mundo celebra los cumpleaños cuando los hombres nacen en la carne; la Iglesia, cuando las almas nacen en el Espíritu.

Pero el sacerdote sabe que María está en trabajo de parto, porque ahora ve todas sus faltas a la luz blanca de la eternidad. En Belén, cuando dio a luz al Sumo Sacerdote, no hubo trabajo de parto, pero en la Cruz sufrió los dolores del parto al convertirse en la mujer o madre universal. El representante de su Hijo Divino ahora siente cuánto dolor adicional le causó. Pero ella no entregará la carga, así como no rechazó a Juan, que fue en verdad un pobre intercambio por Jesús.

Dos palabras caen repetidamente de los labios del sacerdote: «Jesús» y «María». Siempre había sido un *sacerdote*; ahora, por fin, en la muerte también es una víctima. Dos veces, el gran Sumo Sacerdote había sido una *Víctima*, al entrar en el mundo y al salir de él. María estuvo en ambos altares, en Belén y en el Calvario. María estuvo también en el altar del sacerdote el día de la ordenación, y ahora está con él en la hora de su muerte.

¡Madre de los sacerdotes! Dos amores siempre habitaron en su vida: el amor a la Vida de su Hijo y el amor a la Muerte de su Hijo. Los mismos dos amores que ella ofrece a cada sacerdote. En la Encarnación, ella fue el vínculo entre Israel y Cristo; en la Cruz y en

Pentecostés, fue el vínculo entre Cristo y Su Iglesia. Ahora es el vínculo entre el sacerdote-víctima y Aquel que siempre "intercede por nosotros en el cielo."

Cada sacerdote, al morir, desea ser colocado en los brazos de María como lo fue Cristo, a quien representa. Como María dijo tras la Crucifixión sobre su Hijo, que fue colocado en sus brazos: "Este es mi Cuerpo," así dirá en la muerte de cada sacerdote: "Este es mi cuerpo, mi víctima, mi hostia." Así como formé a Jesús Sacerdote en mi vientre para que fuera Víctima, así ayudé a Jesús, *Sacerdos Hostia*, a crecer en Ti."

¿Es de extrañar, entonces, que ella sea la Mujer en la vida de todo sacerdote? Ningún sacerdote es suyo propio. Él pertenece a la Madre de Jesús, siempre y para siempre la Sacerdote-Víctima.

~ 18 ~

Introducción al Calvario y la Misa

Y aconteció que, estando Él en cierto lugar orando. Cuando terminó, uno de sus discípulos le dijo: Señor, enséñanos a orar, como también Juan enseñó a sus discípulos.

(Lucas 11:1)

Hace más de dos mil años, los discípulos de Jesús le pidieron que les enseñara a orar. El deseo tanto de saber cómo orar como de tener una vida de oración satisfactoria es algo que sigue despertando en los corazones hoy en día.

Nuestro Señor cumplió amorosamente la petición de los discípulos cuando les enseñó a orar el Padre Nuestro (Lucas 11:1–4). Por medio de su ejemplo, les mostró la necesidad de retirarse a un lugar tranquilo para orar, para recibir guía y alimento espiritual (Marcos 1:35; Lucas 5:16; Mateo 14:23).

Mientras se dirigía a la multitud reunida en el monte, Jesús también recordaba a los discípulos: "Cuando oréis, entrad en vuestra habitación, cerrad la puerta y orad a vuestro Padre que está en lo secreto; y vuestro Padre que ve en lo secreto os recompensará" (Mt. 6,6).

El arzobispo Fulton J. Sheen recibió esta misma petición que se le hizo a Nuestro Señor: enséñanos a orar. Sus alumnos, sus parroquianos y su audiencia mundial le preguntaban sobre maneras de orar y sobre sus oraciones favoritas.

Con esto en mente, Sheen se mostró muy interesado en animar a las personas a hacer de la oración un hábito diario y santo. A los católicos les recomendaba específicamente asistir a la Santa Misa diaria siempre que fuera posible, reservar tiempo para orar una Hora Santa y rezar el Vía Crucis en unión con la Pasión de Nuestro Señor.

Se sabía que el arzobispo Fulton J. Sheen decía a menudo: "No quiero que mi vida sea mía. Quiero que sea de Cristo." Había cultivado una vida de oración íntima con Cristo, y quería compartirla con todos.

Durante las décadas de 1930 y 1940, Fulton Sheen fue el orador principal en la emisión radiofónica The Catholic Hour, y millones de oyentes escuchaban sus intervenciones cada semana. Sus temas abarcaban desde la política y la economía hasta la filosofía y la eterna búsqueda del Hombre por la felicidad.

Además de su programa semanal de radio, Sheen escribió decenas de libros y folletos. Se puede afirmar con seguridad que, a través de sus escritos, miles de personas cambiaron su perspectiva sobre Dios y la Iglesia. Se cita a Sheen diciendo: "No hay cien personas en los Estados Unidos que odien a la Iglesia Católica, pero hay millones que odian lo que erróneamente perciben que es la Iglesia Católica."

Poseyendo un ardiente celo por disipar los mitos acerca de Nuestro Señor y Su Iglesia, Sheen ofreció una serie de poderosas presentaciones sobre la Pasión de Cristo y Sus Siete Palabras Últimas desde la Cruz. Como erudito de las Escrituras, el Arzobispo Sheen conocía bien el poder contenido en predicar a Cristo crucificado. Con San Pablo, podía decir: "Porque me propuse no saber entre vosotros cosa alguna sino a Jesucristo, y a éste crucificado" (1 Cor. 2:2).

Introducción al Calvario y la Misa

Durante su última alocución registrada del Viernes Santo en 1979, el Arzobispo Sheen mencionó haber dado este tipo de reflexión sobre las siete últimas palabras de Cristo en la Cruz "por la quincuagésima octava vez consecutiva." Ya fuera desde el joven sacerdote en Peoria, Illinois, el profesor universitario en Washington, D.C., o el obispo en Nueva York, los mensajes de Sheen dejaban una marca indeleble en sus oyentes.

Dada su importancia y el impacto que tuvieron en la sociedad, resultó apropiado recuperar esta colección de las alocuciones radiofónicas de Sheen, que luego fueron compiladas en un libro titulado *Calvario y la Misa* (Nueva York: P.J. Kenedy and Sons, 1936).

En esta serie de charlas, el Arzobispo Sheen habla de encontrar el Calvario renovado, re-escenificado y re-presentado en la Misa. El Calvario es uno con la Misa, y la Misa es uno con el Calvario, porque en ambos está el mismo Sacerdote y Víctima. Las Siete Palabras Últimas son como las siete partes de la Misa. Y así como hay siete notas en la música que admiten una variedad infinita de armonías y combinaciones, también en la Cruz hay siete notas divinas que el Cristo moribundo hizo resonar a lo largo de los siglos, todas las cuales se combinan para formar la hermosa armonía de la redención del mundo.

Cada palabra es una parte de la Misa. La Primera Palabra, "Perdona," es el Confiteor; la Segunda Palabra, "Este Día en el Paraíso," es el Ofertorio; la Tercera Palabra, "He aquí a Tu Madre," es el Sanctus; la Cuarta Palabra, "¿Por qué me has abandonado?," es la Consagración; la Quinta Palabra, "Tengo sed," es la Comunión; la Sexta Palabra, "Todo está consumado," es el Ite, Missa Est; la Séptima Palabra, "Padre, en Tus manos," es el Último Evangelio.

El 2 de octubre de 1979, durante una visita a la Catedral de San Patricio en la ciudad de Nueva York, el Papa Juan Pablo II abrazó al

Arzobispo Sheen y le susurró una bendición y una afirmación. Él dijo: "Has escrito y hablado bien del Señor Jesucristo. Eres un hijo fiel de la Iglesia." El día que murió el Arzobispo Sheen (9 de diciembre de 1979), fue encontrado en su capilla privada ante la Eucaristía, a la sombra de la Cruz. El Arzobispo Sheen fue un hombre purificado en los fuegos del amor y por la madera de la Cruz.

Se espera que, al leer estas reflexiones, el lector concurra con la sincera afirmación dada por el Papa Juan Pablo II acerca del don y la fidelidad de Sheen. Que estos escritos del Arzobispo Fulton J. Sheen susciten un mayor amor y comprensión del Santo Sacrificio de la Misa. Que revelen a todos que la Cruz de Jesucristo y la Sagrada Eucaristía son la única y verdadera fuente de toda gracia, ofrecida para su salvación.

✠ J.M.J. ✠

~ *19* ~

Prólogo

Hay ciertas cosas en la vida que son demasiado hermosas para ser olvidadas, como el amor de una madre. Por eso atesoramos su imagen. El amor de los soldados que se sacrificaron por su país es igualmente demasiado hermoso para ser olvidado; por eso veneramos su memoria en el Día de los Caídos. Pero la mayor bendición que jamás ha llegado a esta tierra fue la visita del Hijo de Dios en la forma y hábito de hombre. Su vida, por encima de todas las vidas, es demasiado hermosa para ser olvidada; Por tanto, atesoramos la divinidad de Sus Palabras en la Sagrada Escritura y la caridad de Sus Obras en nuestras acciones cotidianas. Desgraciadamente, esto es todo lo que algunas almas recuerdan, a saber, Sus Palabras y Sus *Obras*; Por importantes que sean, no constituyen la característica más grande del Divino Salvador.

El acto más sublime en la historia de Cristo fue Su *Muerte*. La Muerte siempre es importante porque sella un destino. Cualquier hombre que muere es una escena. Cualquier escena de muerte es un lugar sagrado. Por eso, la gran literatura del pasado, que ha tratado las emociones en torno a la muerte, nunca ha quedado obsoleta. Pero de todas las muertes en el registro del hombre, ninguna fue más importante que la Muerte de Cristo. Todos los demás, que alguna vez nacieron en el mundo, vinieron a él para vivir; Nuestro Señor vino a él para morir. La muerte fue un obstáculo para la vida de Sócrates, pero fue la corona para la vida de Cristo. Él mismo nos dijo que vino "a dar su vida en redención por muchos"; que nadie pudiera quitarle la Vida; pero Él la entregaría por Sí mismo.

Prólogo

Si entonces la Muerte fue el momento supremo por el cual Cristo vivió, fue, por lo tanto, lo único que quiso que se recordara. No pidió que los hombres escribieran Sus Palabras en una Escritura; No pidió que Su bondad hacia los pobres quedara registrada en la historia, pero sí pidió que los hombres recordaran Su Muerte. Y para que su memoria no fuera un relato fortuito por parte de los hombres, Él mismo instituyó la manera precisa en que debía ser recordada.

El memorial fue instituido la noche antes de morir, en lo que desde entonces se ha llamado "La Última Cena." Tomando el Pan en Sus Manos, dijo: "Este es mi Cuerpo, que será entregado por vosotros," es decir, entregado a la muerte. Luego, sobre el cáliz de vino, dijo: "Esta es mi Sangre del Nuevo Testamento, que será derramada por muchos para la remisión de los pecados." Así, en un símbolo incruento de la separación de la Sangre del Cuerpo, mediante la consagración separada del Pan y el Vino, Cristo se comprometió a la muerte ante Dios y los hombres, y representó Su muerte que habría de venir la tarde siguiente a las tres.[1] Él se ofrecía a Sí mismo como Víctima para ser inmolado, para que los hombres nunca olvidaran que "mayor amor que este nadie tiene, que uno ponga su vida por sus amigos." Dio el mandato divino a la Iglesia: "Haced esto en memoria mía."

Al día siguiente, aquello que Él había prefigurado y anunciado, lo realizó en su plenitud; mientras era crucificado entre dos ladrones y Su Sangre se derramaba de Su Cuerpo para la redención del mundo.

La Iglesia, que Cristo fundó, no solo ha preservado la Palabra que Él pronunció y las maravillas que realizó; también lo ha tomado en serio cuando dijo: "Haced esto en memoria mía." Y esa acción mediante la cual recreamos Su Muerte en la Cruz es el Sacrificio de la Misa, en la cual hacemos como memorial lo que Él hizo en la Última Cena como prefiguración de Su Pasión.[2]

Prólogo

Por tanto, la Misa es para nosotros el acto culminante de la adoración cristiana. Un púlpito en el que se repiten las palabras de Nuestro Señor no nos une a Él; un coro en el que se cantan dulces sentimientos no nos acerca más a Su Cruz que a Sus vestiduras. Un templo sin altar de sacrificio no existe entre los pueblos primitivos y carece de sentido entre los cristianos. Así, en la Iglesia Católica el *altar*, y no el púlpito ni el coro ni el órgano, es el centro de la adoración, porque allí se representa el memorial de Su Pasión. Su valor no depende de quien lo pronuncia, ni de quien lo escucha; depende de Aquel que es el Único Sumo Sacerdote y Víctima, Jesucristo nuestro Señor. Con Él estamos unidos, a pesar de nuestra nada; en cierto sentido, perdemos nuestra individualidad por el momento; unimos nuestro intelecto y nuestra voluntad, nuestro corazón y nuestra alma, nuestro cuerpo y nuestra sangre, tan íntimamente con Cristo, que el Padre celestial no ve tanto nuestra imperfección, sino que nos ve *en Él*, el Hijo Amado en quien Él se complace. La Misa es, por esa razón, el acontecimiento más grande en la historia de la humanidad; el único Acto Santo que mantiene la ira de Dios alejada de un mundo pecador, porque sostiene la Cruz entre el Cielo y la tierra, renovando así aquel momento decisivo cuando nuestra triste y trágica humanidad partió repentinamente hacia la plenitud de la vida sobrenatural.

Lo importante en este punto es que adoptemos la actitud mental adecuada hacia la Misa y recordemos este hecho fundamental: que el Sacrificio de la Cruz no es algo que ocurrió hace dos mil años. Todavía está ocurriendo. No es algo pasado, como la firma de la Declaración de Independencia; es un drama permanente sobre el cual el telón aún no ha caído. No debe creerse que sucedió hace mucho tiempo y, por lo tanto, no nos concierne más que cualquier otra cosa del pasado. *Calvario pertenece a todos los tiempos y a todos los lugares*. Por eso, cuando Nuestro Señor Bendito ascendió las alturas del Calvario, fue apropiadamente despojado de sus vestiduras: salvaría al mundo sin los adornos de un mundo pasajero. Sus

Prólogo

vestiduras pertenecían al tiempo, pues lo localizaban y lo fijaban como habitante de Galilea. Ahora que Él estaba despojado de ellas y completamente desposeído de las cosas terrenas, no pertenecía ni a Galilea ni a una provincia romana, sino al mundo. Se convirtió en el pobre universal del mundo, no perteneciente a un solo pueblo, sino a todos los hombres.

Para expresar aún más la universalidad de la Redención, la Cruz fue erigida en la encrucijada de la civilización, en un punto central entre las tres grandes culturas de Jerusalén, Roma y Atenas, en cuyos nombres Él fue crucificado. Así, la Cruz fue colocada ante los ojos de los hombres, para detener al desprevenido, para apelar al irreflexivo, para despertar al mundano. Era el hecho ineludible que las culturas y civilizaciones de su tiempo no podían resistir. También es el hecho ineludible de nuestro tiempo, que no podemos resistir.

Las figuras en la Cruz eran símbolos de todos los que crucifican. Estuvimos allí a través de nuestros representantes. Lo que ahora hacemos al Cristo Místico, ellos lo hacían en nuestros nombres al Cristo histórico. Si sentimos envidia del bien, estuvimos allí en los Escribas y Fariseos. Si tememos perder alguna ventaja temporal al abrazar la Verdad y el Amor Divinos, estuvimos allí en Pilato. Si confiamos en las fuerzas materiales y buscamos conquistar a través del mundo en lugar del espíritu, estuvimos allí en Herodes. Y así continúa la historia con los pecados típicos del mundo. Todos ellos nos ciegan ante el hecho de que Él es Dios. Por lo tanto, hubo una especie de inevitabilidad en la Crucifixión. Los hombres que eran libres para pecar también eran libres para crucificar.

Mientras haya pecado en el mundo, la Crucifixión es una realidad. Como ha expresado la poeta Rachel Annand Taylor:

Prólogo

«Vi pasar al Hijo del Hombre,
Coronado con una corona de espinas.»
'¿No estaba acabado, Señor?' dije,
'¿Y todo el sufrimiento soportado?'
Él volvió hacia mí Sus ojos temibles;
'¿No has comprendido?'
Así, cada alma es un Calvario
Y cada pecado una Cruz.'"

Estuvimos allí entonces durante esa Crucifixión. El drama ya estaba completado en cuanto a la visión de Cristo, pero aún no se había desplegado ante todos los hombres, en todos los lugares y en todos los tiempos. Si una bobina de película, por ejemplo, fuera consciente de sí misma, conocería el drama de principio a fin, pero los espectadores en el teatro no lo sabrían hasta haberlo visto desplegado en la pantalla. De igual modo, Nuestro Señor en la Cruz vio Su mente eterna, todo el drama de la historia, la historia de cada alma individual y cómo más tarde reaccionaría a Su Crucifixión; pero aunque Él vio todo, nosotros no podíamos saber cómo reaccionaríamos a la Cruz hasta que fuimos desplegados en la pantalla del tiempo. No éramos conscientes de estar presentes allí en el Calvario aquel día, pero Él era consciente de nuestra presencia. Hoy conocemos el papel que desempeñamos en el teatro del Calvario; por cierto, vivimos y actuamos ahora en el teatro del siglo XX.

Por eso el Calvario es actual; por qué la Cruz es la Crisis; por qué, en cierto sentido, las cicatrices aún están abiertas; por qué el Dolor sigue estando deificado, y por qué la Sangre, como estrellas fugaces, sigue cayendo sobre nuestras almas. No hay escapatoria de la Cruz, ni siquiera negándola como hicieron los Fariseos; ni siquiera vendiendo a Cristo como hizo Judas; ni siquiera crucificándolo como hicieron los verdugos. Todos lo vemos, ya sea para abrazarla en la salvación o para huir de ella hacia la miseria.

Prólogo

¿Pero cómo se hace visible? ¿Dónde encontraremos perpetuado el Calvario? Encontraremos el Calvario renovado, reescenificado, representado de nuevo, como hemos visto, en la Misa. El Calvario es uno con la Misa, y la Misa es una con el Calvario, porque en ambos está el mismo Sacerdote y Víctima. Las Siete Palabras Últimas son como las siete partes de la Misa. Y así como hay siete notas en la música que admiten una variedad infinita de armonías y combinaciones, también en la Cruz hay siete notas divinas, que el Cristo moribundo hizo resonar a lo largo de los siglos, todas las cuales se combinan para formar la hermosa armonía de la redención del mundo.

Cada palabra es una parte de la Misa. La Primera Palabra, "Perdona," es el Confiteor; la Segunda Palabra, "Este Día en el Paraíso," es el Ofertorio; la Tercera Palabra, "He aquí a Tu Madre," es el Sanctus; la Cuarta Palabra, "¿Por qué me has abandonado?," es la Consagración; la Quinta Palabra, "Tengo sed," es la Comunión; la Sexta Palabra, "Todo está consumado," es el Ite, Missa Est; la Séptima Palabra, "Padre, en Tus manos," es el Último Evangelio.

Imagínese entonces al Sumo Sacerdote Cristo saliendo de la sacristía del Cielo hacia el altar del Calvario. Ya se ha revestido con la vestidura de nuestra naturaleza humana, el manípulo de nuestro sufrimiento, la estola del sacerdocio, la casulla de la Cruz. El Calvario es su catedral; la roca del Calvario es la piedra del altar; el sol que se torna rojo es la lámpara del santuario; María y Juan son los altares laterales vivos; la Hostia es Su Cuerpo; el vino es Su Sangre. Él está erguido como Sacerdote, pero está postrado como Víctima. Su Misa está a punto de comenzar.

Prólogo

(1) "La Muerte se nos presenta en un símbolo, mediante esa separación sacramental de la Sangre del Cuerpo; pero la muerte, al mismo tiempo, ya comprometida con Dios en toda su extensión, así como en toda su terrible realidad, por el lenguaje expresivo del Símbolo Sagrado. El precio de nuestros pecados será pagado en el Calvario, pero aquí la responsabilidad la asume nuestro Redentor y la suscribe en Su misma Sangre" -Maurice de la Taille, S.J.-Fe Católica en la Santa Eucaristía, p. 115. "No hubo dos sacrificios distintos y completos ofrecidos por Cristo, uno en el Cenáculo y otro en el Calvario. Hubo un sacrificio en la Última Cena, pero fue el sacrificio de la Redención, y hubo un sacrificio en la Cruz, pero fue el mismo sacrificio continuado y consumado. La Cena y la Cruz constituyeron un solo sacrificio completo." — Maurice de la Taille, S.J., El Misterio de la Fe y la Opinión Humana, p. 232.

(2) "Él ofreció a la Víctima para ser inmolada; nosotros la ofrecemos como inmolada desde antiguo. Ofrecemos a la Víctima eterna de la Cruz, una vez hecha y para siempre perdurable... La Misa es un sacrificio porque es nuestra oblación de la Víctima una vez inmolada, así como la Cena fue la oblación de la Víctima para ser inmolada." ibíd., p. 239-240. La Misa no es sólo una conmemoración; es una representación viva del sacrificio de la Cruz. "En este Sacrificio Divino, que tiene lugar en la Misa, está contenido e inmolado, de manera incruenta, el mismo Cristo que fue ofrecido una vez para siempre en la Sangre sobre la Cruz... Es una y la misma Víctima, un y el mismo Sumo Sacerdote, quien realiza la ofrenda a través del ministerio de Sus sacerdotes hoy, después de haberse ofrecido Él mismo en la Cruz ayer; solo difiere la manera de la oblación" (Concilio de Trento, Sesión 22).

✠ J.M.J. ✠

~ 20 ~

El Confiteor

"Padre, perdónalos,
porque no saben lo que hacen."

La Misa comienza con el Confiteor. El Confiteor es una oración en la que confesamos nuestros pecados y pedimos a la Madre Bendita y a los Santos que intercedan ante Dios por nuestro perdón, porque solo los limpios de corazón pueden ver a Dios. Nuestro Señor Bendito también comienza Su Misa con el Confiteor. Pero Su Confiteor difiere del nuestro en esto: Él no tiene pecados que confesar. Él es Dios y, por tanto, es sin pecado. "¿Quién de vosotros me convencerá de pecado?" Su Confiteor, por tanto, no puede ser una oración por el perdón de *Sus* pecados, sino una oración por el perdón de nuestros pecados.

Otros habrían gritado, maldecido, luchado, mientras los clavos atravesaban sus manos y pies. Pero ninguna vindicta encuentra lugar en el pecho del Salvador; ninguna súplica brota de Sus labios por venganza contra Sus asesinos; Él no pronuncia oración alguna por fortaleza para soportar Su dolor. El Amor Encarnado olvida la injuria, olvida el dolor, y en ese momento de agonía concentrada revela algo de la altura, la profundidad y la amplitud del maravilloso amor de Dios, mientras dice Su Confiteor: «Padre, perdónalos, porque no saben lo que hacen.»

El Confiteor

Él no dijo: «Perdóname a Mí», sino: «Perdónalos a ellos.» El momento de la muerte fue ciertamente el más propicio para producir confesión de pecado, pues la Conciencia en las últimas horas solemnes afirma su autoridad; Y, sin embargo, ni un solo suspiro de penitencia escapó de Sus labios. Él se asociaba con pecadores, pero nunca con el pecado. En la muerte, así como en la vida, no fue consciente de un solo deber incumplido hacia Su Padre celestial. ¿Y por qué? Porque un Hombre sin pecado no es simplemente un hombre; Él es más que un mero hombre. Es sin pecado porque es Dios, y ahí radica la diferencia. Nosotros extraemos nuestras oraciones de lo profundo de nuestra conciencia del pecado; Él extrajo Su silencio de Su propia intrínseca ausencia de pecado. Esa única palabra, «Perdona», lo prueba como el Hijo de Dios.

Fíjese en los motivos por los cuales pidió a Su Padre celestial que nos perdonara: «Porque no saben lo que hacen.» Cuando alguien nos hiere o nos culpa injustamente, decimos: «Deberían haber sabido mejor.» Pero cuando pecamos contra Dios, Él encuentra una excusa para el perdón: nuestra ignorancia.

No hay redención para los ángeles caídos. Las gotas de Sangre que cayeron de la Cruz en el Viernes Santo, en esa Misa de Cristo, no tocaron los espíritus de los ángeles caídos. ¿Por qué? ¿Porque sabían lo que estaban haciendo? Vieron todas las consecuencias de sus actos, tan claramente como nosotros vemos que dos y dos son cuatro, o que una cosa no puede existir y no existir al mismo tiempo. Verdades de este tipo, cuando se comprenden, no pueden ser retractadas; son irrevocables y eternas. Por eso, cuando decidieron rebelarse contra el Dios Todopoderoso, no hubo vuelta atrás en la decisión. ¡Sabían lo que estaban haciendo!

Pero con nosotros es diferente. No vemos las consecuencias de nuestros actos tan claramente como los ángeles; somos más débiles; somos ignorantes. Pero si supiéramos que cada pecado de orgullo tejía una corona de espinas para la cabeza de Cristo; si supiéramos

El Confiteor

que cada contradicción a Su mandato divino le hacía la señal de contradicción, la Cruz; Si supiéramos que cada acto codicioso y avaro clavaba Sus manos, y cada viaje por los caminos tortuosos del pecado cavaba Sus pies; Si supiéramos cuán bueno es Dios y aun así continuáramos pecando, nunca seríamos salvados. Solo es nuestra ignorancia del amor infinito del Sagrado Corazón lo que nos acerca al oído de Su Confiteor desde la Cruz: «Padre, perdónalos, porque no saben lo que hacen.»

Estas palabras, que queden profundamente grabadas en nuestras almas, no constituyen una excusa para continuar en el pecado, sino un motivo para la contrición y la penitencia. El perdón no es una negación del pecado. Nuestro Señor no niega el horrible hecho del pecado, y ahí es donde el mundo moderno se equivoca. Lo explica como si no fuera real: lo atribuye a una caída en el proceso evolutivo, a la supervivencia de antiguos tabúes; lo identifica con verborrea psicológica.

En una palabra, el mundo moderno niega el pecado. Nuestro Señor nos recuerda que es la más terrible de todas las realidades. De otro modo, ¿por qué le daría la Sin Pecado una Cruz? ¿Por qué derrama Sangre inocente? ¿Por qué tiene tales asociaciones terribles: ceguera, compromiso, cobardía, odio y crueldad? ¿Por qué ahora se eleva fuera del ámbito de lo impersonal y se afirma como personal clavando la Inocencia en un patíbulo? Una abstracción no puede hacer eso. Pero el Hombre pecador sí puede.

Por eso Él, que amó a los hombres hasta la Muerte, permitió que el pecado desatara su venganza sobre Él, para que ellos pudieran comprender para siempre su horror como la Crucifixión de Aquel que más los amó.

Aquí no hay negación del pecado – y sin embargo, con todo su horror, la Víctima perdona. En ese único y mismo acontecimiento, está el signo de la absoluta depravación del pecado y el sello del perdón Divino. Desde ese momento, ningún Hombre puede mirar un Crucifijo y decir que el pecado no es serio, ni puede jamás decir que no puede ser perdonado. Por el modo en que Él sufrió, reveló la realidad del pecado; por el modo en que lo soportó, mostró Su misericordia hacia el pecador.

Es la Víctima que ha sufrido quien perdona: y en esa combinación de una Víctima tan humanamente hermosa, tan divinamente amorosa, tan absolutamente inocente, se encuentra un Gran Crimen y un Perdón Mayor. Bajo el amparo de la Sangre de Cristo, los peores pecadores pueden tomar su lugar; porque hay un poder en esa Sangre para retroceder las mareas de venganza que amenazan con ahogar al mundo.

El mundo te dará el pecado explicado, pero sólo en el Calvario se experimenta la contradicción divina del pecado perdonado. En la Cruz, la entrega suprema y el Amor Divino transforman el peor acto del pecado en la acción más noble y la oración más dulce que el mundo haya visto o escuchado jamás, el Confiteor de Cristo: "Padre, perdónalos, porque no saben lo que hacen."

Esa palabra "Perdona", que resonó desde la Cruz aquel día en que el pecado alcanzó su máxima fuerza y luego cayó derrotado por el Amor, no murió con su eco. No mucho tiempo antes, ese mismo misericordioso Salvador había dispuesto medios para prolongar el perdón a través del espacio y del tiempo, incluso hasta la consumación del mundo. Reuniendo el núcleo de Su Iglesia a Su alrededor, dijo a Sus Apóstoles: «Los pecados que perdonéis, les son perdonados.»

En algún lugar del mundo hoy, los sucesores de los Apóstoles tienen el poder de perdonar. No nos corresponde preguntar: ¿Pero cómo puede el hombre perdonar los pecados? – Porque el hombre no puede perdonar los pecados. Pero Dios puede perdonar los pecados *por medio de* el hombre, pues ¿no es así como Dios perdonó a Sus verdugos en la Cruz, es decir, a través de la instrumentalidad de Su naturaleza humana?

¿Por qué, entonces, no sería razonable esperar que Él aún perdone los pecados por medio de otras naturalezas humanas a quienes Él otorgó ese poder? ¿Y dónde encontrar esas naturalezas humanas?

Conoces la historia de la caja, que durante mucho tiempo fue ignorada e incluso ridiculizada como inútil; Y un día se abrió y se encontró que contenía el gran corazón de un gigante. En toda Iglesia Católica existe esa caja. La llamamos la caja del confesionario. Es ignorada y ridiculizada por muchos, pero en ella se encuentra el Sagrado Corazón del Cristo que perdona, perdonando a los pecadores a través de la mano levantada de Su sacerdote, así como Él perdonó una vez a través de Sus propias manos levantadas en la Cruz. Solo hay un perdón: el Perdón de Dios. Solo hay un 'Perdona': el 'Perdona' de un Acto Divino eterno en el que entramos en contacto en diversos momentos del tiempo.

Así como el aire siempre está lleno de sinfonía y palabra, pero no lo oímos a menos que lo sintonizemos en nuestras radios, tampoco las almas sienten la alegría de ese 'Perdona' eterno y divino a menos que estén sintonizadas con Él a tiempo; Y la caja del confesionario es el lugar donde sintonizamos ese grito desde la Cruz.

Ojalá que nuestra mente moderna, en lugar de negar la culpa, mirara a la Cruz, admitiera su culpa y buscara el perdón; ojalá que aquellos que tienen conciencias inquietas que les preocupan a la luz y les atormentan en la oscuridad buscaran alivio, no en el plano de la medicina sino en el plano de la Justicia Divina; ojalá que quienes revelan los oscuros secretos de sus mentes lo hicieran no por sublimación, sino por purgación; ojalá que esos pobres mortales que derraman lágrimas en silencio encontraran una mano que los absuelva para secarlas. ¿Debe ser siempre verdad que la mayor tragedia de la vida no es lo que sucede a las almas, sino lo que las almas pierden? ¿Y qué tragedia mayor hay que perder la paz del pecado perdonado? El Confiteor es a los pies del altar nuestro grito de indignidad: el Confiteor desde la Cruz es nuestra esperanza de perdón y absolución. Las heridas del Salvador fueron terribles, pero la peor herida de todas sería olvidar que nosotros las causamos. El Confiteor puede salvarnos de eso, pues es una admisión de que hay algo que perdonar – y más de lo que jamás llegaremos a saber.

Se cuenta una historia de una monja que un día estaba limpiando una pequeña imagen de Nuestro Señor Bendito en la capilla. En el curso de su deber, se le cayó al suelo. La recogió sin daño, la besó y la volvió a colocar en su lugar, diciendo: «Si nunca hubieras caído, nunca habrías recibido eso.» Me pregunto si Nuestro Señor Bendito no siente lo mismo por nosotros, pues si nunca hubiéramos pecado, nunca podríamos llamarle «Salvador».

~ 21 ~

El Ofertorio

«Amén te digo, hoy
estarás conmigo en el Paraíso.»

Este es ahora el ofertorio de la Misa, porque nuestro Señor se está ofreciendo a Su Padre celestial. Pero para recordarnos que no se ofrece solo, sino en unión con nosotros, une a Su ofertorio el alma del ladrón de la derecha. Para hacer más completa Su ignominia, en una jugada maestra de malicia, lo crucificaron entre dos ladrones. Él caminó entre pecadores durante Su vida, así que ahora lo dejaron colgar entre ellos en la muerte. Pero Él cambió la imagen y convirtió a los dos ladrones en símbolos de las ovejas y las cabras, que estarán a Su derecha e izquierda cuando venga en las nubes del Cielo, con Su entonces triunfante Cruz, para juzgar a vivos y muertos.

Ambos ladrones al principio insultaron y blasfemaron, pero uno de ellos, a quien la tradición llama Dimas, volvió la cabeza para leer la mansedumbre y dignidad en el rostro del Salvador crucificado. Como un trozo de carbón arrojado al fuego se transforma en algo brillante y resplandeciente, así el alma negra de este ladrón arrojada a los fuegos de la Crucifixión brilló con Amor por el Sagrado Corazón.

Mientras el ladrón de la izquierda decía: «Si Tú eres Cristo, sálvate a ti mismo y a nosotros», el ladrón arrepentido lo reprendió diciendo: «Ni tú temes a Dios, viendo que estás bajo la misma condena.» Y con razón, porque recibimos el merecido castigo de nuestras obras; pero este hombre no ha hecho mal alguno." Entonces ese mismo ladrón pronunció una súplica, no por un lugar entre los poderosos, sino solo para no ser olvidado: "Acuérdate de mí cuando entres en tu Reino."

Tal dolor y fe no deben quedar sin recompensa. En un momento en que el poder de Roma no pudo hacerle hablar cuando sus amigos creían que todo estaba perdido, y sus enemigos pensaban que todo estaba ganado, Nuestro Señor rompió el silencio. Él, que era el acusado, se convirtió en el Juez: Él, que fue crucificado, se convirtió en el Divino Asesor de las almas. Al ladrón penitente, Él le proclamó las palabras: "Hoy estarás conmigo en el Paraíso." Hoy – cuando dijiste tu primera oración y tu última; hoy – estarás conmigo – y donde Yo estoy, allí está el Paraíso.

Con estas palabras Nuestro Señor, que se ofrecía a Su Padre celestial como la gran Hostia, ahora une con Él en la patena de la Cruz la primera pequeña Hostia jamás ofrecida en la Misa, la Hostia del ladrón arrepentido, una rama arrancada del fuego, un manojo arrancado de los segadores terrenales; el trigo molido en el molino de la Crucifixión y convertido en pan para la Eucaristía.

Nuestro Señor no sufre solo en la Cruz: sufre con nosotros. Por eso unió el sacrificio del ladrón al suyo propio. Esto es a lo que San Pablo se refiere cuando dice que debemos completar en nuestro cuerpo lo que falta a los padecimientos de Cristo. Esto no significa que nuestro Señor en la Cruz no sufriera todo lo que podía. Significa más bien que el Cristo físico e histórico sufrió todo lo que pudo en su propia naturaleza humana, pero que el Cristo Místico, que es Cristo y nosotros, no ha sufrido aún en toda su plenitud. Todos los demás buenos ladrones en la historia del mundo aún no han reconocido su error ni han suplicado por misericordia. Nuestro Señor está ahora en el Cielo. Por lo tanto, Él no puede sufrir más en su naturaleza humana, pero puede sufrir más en nuestras naturalezas humanas.

Así, Él se extiende a otras naturalezas humanas, a la tuya y a la mía, y nos pide que hagamos como el ladrón, es decir, incorporarnos a Él en la Cruz, para que, compartiendo su Crucifixión, también participemos de su Resurrección, y que, hechos partícipes de su Cruz, también seamos hechos partícipes de su gloria en el Cielo.

Como Nuestro Señor Bendito eligió aquel día al ladrón como la pequeña hostia de sacrificio, hoy nos elige a nosotros como las otras pequeñas hostias unidas con Él sobre la patena del altar. Vuelva con la mente a una Misa, a cualquier Misa que se celebrara en los primeros siglos de la Iglesia, antes de que la civilización se volviera completamente financiera y económica. Si asistíamos al Santo Sacrificio en la Iglesia primitiva, habríamos llevado al altar cada mañana algo de pan y algo de vino. El sacerdote habría utilizado un trozo de ese pan ázimo y algo de ese vino para el Sacrificio de la Misa. El resto se habría apartado, bendecido y distribuido a los pobres. Hoy no traemos pan y vino. Traemos su equivalente: traemos aquello que compra pan y vino. De ahí la colecta del ofertorio.

¿Por qué traemos pan y vino o su equivalente a la Misa? Traemos pan y vino porque estas dos cosas, de todas las cosas de la naturaleza, representan más la sustancia de la Vida. El trigo es como la misma médula de la tierra, y las uvas su misma sangre, ambos nos dan el Cuerpo y la Sangre de la Vida. Al traer esas dos cosas que nos dan vida y nos alimentan, *estamos trayéndonos a nosotros mismos al* Sacrificio de la Misa.

Por lo tanto, estamos presentes en cada Misa bajo la apariencia de pan y vino, que son símbolos de nuestro Cuerpo y Sangre. No somos espectadores pasivos como si viéramos un espectáculo en un teatro, sino que co-ofrecemos nuestra Misa con Cristo. Si alguna imagen describe adecuadamente nuestro papel en este drama, es esta:

El Ofertorio

Ante nosotros hay una gran Cruz en la que está extendida la gran Hostia, Cristo. Alrededor del monte del Calvario están nuestras pequeñas cruces en las que nosotros, las pequeñas hostias, hemos de ser ofrecidos. Cuando Nuestro Señor va a Su Cruz, nosotros vamos a nuestras pequeñas cruces y nos ofrecemos en unión con Él, como una oblación limpia al Padre celestial.

En ese momento cumplimos literalmente hasta el más mínimo detalle el mandato del Salvador: Toma tu cruz cada día y sígueme. Al hacerlo, Él no nos pide hacer nada que Él mismo no haya hecho ya. Tampoco es excusa decir: «Soy una pobre y no digna hostia.» Así fue el ladrón.

Nótese que había dos actitudes en el alma de aquel ladrón, ambas las cuales lo hicieron aceptable para nuestro Señor. La primera fue el reconocimiento de que merecía lo que estaba sufriendo, pero que el Cristo sin pecado no merecía Su Cruz; en otras palabras, él era *penitente*. La segunda fue *fe* en Aquel a quien los hombres rechazaron, pero a quien el ladrón reconoció como el mismo Rey de Reyes.

¿Bajo qué condiciones nos convertimos en pequeñas hostias en la Misa? ¿Cómo se hace nuestro sacrificio uno con el de Cristo y tan aceptable como el del ladrón? Solo reproduciendo en nuestras almas las dos actitudes en el alma del ladrón: *penitencia* y *fe*.

Antes que nada, debemos ser penitentes como el ladrón y decir: «Merezco castigo por mis pecados. Necesito un sacrificio.» Algunos de nosotros no sabemos cuán malvados o cuán ingratos somos con Dios. Si lo supiéramos, no nos quejaríamos tanto de los golpes y dolores de la vida. Nuestras conciencias son como habitaciones oscuras de las que la luz ha sido excluida durante mucho tiempo. Corrimos la cortina y ¡he aquí! En todas partes, donde creíamos encontrar limpieza, ahora hallamos polvo.

El Ofertorio

Algunas conciencias han sido tan cubiertas de excusas que rezan con el fariseo: «Te doy gracias, oh Dios, porque no soy como los demás hombres.» Otros blasfeman contra el Dios del cielo por su dolor y pecados, pero no se arrepienten. La Guerra Mundial, por ejemplo, fue destinada a ser una purgación del mal; se suponía que debía enseñarnos que no podemos vivir sin Dios, pero el mundo se negó a aprender la lección. Como el ladrón de la izquierda, se niega a ser penitente: se niega a reconocer ninguna relación de justicia entre el pecado y el sacrificio, entre la rebelión y una cruz.

Pero cuanto más penitentes somos, menos ansiosos estamos por escapar de nuestra cruz. Cuanto más nos vemos tal como somos, más decimos con el buen ladrón: «Yo merecía esta cruz.» Él no quiso ser excusado; no quiso que se justificara su pecado; no quiso ser eximido; no pidió ser bajado. Solo quiso ser perdonado. Estuvo dispuesto incluso a ser una pequeña Hostia en su propia cruzcita, pero eso fue porque era penitente. Ni se nos da otro modo de convertirnos en pequeñas Hostias con Cristo en la Misa que no sea rompiendo nuestro corazón con dolor; porque si no admitimos que estamos heridos, ¿cómo podremos sentir la necesidad de sanación? Si no nos arrepentimos de nuestra parte en la Crucifixión, ¿cómo podríamos pedir jamás ser perdonados por su pecado?

La segunda condición para convertirse en huésped en el ofertorio de la Misa es la Fe. El ladrón miró sobre la cabeza de Nuestro Señor Bendito y vio un letrero que decía: «REY». ¡Qué rey tan extraño! Por corona: espinas. Por púrpura real: Su propia Sangre. Por trono: una Cruz. Por cortesanos: verdugos. Por coronación: una Crucifixión. Y, sin embargo, bajo toda esa escoria, el ladrón vio el oro; en medio de todas esas blasfemias, él oró.

Su Fe era tan fuerte que estaba contento de permanecer en su Cruz. El ladrón de la izquierda pidió ser bajado, pero no el ladrón de la derecha. ¿Por qué? Porque sabía que había males mayores que las crucifixiones y otra Vida más allá de la Cruz. Él tenía Fe en el

El Ofertorio

Hombre de la Cruz central que podría haber convertido las espinas en guirnaldas y los clavos en capullos de rosa si Él quisiera; pero tenía fe en un Reino más allá de la Cruz, sabiendo que los sufrimientos de este mundo no son dignos de compararse con las alegrías que han de venir. Con el Salmista, su alma clamó: «Aunque ande en medio de la sombra de la muerte, no temeré mal alguno, porque Tú estás conmigo.»

Tal fe fue como la de los tres jóvenes en el horno de fuego, a quienes el rey Nabucodonosor mandó adorar la estatua de oro. Su respuesta fue: «He aquí, nuestro Dios, a quien adoramos, puede librarnos del horno de fuego ardiente y de tus manos, oh rey.» Pero si no lo hace, sepa, oh rey, que no adoraremos a tus dioses ni rendiremos culto a la estatua de oro que has erigido.» Observemos que no pidieron a Dios que los librara del horno de fuego, aunque sabían que Dios podía hacerlo, «porque Él puede librarnos del horno de fuego ardiente.» Se entregaron completamente en manos de Dios y, como Job, confiaron en Él.

Así también, con el buen ladrón: Él sabía que Nuestro Señor podía liberarle. Pero *no pidió ser bajado de la Cruz*, porque Nuestro Señor no bajó por Sí mismo aunque la multitud le desafiaba. El ladrón sería una pequeña Hostia, si fuera necesario, hasta el mismo fin de la Misa. Esto no significaba que el ladrón no amara la vida: Él amaba la vida tanto como nosotros la amamos. Quería la vida y una vida larga, y la encontró, porque ¿qué vida es más larga que la Vida Eterna? A cada uno de nosotros, de igual manera, se nos da descubrir esa Vida Eterna. Pero no hay otro camino para entrar en ella que por la penitencia y por la fe, que nos unen a esa Gran Hostia – el Sacerdote y Víctima Cristo. Así nos convertimos en ladrones espirituales y robamos el Cielo una vez más.

~ 22 ~

El Sanctus

"Mujer, he aquí a tu Hijo . . .

he aquí a tu Madre."

Hace cinco días Nuestro Señor Bendito hizo una entrada triunfal en la ciudad de Jerusalén: Gritos triunfantes resonaban en sus oídos; las palmas cayeron a sus pies, mientras el aire resonaba con hosannas al Hijo de David y alabanzas al Santo de Israel. A quienes habrían silenciado la demostración en Su honor, nuestro Señor les recuerda que, si sus voces estuvieran en silencio, hasta las piedras habrían clamado. Ese fue el nacimiento de las catedrales góticas.

No conocían la verdadera razón por la que le llamaban *santo*; ni siquiera comprendían por qué Él aceptaba el tributo de su alabanza. Pensaban que proclamaban a Él como una especie de rey terrenal. Pero Él aceptó su demostración porque iba a ser el Rey de un imperio espiritual. Aceptó sus tributos, sus hosannas y sus cánticos de alabanza porque iba a Su cruz como Víctima. Y toda víctima debe ser santa – *Sanctus, Sanctus, Sanctus*. Cinco días después llegó el *Sanctus* de la Misa del Calvario. Pero en ese *Sanctus* de Su Misa, Él no dice "santo" – Él habla a los santos; Él no susurra "Sanctus" – Se dirige *a* santos, a Su dulce Madre María y a Su amado discípulo, Juan.

Son palabras impactantes: "Mujer, he aquí a tu hijo..." he aquí a tu madre." Ahora hablaba a los santos. Él no necesitaba la intercesión

El Sanctus

de los santos, porque Él era el Santo de Dios. Pero nosotros necesitamos santidad, porque toda víctima de la Misa debe ser santa, sin mancha y sin contaminación. ¿Pero cómo podemos ser participantes santos en el Sacrificio de la Misa? Él dio la respuesta: es decir, poniéndonos bajo la protección de Su Madre Bendita. Se dirige a la Iglesia y a todos sus miembros en la persona de Juan, y nos dice a cada uno: "He aquí a tu madre." Por eso no la llamó "Madre" sino "Mujer." Ella tenía una misión universal, no solo ser Su Madre sino ser la Madre de todos los cristianos. Ella había sido Su Madre; Ahora, ella iba a ser la Madre de Su Cuerpo Místico, la Iglesia. Y nosotros íbamos a ser sus hijos.

Hay un misterio tremendo oculto en esa sola palabra, "Mujer." Realmente fue la última lección de desapego que Jesús le había estado enseñando durante tantos años y la primera lección del nuevo apego. Nuestro Señor había estado 'alejando', por así decirlo, sus afectos de Su Madre, no en el sentido de que ella debía amarlo menos, ni que Él debía amarla menos, sino solo en el sentido de que ella debía amarnos más. Ella debía desprenderse de la maternidad en la carne, solo para estar más unida a esa mayor maternidad en el espíritu. De ahí la palabra: "Mujer." Ella debía hacernos *otros Cristos*, porque así como María había criado al Santo de Dios, solo ella podía criarnos a nosotros como santos para Dios, dignos de decir *Santo, Santo, Santo*, en la Misa de ese prolongado Calvario.

La historia de la preparación para su papel como Madre del Cuerpo Místico de Cristo se despliega en tres escenas de la vida de su Hijo Divino, cada una sugiriendo la lección que el mismo Calvario iba a revelar: a saber, que ella fue llamada no solo a ser la Madre de Dios sino también la Madre de los hombres; no solo la Madre de la Santidad sino la Madre de aquellos que piden ser santos.

La primera escena tuvo lugar en el Templo, donde María y José encontraron a Jesús después de una búsqueda de tres días. La Madre Bendita le recuerda que sus corazones estaban destrozados por el

El Sanctus

dolor durante la larga búsqueda, y Él responde: "¿No sabíais que debo ocuparme de los asuntos de mi Padre?" Aquí Él estaba diciendo, en términos equivalentes: "Tengo otro negocio, Madre, distinto al negocio del taller del carpintero. Mi Padre me ha enviado a este mundo con el supremo negocio de la Redención, para hacer a todos los hombres hijos adoptivos de mi Padre celestial en el mayor Reino de la fraternidad de Cristo, Tu Hijo." Cuán plenamente la visión completa de esas palabras iluminó a María, no lo sabemos; Si entonces comprendió que la Paternidad de Dios significaba que ella iba a ser la Madre de los hombres, no lo sabemos. Pero ciertamente, dieciocho años después, en la segunda escena, el banquete nupcial de Caná, llegó a una comprensión más plena de esa misión.

¡Qué pensamiento tan consolador es pensar que Nuestro Señor Bendito, que habló de penitencia, que predicó la mortificación, que insistió en tomar la cruz cada día y seguirle, comenzara Su vida pública asistiendo a una fiesta de bodas! ¡Qué hermosa comprensión de nuestros corazones!

Cuando, en el transcurso del banquete, se acabó el vino, María, siempre atenta a los demás, fue la primera en darse cuenta y la primera en buscar alivio para la vergüenza. Simplemente dijo a Nuestro Señor Bendito: «No tienen vino». Y Nuestro Señor Bendito le dijo: «Mujer, ¿qué tengo yo contigo?» «Mi hora aún no ha llegado.» «Mujer, ¿qué tengo yo contigo?» No la llamó «Madre», sino «Mujer» — el mismo título que iba a recibir tres años después.

Él le estaba diciendo, en términos equivalentes: «Me estás pidiendo que haga algo que Me pertenece como Hijo de Dios. Me estás pidiendo que realice un milagro que solo Dios puede obrar; Me estás pidiendo que ejerza Mi divinidad, que tiene relación con toda la humanidad, es decir, como su Redentor. Pero una vez que esa divinidad actúa para la salvación del mundo, tú te conviertes no solo en Mi Madre sino en la Madre de la humanidad redimida. Tu maternidad física se extiende al mundo más amplio de la maternidad espiritual, y por esa razón, te llamo: 'Mujer.'" Y para probar que su intercesión es poderosa en ese papel de maternidad universal, Él ordenó que se llenaran las tinajas de agua, y en el lenguaje de Crashaw se realizó el primer milagro: "las aguas conscientes vieron a su Dios y se sonrojaron."

La tercera escena ocurre dentro de dos años. Un día, mientras Nuestro Señor predicaba, alguien interrumpió Su discurso para decir: «Tu madre...» está fuera, buscándote." Nuestro Señor Bendito dijo: "¿Quién es mi madre?" y, extendiendo sus manos hacia sus discípulos, dijo: "He aquí a mi madre y a mis hermanos. Porque todo aquel que hace la voluntad de mi Padre, que está en el cielo, ese es mi hermano, y mi hermana, y mi madre." El significado era inconfundible. Existe tal cosa como la maternidad espiritual; existen vínculos distintos a los de la carne; hay lazos distintos a los lazos de sangre, a saber, vínculos espirituales que unen a los del Reino donde reina la Paternidad de Dios y la Fraternidad de Cristo.

Estas tres escenas tienen su clímax en la Cruz, donde María es llamada "Mujer." Fue la segunda Anunciación. El ángel le dijo en la primera: "¡Salve, María!" Su Hijo le habla en la segunda: "Mujer." Esto no significaba que dejara de ser Su Madre; ella es siempre la Madre de Dios; pero su Maternidad se amplió y se expandió; se volvió espiritual, se volvió universal, porque en ese momento ella se convirtió en nuestra Madre. Nuestro Señor creó el vínculo donde no existía por naturaleza, como sólo Él podía hacerlo.

¿Y cómo se convirtió en la Madre de los hombres? Al convertirse no sólo en madre, sino también en esposa de Cristo. Él fue el nuevo Adán; ella es la nueva Eva. Y así como Adán y Eva engendraron a su progenie natural, que somos nosotros, así Cristo y Su Madre engendraron en la Cruz a su progenie espiritual, que somos nosotros: hijos de María o miembros del Cuerpo Místico de Cristo. Ella dio a luz a su Primogénito en Belén. Nótese que San Lucas llama a nuestro Señor el *Primogénito* – no porque nuestra Madre Bendita tuviera otros hijos *según la carne*, sino sólo porque iba a tener otros hijos *según el espíritu*. En ese momento, cuando nuestro Señor Bendito le dijo: "Mujer," ella se convirtió, en cierto sentido, en esposa de Cristo, y dio a luz en el dolor a su primogénito en el espíritu, y su nombre fue Juan. Quién fue el segundo hijo no lo sabemos. Podría haber sido Pedro. Podría haber sido Andrés. Pero nosotros, en todo caso, somos el millonésimo y millonésimo hijo de aquella Mujer al pie de la Cruz. Fue un intercambio pobre, en verdad, recibir al hijo de Zebedeo en lugar del Hijo de Dios. Pero seguramente nuestra ganancia fue mayor, porque mientras ella adquirió hijos desobedientes y a menudo rebeldes, nosotros obtuvimos a la Madre más amorosa del mundo – la Madre de Jesús.

Somos hijos de María – literalmente, *hijos*. Ella es nuestra Madre, no por título ficticio, ni por título de cortesía; ella es nuestra Madre porque soportó en ese momento particular los dolores del parto por todos nosotros. ¿Y por qué Nuestro Señor nos la dio como Madre? Porque sabía *que nunca podríamos ser santos sin ella*. Él vino a nosotros a través de su pureza, y solo a través de su pureza podemos volver a ella. No hay Sanctus sin María. Toda víctima que sube a ese altar bajo las especies de pan y vino debe haber dicho el Confiteor y convertirse en víctima santa – pero no hay santidad sin María.

Observa que cuando esa palabra fue dirigida a nuestra Madre Bendita, había otra mujer allí que estaba postrada. ¿Has notado que prácticamente toda representación tradicional de la Crucifixión siempre muestra a la Magdalena de rodillas al pie del Crucifijo? Pero nunca has visto una imagen de la Madre Bendita postrada. Juan estaba allí, y en su Evangelio relata que ella permaneció de pie. Él la vio permanecer de pie. Pero, ¿por qué permaneció de pie? Ella permaneció de pie para estar al servicio de nosotros. Ella permaneció de pie para ser nuestra ministra, nuestra Madre.

El Sanctus

Si María hubiera podido postrarse en ese momento como lo hizo Magdalena, si tan solo hubiera podido llorar, su dolor habría encontrado una salida. El dolor que llora nunca es el dolor que rompe el corazón. Es el corazón que no puede encontrar una salida en la fuente de lágrimas el que se quiebra; es el corazón que no puede sufrir un colapso emocional el que se rompe. ¡Y todo ese dolor fue parte del precio que pagó nuestra Corredentora, María, la Madre de Dios!

Porque nuestro Señor la quiso para nosotros como nuestra Madre, la dejó en esta tierra después de ascender al Cielo, para que pudiera maternar a la Iglesia infantil. La Iglesia infantil necesitaba una madre, así como el Cristo infantil. Ella tuvo que permanecer en la tierra hasta que su familia hubiera crecido. Por eso la encontramos en Pentecostés permaneciendo en oración con los Apóstoles, esperando el descenso del Espíritu Santo. Ella estaba maternando el Cuerpo Místico de Cristo.

Ahora está coronada en el Cielo como Reina de los Ángeles y Santos, convirtiendo el Cielo en otro banquete nupcial de Caná cuando intercede con su divino Salvador en favor nuestro, sus otros hijos, hermanos de Cristo y hijos del Padre celestial.

¡Virgen Madre! Qué hermosa conjunción de virginidad y maternidad, una supliendo el defecto de la otra. La virginidad sola carece de algo: hay una incompletitud en ella; algo no realizado; una facultad no utilizada. La maternidad sola pierde algo: hay una entrega, un no florecer, un deshojar una flor. ¡Oh! Por un *rapprochement* en el que hubiera una virginidad que nunca careciera de nada y una maternidad que nunca perdiera nada. Los tenemos a ambos en María, la Virgen Madre: Virgen por la sombra del Espíritu Santo en Belén y Pentecostés; Madre de millones de sus hijos desde Jesús hasta tú y yo.

El Sanctus

No se trata aquí de confundir a nuestra Señora con nuestro Señor; veneramos a nuestra Madre, adoramos a nuestro Señor. Pedimos a Jesús aquellas cosas que solo Dios puede conceder: Misericordia, gracia y perdón. Pedimos que María interceda por nosotros ante Él, y especialmente en la hora de nuestra Muerte. Por su cercanía a Jesús, que implica su vocación, sabemos que nuestro Señor escucha especialmente su súplica. A ningún otro santo podemos dirigirnos como un hijo a su madre: ninguna otra virgen, mártir, madre o confesor ha sufrido tanto por nosotros como ella; nadie ha establecido jamás un mejor derecho a nuestro amor y patrocinio que ella.

Como Mediadora de todas las gracias, todos los favores nos vienen de Jesús a través de ella, así como Jesús mismo vino a nosotros por medio de ella. Deseamos ser santos, pero sabemos que no hay Santidad sin ella, pues fue el don de Jesús para nosotros en el *Sanctus* de Su Cruz. Ninguna mujer puede olvidar jamás al hijo de su vientre; entonces ciertamente María nunca podrá olvidarnos. Por eso sentimos en lo más profundo de nuestro corazón que cada vez que ella ve a otro niño inocente en la barandilla de la Primera Comunión, o a otro pecador penitente que se dirige a la Cruz, o a otro corazón quebrantado suplicando que el agua de una vida desperdiciada se transforme en el vino del amor de Dios, ella escucha una vez más esa palabra: "Mujer, he ahí a tu hijo."

✠ J.M.J. ✠

~ 23 ~

La Consagración

"Dios mío, Dios mío, ¿por qué me has abandonado?"

La Cuarta Palabra es la Consagración de la Misa del Calvario. Las tres primeras Palabras fueron dirigidas a los hombres, pero las últimas cuatro Palabras fueron dirigidas a Dios. Ahora estamos en la etapa final de la Pasión. En la cuarta Palabra, en todo el universo, sólo están Dios y Él mismo. Esta es la hora de tinieblas. De repente, de entre su negrura, el silencio se rompe con un grito – tan terrible, tan inolvidable, que incluso aquellos que no entendían el dialecto recordaron los extraños tonos: "*Elí, Elí, ¿lama sabactani?.*" Lo registraron así, una traducción aproximada del hebreo porque nunca pudieron sacar el sonido de esos tonos de sus oídos durante todos los días de su vida.

La oscuridad que cubría la tierra en ese momento era sólo el símbolo externo de la oscura noche del alma interior. Bien podría el sol esconder su rostro ante el terrible crimen del Deicidio. Una verdadera razón por la que la tierra fue creada fue para que se erigiera una Cruz sobre ella. Y ahora que la Cruz estaba erigida, la creación sintió el dolor y cayó en la oscuridad.

¿Pero por qué el grito de oscuridad? ¿Por qué el grito de abandono: «Dios mío, Dios mío, ¿por qué me has abandonado?»? Fue el grito de expiación por el pecado. El pecado es el abandono de Dios por parte del hombre; es la criatura que abandona al Creador, como una flor que abandona la luz del sol, que le dio su fuerza y

La Consagración

belleza. El pecado es una separación, un divorcio — el divorcio original de la unidad con Dios, del cual derivan todos los demás divorcios.

Puesto que Él vino a la tierra para redimir a los hombres del pecado, era por tanto adecuado que Él *sintiera* e ese abandono, esa separación, ese divorcio. Él lo sintió primero internamente, en Su alma, como la base de una montaña, si consciente, podría sentirse abandonada por el sol cuando una nube la rodea, aunque sus grandes alturas estuvieran radiantes de luz. No había pecado en Su alma, pero puesto que Él quiso sentir el efecto del pecado, un terrible sentido de aislamiento y soledad se apoderó de Él: la soledad de estar sin Dios.

Renunciando a la consolación divina que podría haber sido Suya, Él se hundió en una terrible soledad humana, para expiar la soledad de un alma que ha perdido a Dios por el pecado; por la soledad del ateo que dice que no hay Dios, por el aislamiento del hombre que abandona su fe por las cosas, y por el corazón quebrantado de todos los pecadores que sienten nostalgia sin Dios. Incluso llegó a redimir a todos aquellos que no confiarán, que en tristeza y miseria maldicen y abandonan a Dios, clamando: «¿Por qué esta muerte?» ¿Por qué debería perder mi propiedad? ¿Por qué debería sufrir?" Él expió todas estas cosas preguntando un "¿Por qué?" a Dios.

Pero, para revelar mejor la intensidad de ese sentimiento de abandono, lo manifestó mediante un signo externo. Porque el hombre se había separado de Dios, Él, en expiación, permitió que Su Sangre se separara de Su Cuerpo. El pecado había entrado en la sangre del hombre; y, como si los pecados del mundo estuvieran sobre Él, vació el cáliz de Su Cuerpo de Su sagrada Sangre. Casi podemos oírle decir: "Padre, este es Mi Cuerpo; esta es Mi Sangre. Se están separando el uno del otro como la humanidad se ha separado de Ti. Esta es la consagración de Mi Cruz."

La Consagración

Lo que sucedió allí en la Cruz ese día está sucediendo ahora en la Misa, con esta diferencia: en la Cruz el Salvador estaba solo; en la Misa, Él está con nosotros. Nuestro Señor está ahora en el Cielo a la derecha del Padre, intercediendo por nosotros. Por lo tanto, Él nunca puede sufrir de nuevo *en Su propia naturaleza humana*. ¿Cómo puede entonces la Misa ser la representación del Calvario? ¿Cómo puede Cristo renovar la Cruz? Él no puede sufrir de nuevo en Su propia naturaleza humana, que está en el Cielo gozando de la bienaventuranza, pero puede sufrir de nuevo en nuestras naturalezas humanas. Él no puede renovar el Calvario en Su *cuerpo físico*, pero puede renovarlo en *Su Cuerpo Místico* — la Iglesia. El Sacrificio de la Cruz puede ser representado siempre que Le entreguemos nuestro cuerpo y nuestra sangre, y se lo entreguemos tan completamente que, como Suyo, Él pueda ofrecerse de nuevo a Su Padre celestial para la redención de Su Cuerpo Místico, la Iglesia.

Así, Cristo sale al mundo reuniendo otras naturalezas humanas que estén dispuestas a ser Cristos. Para que nuestros sacrificios, nuestros dolores, nuestros Gólgotas, nuestras crucifixiones, no sean aislados, desconectados ni sin relación, la Iglesia los recoge, los cosecha, los unifica, los cohesiona, los amasa, y esta amasadura de todos nuestros sacrificios de nuestras naturalezas humanas individuales se une con el Gran Sacrificio de Cristo en la Cruz en la Misa.

Cuando asistimos a la Misa no somos meramente individuos de la tierra ni unidades solitarias, sino partes vivas de un gran orden espiritual en el que el Infinito penetra y envuelve lo finito, lo Eterno irrumpe en lo temporal y lo Espiritual se reviste con los ropajes de la materialidad. Nada más solemne existe en la faz de la tierra de Dios que el momento sobrecogedor de la Consagración; pues la Misa no es una oración, ni un himno, ni algo dicho: es un Acto Divino con el que entramos en contacto en un momento determinado del tiempo.

La Consagración

Puede trazarse una ilustración imperfecta a partir de la radio. El aire está lleno de sinfonías y palabras. No ponemos allí las palabras ni la música; pero, si queremos, podemos establecer contacto con ellas sintonizando nuestra radio. Y así sucede con la Misa: es un Acto Divino singular y único con el que entramos en contacto cada vez que se vuelve a presentar y a representar en la Misa.

Cuando se acuña el cuño de una medalla o moneda, la medalla es la representación material y visible de una idea espiritual existente en la mente del artista. Incontables reproducciones pueden hacerse a partir de ese original, ya que cada nueva pieza de metal entra en contacto con él y queda impresionada por él. A pesar de la multiplicidad de monedas hechas, el patrón es siempre el mismo. De igual manera, en la Misa, el Modelo —el sacrificio de Cristo en el Calvario— se renueva en nuestros altares cada vez que un ser humano entra en contacto con él en el momento de la consagración; pero el sacrificio es uno y el mismo a pesar de la multiplicidad de Misas. La Misa, entonces, es la comunicación del Sacrificio del Calvario a nosotros bajo las especies de pan y vino.

Estamos en el altar bajo la apariencia de pan y vino, pues ambos son el sustento de la vida; por lo tanto, al dar aquello que nos da vida, simbólicamente nos damos a nosotros mismos. Además, el trigo debe sufrir para convertirse en pan; Las uvas deben pasar por el lagar para convertirse en vino. Por tanto, ambos son representativos de los cristianos que están llamados a sufrir con Cristo, para que también puedan reinar con Él.

A medida que se acerca la consagración de la Misa, nuestro Señor nos dice: «Tú, María; tú, Juan; tú, Pedro; y tú, Andrés – vosotros todos – dadme vuestro cuerpo; dadme vuestra sangre. ¡Dadme todo vuestro ser! No puedo sufrir más. He pasado por Mi cruz, he llenado los sufrimientos de Mi cuerpo físico, pero no he llenado los sufrimientos que faltan a Mi Cuerpo Místico, en el que vosotros estáis. La Misa es el momento en que cada uno de vosotros puede cumplir literalmente Mi mandato: 'Tomad vuestra cruz y seguidme.'»

En la cruz, nuestro Señor Bendito te miraba con esperanza, esperando que un día te entregaras a Él en el momento de la consagración. Hoy, en la Misa, se cumple aquella esperanza que Nuestro Señor Bendito tenía por ti. Cuando asistes a la Misa, Él espera que ahora realmente le entregues a ti mismo.

Entonces, al llegar el momento de la Consagración, el sacerdote, en obediencia a las palabras de Nuestro Señor, «Haced esto en conmemoración mía», toma el Pan en sus manos y dice: «Este es mi Cuerpo»; y luego, sobre el cáliz de vino, dice: «Este es el cáliz de mi Sangre del nuevo y eterno testamento.» No consagra el Pan y el vino juntos, sino por separado. La consagración separada del Pan y del vino es una representación simbólica de la separación del Cuerpo y la Sangre, y dado que la Crucifixión implicó ese mismo misterio, el Calvario se renueva así en nuestro altar. Pero Cristo, como se ha dicho, no está solo en nuestro altar; nosotros estamos con Él. Por ello, las palabras de la Consagración tienen un doble sentido; la significación primaria de las palabras es: «Este es el Cuerpo de Cristo; Esto es la Sangre de Cristo;" pero la significación secundaria es "Esto es mi Cuerpo; esta es mi Sangre."

¡Tal es el propósito de la vida! Redimirnos en unión con Cristo; aplicar Sus méritos a nuestras almas siendo como Él en todas las cosas, incluso hasta Su muerte en la Cruz. Él pasó por Su consagración en la Cruz para que ahora nosotros podamos pasar por la nuestra en la Misa. No hay nada más trágico en todo el mundo que el dolor desperdiciado.

Piensa en cuánto sufrimiento hay en los hospitales, entre los pobres y los afligidos. Piensa también en cuánto de ese sufrimiento se desperdicia. ¡Cuántas de esas almas solitarias, sufrientes, abandonadas, crucificadas están diciendo con Nuestro Señor en el momento de la consagración: "Esto es mi cuerpo. Tómalo." Y, sin embargo, eso es lo que todos deberíamos estar diciendo en ese instante:

ME DOY A DIOS. AQUÍ ESTÁ MI CUERPO. TÓMALO. AQUÍ ESTÁ MI SANGRE. TÓMALA. AQUÍ ESTÁ MI ALMA, MI VOLUNTAD, MI ENERGÍA, MI FUERZA, MI PROPIEDAD, MI RIQUEZA – TODO LO QUE TENGO. ES TUYO. ¡TÓMALO! ¡CONSÁGRALO! ¡OFRECELO! OFRÉCELO CONTIGO MISMO AL PADRE CELESTIAL PARA QUE ÉL, AL MIRAR ESTE GRAN SACRIFICIO, SOLO VEA A TI, SU AMADO HIJO, EN QUIEN SE COMPLACE. TRANSMUTA EL POBRE PAN DE MI VIDA EN TU VIDA DIVINA; EMOCIONA EL VINO DE MI VIDA DESPERDICIADA EN TU DIVINO ESPÍRITU; UNE MI CORAZÓN QUEBRANTADO CON TU CORAZÓN; CONVIERTE MI CRUZ EN UN CRUCIFIJO. NO PERMITAS QUE MI ABANDONO, MI TRISTEZA Y MI DUELO SEAN EN VANO. RECOGE LOS FRAGMENTOS, Y COMO LA GOTA DE AGUA ES ABSORBIDA POR EL VINO EN EL OFERTORIO DE LA MISA, DEJA QUE MI VIDA SEA ABSORBIDA EN LA TUYA; QUE MI PEQUEÑA CRUZ SE ENTRELAZE CON TU GRAN CRUZ PARA QUE PUEDA ADQUIRIR LAS ALEGRÍAS DE LA FELICIDAD ETERNA EN UNIÓN CONTIGO.

CONSAGRA ESTAS PRUEBAS DE MI VIDA QUE QUEDARÍAN SIN RECOMPENSA A MENOS QUE SEAN UNIDAS A TI; TRANSUBSTANCIA EN MÍ PARA QUE, COMO EL PAN QUE AHORA ES TU CUERPO, Y EL VINO QUE AHORA ES TU SANGRE, YO TAMBIÉN PUEDA SER TOTALMENTE TUYO. NO ME IMPORTA SI LAS ESPECIES PERMANECEN, O QUE, COMO EL PAN Y EL VINO, PAREZCA A TODOS LOS OJOS TERRENALES IGUAL QUE ANTES. MI ESTACIÓN EN LA VIDA, MIS DEBERES COTIDIANOS, MI TRABAJO, MI FAMILIA – TODOS ESTOS

La Consagración

SON SOLO LAS ESPECIES DE MI VIDA QUE PUEDEN PERMANECER INALTERADAS; PERO LA *sustancia* DE MI VIDA, MI ALMA, MI MENTE, MI VOLUNTAD, MI CORAZÓN – TRANSUBSTANCIADLOS, TRANSFORMADLOS COMPLETAMENTE EN TU SERVICIO, PARA QUE A TRAVÉS DE MÍ TODOS PUEDAN CONOCER CUÁN DULCE ES EL AMOR DE CRISTO." AMÉN.

~ 24 ~

La Comunión

"Tengo sed."

Nuestro Señor Bendito alcanza la comunión de Su Misa cuando, desde las profundidades del Sagrado Corazón, brota el clamor: "Tengo sed." Esto ciertamente no era una sed de agua, porque la tierra es Suya y la plenitud de ella; no era una sed de ninguno de los refrescantes sorbos de la tierra, pues Él calmó los mares con puertas cuando estallaron en su furia. Cuando le ofrecieron beber, Él no lo tomó. Era otro tipo de sed la que le torturaba. Tenía sed de las almas y corazones de los hombres.

El clamor era un clamor por comunión – el último en una larga serie de llamados pastorales en la búsqueda de Dios por los hombres. El hecho mismo de que se expresara en el más conmovedor de todos los sufrimientos humanos, a saber, la sed, fue la medida de su profundidad e intensidad. El hombre puede *hambrienta* de Dios, pero Dios *sed* de los hombres. Él tuvo sed del hombre en la Creación cuando lo llamó a la comunión con la Divinidad en el jardín del Paraíso; Tuvo sed del hombre en la Revelación, cuando intentó recuperar el corazón errante del hombre revelándole los secretos de Su Amor; Tuvo sed del hombre en la Encarnación cuando se hizo semejante al amado y se encontró en la forma y el hábito del hombre.

La Comunión

Ahora tenía sed del hombre en la Redención, porque mayor amor que este nadie tiene, que uno ponga su vida por sus amigos. Fue el último llamado a la comunión antes de que cayera el telón sobre el Gran Drama de Su vida terrenal. Todos los innumerables amores de padres por hijos, de cónyuge por cónyuge, si se compactaran en un solo gran amor, serían la más pequeña fracción del amor de Dios por el hombre en ese grito de sed. Significaba a la vez, no solo cuánto tenía sed de los pequeños, de los corazones hambrientos y las almas vacías, sino también cuán intensa era Su voluntad de satisfacer nuestro anhelo más profundo.

Realmente, no debería haber nada misterioso en nuestra sed de Dios, porque ¿acaso no suspira el corazón tras la fuente, y el girasol se vuelve hacia el sol y los ríos corren hacia el mar? Pero que Él nos ame, considerando nuestra propia indignidad y lo poco que vale nuestro amor, —¡eso es el misterio!— Y, sin embargo, tal es el significado de la sed de Dios por la comunión con nosotros.

Él ya lo había expresado en la parábola de la Oveja perdida cuando dijo que no se satisfacía con las noventa y nueve; solo la oveja perdida podía darle perfecta alegría. Ahora la verdad se expresó de nuevo desde la Cruz: nada podía satisfacer adecuadamente Su sed, sino el corazón de cada hombre, mujer y niño, que fueron hechos para Él y, por tanto, nunca podrían ser felices hasta encontrar su descanso en Él.

La base de esta súplica por la comunión es el Amor, porque el Amor, por su misma naturaleza, tiende a la unidad. El amor de los ciudadanos unos por otros engendra la unidad del Estado. El amor del hombre y la mujer engendra la unidad de dos en

La Comunión

una sola carne. El amor de Dios por el hombre, por tanto, exige una unidad basada en la Encarnación, es decir, la unidad de todos los hombres en el Cuerpo y la Sangre de Cristo.

Para que Dios pudiera sellar Su amor por nosotros, nos dio a Sí mismo en la Sagrada Comunión, de modo que así como Él y Su naturaleza humana tomada del seno de la Madre Bendita eran uno en la unidad de Su Persona, así Él y nosotros, tomados del seno de la humanidad, pudiéramos ser uno en la unidad del Cuerpo Místico de Cristo. Por ello, usamos la palabra «recibir» cuando hablamos de la comunión con Nuestro Señor en la Eucaristía, porque literalmente «recibimos» la Vida Divina, tan realmente y verdaderamente como un niño recibe la vida de su madre.

Toda vida se sostiene por la comunión con una vida superior. Si las plantas pudieran hablar, dirían a la humedad y a la luz del sol: «A menos que entréis en comunión conmigo, os hagáis poseedores de mis leyes y poderes superiores, no tendréis vida en vosotros.»

Si los animales pudieran hablar, le dirían a las plantas: «A menos que entres en comunión conmigo, no tendrás mi vida superior en ti.» Decimos a toda la creación inferior: «A menos que entres en comunión conmigo, no compartirás mi vida humana.»

¿Por qué entonces Nuestro Señor no debería decirnos: «A menos que entréis en comunión conmigo, no tendréis vida en vosotros»? Lo inferior se transforma en lo superior: las plantas en animales, los animales en hombre, y el hombre, de una manera más exaltada, se vuelve «divinizado» (si puedo usar esa expresión) por completo por la vida de Cristo.

La Comunión

La comunión es, ante todo, la recepción de la Vida Divina, una vida a la que no tenemos más derecho que el mármol a florecer. Es un don puro de un Dios todo misericordioso que nos amó tanto que quiso unirse a nosotros, no en los lazos de la carne, sino en los lazos inefables del Espíritu, donde el amor no conoce saciedad, sino solo éxtasis y alegría.

Y oh, ¡qué pronto deberíamos haberlo olvidado si no pudiéramos, como Belén y Nazaret, recibirlo en nuestras almas! Ni los dones ni los retratos sustituyen al amado. Y nuestro Señor lo sabía bien. Lo necesitábamos, y por eso Él se entregó a Sí mismo.

Pero hay otro aspecto de la Comunión en el que rara vez pensamos. La Comunión implica no solo *recibir* la Vida Divina; significa también que Dios *dé* vida humana. Todo amor es recíproco. No existe el amor unilateral, porque el amor por su naturaleza exige mutualidad. Dios tiene sed de nosotros, pero eso significa que el hombre también debe tener sed de Dios. ¿Acaso pensamos alguna vez en Cristo recibiendo la Comunión de nosotros? Cada vez que vamos a la comunión, decimos que 'recibimos' la Comunión, y eso es todo lo que muchos hacemos, simplemente 'recibir la Comunión.'

Hay otro aspecto de la Comunión además de recibir la Vida Divina, del que habla San Juan. San Pablo nos da la verdad complementaria en su Epístola a los Corintios. La Comunión no es solo una incorporación a la *vida* de Cristo; también es una incorporación a Su *muerte*. "Todas las veces que comáis este pan y bebáis del cáliz, anunciáis la muerte del Señor hasta que Él venga." (1 Cor. 11:26)

La Comunión

La vida natural tiene dos aspectos: el anabólico y el catabólico. La vida sobrenatural también tiene dos aspectos: la edificación conforme a Cristo y la destrucción del viejo Adán. La comunión, por tanto, implica no solo un «recibir» sino también un «dar». No puede haber ascenso a una vida superior sin muerte a una inferior. ¿No presupone un Domingo de Pascua un Viernes Santo? ¿No implica todo amor un darse mutuo que termina en una recuperación de uno mismo? Si esto es así, ¿no debería el banco de comunión ser un lugar de intercambio, en lugar de un lugar de recepción exclusiva? ¿Toda la *Vida* ha de pasar de Cristo a nosotros y nada ha de volver en retorno? ¿Vamos a beber hasta vaciar el cáliz y no contribuir en nada a su llenado? ¿Vamos a recibir el Pan sin dar trigo para ser molido, a recibir el vino y no dar uvas para ser exprimidas? Si todo lo que hiciéramos durante nuestra vida fuera ir a la Comunión para recibir Vida Divina, tomarla y no dejar nada atrás, seríamos parásitos del Cuerpo Místico de Cristo.

La exhortación paulina nos manda completar en nuestro cuerpo los sufrimientos que faltan a la Pasión de Cristo. Por tanto, debemos llevar un espíritu de sacrificio a la mesa eucarística; debemos llevar la mortificación de nuestro yo inferior, las cruces pacientemente soportadas, la crucifixión de nuestro egoísmo, la muerte de nuestra concupiscencia e incluso la dificultad misma de nuestra venida a la Comunión. Entonces la Comunión se convierte en lo que siempre fue destinada a ser, es decir, un comercio entre Cristo y el alma, en el que damos Su Muerte manifestada en nuestras vidas, y Él da Su Vida manifestada en nuestra filiación adoptiva. Le damos nuestro tiempo; Él nos concede Su eternidad. Le ofrecemos nuestra humanidad; Él nos concede Su divinidad. Le ofrecemos nuestra nada; Él nos concede Su todo.

¿Comprendemos realmente la naturaleza del amor? ¿No hemos dicho a veces, en grandes momentos de afecto hacia un niño pequeño, con palabras que podrían variar, pero que expresan la idea: «Amo tanto a ese niño que desearía poseerlo dentro de mí»? ¿Por qué? Porque todo amor anhela la unidad. En el orden natural, Dios ha otorgado grandes placeres a la unidad de la carne. Pero esos no son nada comparados con el gozo de la unidad del espíritu cuando la Divinidad se comunica a la humanidad, y la humanidad a la Divinidad – cuando nuestra voluntad se dirige a Él, y Él viene a nosotros para que dejemos de ser hombres y comencemos a ser hijos de Dios.

Si alguna vez ha habido un momento en tu vida en que un afecto noble y sublime te hizo sentir como si hubieras sido elevado al tercer o al séptimo cielo; si alguna vez ha habido un momento en tu vida en que un amor noble de un corazón humano fino te haya lanzado a un éxtasis; si alguna vez has amado verdaderamente un corazón humano, te ruego que pienses en lo que debe ser estar unido al gran Corazón del Amor. Si el corazón humano, con todas sus riquezas finas, nobles y cristianas, puede conmovernos tanto, exaltarnos tanto y hacernos tan extáticos, ¿qué no será el gran Corazón de Cristo? ¡Oh, si la chispa es tan brillante, qué será la llama!

¿Somos plenamente conscientes de cuánto está ligada la Comunión al Sacrificio, tanto por parte de Nuestro Señor como por parte de nosotros, sus pobres y débiles criaturas? La Misa hace inseparables a ambos: no hay Comunión sin Consagración. No se recibe el pan y el vino que ofrecemos hasta que han sido transubstanciados en el Cuerpo y la Sangre de Cristo. La Comunión es la consecuencia del Calvario: es decir, vivimos de lo que matamos. Toda la naturaleza da testimonio de esta verdad; nuestros cuerpos viven por la matanza de las bestias de los campos y las plantas de los jardines. Extraemos vida de su crucifixión. No las matamos para destruir, sino para cumplir; las inmolamos por el bien de la comunión.

Y ahora, por una hermosa paradoja del Amor Divino, Dios hace de Su Cruz el mismo medio de nuestra salvación. Lo hemos matado; Lo clavamos allí; Lo crucificamos, pero el Amor en Su Corazón eterno no quiso ser vencido. Quiso darnos la misma vida que matamos; darnos el mismo Alimento que destruimos; nutrirnos con el mismo Pan que enterramos, y la misma Sangre que derramamos. Hizo de nuestro mismo crimen una *falta feliz*; Convirtió una Crucifixión en una Redención; una Consagración en una Comunión; una muerte en vida eterna.

Y es precisamente eso lo que hace al hombre aún más misterioso. Por qué el hombre debe ser amado no es un misterio, pero por qué no ama en respuesta es el gran misterio. ¿Por qué Nuestro Señor ha de ser el Gran No Amado; ¿por qué el Amor no ha de ser amado? ¿Por qué entonces, cada vez que Él dice: «Tengo sed», le damos vinagre y hiel?

✠ J.M.J. ✠

~ 25 ~

El Ite, Missa Est

«Consumado es.»

Nuestro Bendito Salvador ahora llega al *Ite, missa est* de Su Misa, mientras pronuncia el grito de triunfo: «Consumado es.»

La obra de la salvación está terminada, pero ¿cuándo comenzó? Comenzó en la eternidad sin tiempo, cuando Dios quiso crear al hombre. Desde el principio del mundo, hubo una «impaciencia» Divina por restaurar al hombre a los brazos de Dios.

La Palabra estaba impaciente en el cielo por ser el 'Cordero inmolado desde el principio del mundo'. Estaba impaciente en tipos y símbolos proféticos, mientras Su rostro moribundo se reflejaba en cien espejos que se extendían a lo largo de toda la historia del Antiguo Testamento. Estaba impaciente por ser el verdadero Isaac que llevaba la madera de Su sacrificio en obediencia a los mandatos de Su Abraham celestial. Estaba impaciente por cumplir el símbolo místico del Cordero de la Pascua Judía, que fue inmolado sin que se rompiera un solo hueso de Su cuerpo. Él estaba impaciente por ser el nuevo Abel, asesinado por sus celosos hermanos de la raza de Caín para que Su Sangre pudiera clamar al Cielo por perdón. Él estaba impaciente en el vientre de Su Madre, al saludar a Su precursor Juan. Estaba impaciente en la Circuncisión, al anticipar Su derramamiento de Sangre y recibir el nombre de «Salvador». Estaba impaciente a la edad de doce años, al recordarle a Su Madre que debía ocuparse de los asuntos de Su Padre. Él estaba impaciente en Su vida pública, al decir que tenía un Bautismo con el cual debía ser bautizado, y estaba «angustiado hasta que se cumpliera». Estaba impaciente en el Jardín, al dar la espalda a las consoladoras doce legiones de ángeles, para teñir de carmesí las raíces del olivo con Su Sangre redentora. Estaba impaciente en Su Última Cena, al anticipar la separación de Su Cuerpo y Sangre bajo la apariencia de Pan y Vino. Y entonces, la impaciencia cesó cuando se acercaba la hora de la oscuridad al final de aquella Última Cena: Él cantó. Fue la única vez que Él cantó, el momento en que fue a Su Muerte.

Era un asunto trivial para el mundo si las estrellas brillaban intensamente, o las montañas se erigían como símbolos de perplejidad, o las colinas rendían su tributo a los valles que les dieron nacimiento. Lo importante era que cada palabra predicha sobre Él debía ser verdadera. El Cielo y la tierra no pasarían hasta que cada jota y tilde se hubieran cumplido. Solo quedaba una pequeña iota, una diminuta jota; era una palabra de David acerca de que toda predicción se cumpliera. Ahora que todo lo demás se había cumplido, Él cumplió esa iota; Él, el verdadero David, citó al David profético: «Está consumado.»

¿*Qué* está consumado? La Redención del Hombre está consumada. El Amor había completado su misión, porque el Amor había hecho todo lo que podía. Hay dos cosas que el Amor puede hacer. El Amor, por su misma naturaleza, tiende a una Encarnación, y toda Encarnación tiende a una Crucifixión. ¿No tiende todo amor verdadero hacia una Encarnación? En el orden del amor humano, ¿no crea el afecto del esposo por la esposa, a partir de sus amores mutuos, la encarnación de su amor confluyente en la forma de un hijo? Una vez que han engendrado a su hijo, ¿no hacen sacrificios por él, incluso hasta la muerte? Y así su amor tiende a una crucifixión.

Pero esto es solo un reflejo del orden divino, donde el amor de Dios por el hombre fue tan profundo e intenso que culminó en una

Encarnación, que encontró a Dios en la forma y hábito del hombre, a quien amó. Pero el amor de Nuestro Señor por el hombre no se detuvo con la Encarnación. A diferencia de todos los demás que han nacido, Nuestro Señor vino a este mundo para redimirlo. La muerte fue el supremo objetivo que Él buscaba. La muerte interrumpió las carreras de grandes hombres, pero no fue interrupción para Nuestro Señor; fue Su gloria suprema; fue el único objetivo que Él buscaba.

Su Encarnación así tendió a la Crucifixión, porque «Nadie tiene mayor amor que este, que uno ponga su vida por sus amigos» (Juan 15:13). Ahora que el Amor había cumplido su curso en la Redención del hombre, el Amor Divino podía decir: «He hecho todo por mi viña que podía hacer.» El Amor no puede hacer más que morir. Está consumado: «Ite, missa est.»

Su obra está terminada. ¿Pero la nuestra? Cuando Él dijo «está consumado», no quiso decir que las oportunidades de Su vida hubieran terminado; Quiso decir que Su obra estaba hecha tan perfectamente que nada podría añadirse para hacerla más perfecta – pero con nosotros, cuán rara vez eso es verdad. Demasiados de nosotros terminamos nuestras vidas, pero pocos las vemos *terminadas*. Una vida pecaminosa puede acabar, pero una vida pecaminosa nunca es una vida terminada.

Si nuestras vidas simplemente «acaban», nuestros amigos preguntarán: «¿Cuánto dejó?» Pero si nuestra vida está «terminada», nuestros amigos preguntarán: «¿Cuánto se llevó con él?» Una vida terminada no se mide por años sino por hechos; no por el tiempo pasado en la viña, sino por el trabajo realizado. En poco tiempo, un hombre puede cumplir muchos años; incluso aquellos que vienen a la undécima hora pueden terminar sus vidas; incluso aquellos que vienen a Dios como el ladrón en el último aliento pueden terminar sus vidas en el Reino de Dios. No para ellos la triste palabra de arrepentimiento: «Demasiado tarde, oh antigua Belleza, te he amado.»

El Ite, Missa Est

Nuestro Señor terminó Su obra, pero nosotros no hemos terminado la nuestra. Él señaló el camino que debemos seguir. Él dejó la Cruz al final, pero nosotros debemos tomarla. Él terminó la Redención en Su Cuerpo físico, pero no la hemos terminado en Su Cuerpo Místico. Él ha terminado la salvación; nosotros aún no la hemos aplicado a nuestras almas. Él ha terminado el Templo, pero nosotros debemos vivir en él. Él ha terminado la Cruz modelo; nosotros debemos moldear la nuestra según su patrón. Él ha terminado de sembrar la semilla; Debemos cosechar la cosecha. Él ha terminado de llenar el cáliz, pero no hemos terminado de beber sus sorbos refrescantes. Él ha plantado el campo de trigo; debemos recogerlo en nuestros graneros. Él ha terminado el Sacrificio del Calvario; debemos terminar la Misa.

La Crucifixión no fue concebida como un drama inspirador, sino como un acto modelo sobre el cual basar nuestras vidas. No estamos llamados a sentarnos y contemplar la Cruz como algo hecho y terminado, como la vida de Sócrates. *Lo que se hizo en el Calvario nos sirve sólo en la medida en que lo repitamos en nuestras propias vidas.*

La Misa hace esto posible, pues en la renovación del Calvario en nuestros altares no somos espectadores sino partícipes de la Redención, y allí es donde "terminamos" nuestra obra. Él nos ha dicho: "Y yo, si fuere levantado de la tierra, atraeré a todos a mí" (Juan 12:32). Él terminó Su obra cuando fue elevado en la Cruz; nosotros terminamos la nuestra cuando le permitimos atraernos hacia Sí en la Misa.

La Misa es aquello que hace visible la Cruz a todo ojo; anuncia la Cruz en todas las encrucijadas de la civilización; acerca tanto el Calvario que incluso los pies cansados pueden emprender el camino hacia su dulce abrazo; cada mano puede ahora extenderse para tocar su Sagrado Peso, y cada oído puede escuchar su dulce llamado, porque la Misa y la Cruz son lo mismo. En ambos está la misma ofrenda de una voluntad perfectamente entregada del amado Hijo, el mismo Cuerpo partido, la misma Sangre derramada, el mismo Perdón Divino. Todo lo que se ha dicho, hecho y actuado durante la Santa Misa debe ser llevado con nosotros, vivido, practicado e integrado en todas las circunstancias y condiciones de nuestra vida diaria. Su sacrificio se hace nuestro sacrificio al convertirlo en la oblación de nosotros mismos en unión con Él; Su vida entregada por nosotros se convierte en nuestra vida entregada por Él. Así regresamos de la Misa como quienes han hecho su elección, han dado la espalda al mundo y se han convertido en otros Cristos para la generación en la que vivimos — testigos potentes del Amor que murió para que pudiéramos vivir en el Amor.

Este mundo nuestro está lleno de catedrales góticas a medio terminar, de vidas a medio concluir y de almas medio crucificadas. Algunos llevan la Cruz hasta el Calvario y luego la abandonan; otros están clavados en ella y se desprenden antes de la elevación; otros son crucificados, pero en respuesta al desafío del mundo «Baja», descienden después de una hora... dos horas... después de dos horas y cincuenta y nueve minutos. Los verdaderos cristianos son aquellos que perseveran hasta el fin. Nuestro Señor permaneció hasta que terminó.

El sacerdote debe igualmente permanecer en el altar hasta que la Misa haya concluido. No puede descender. Por tanto, debemos permanecer con la Cruz hasta que nuestras vidas hayan concluido. Cristo en la Cruz es el modelo y patrón de una vida consumada. Nuestra naturaleza humana es la materia prima; nuestra voluntad es el cincel; La gracia de Dios es la energía y la inspiración.

Al tocar el cincel sobre nuestra naturaleza inacabada, primero cortamos grandes trozos de egoísmo. Luego, mediante cincelados más delicados, removemos pequeñas porciones de egocentrismo hasta que finalmente sólo se requiere un leve toque de la mano para revelar la obra maestra terminada: un hombre consumado hecho a imagen y semejanza del patrón en la Cruz. Estamos en el altar bajo el símbolo del pan y el vino; Nos hemos ofrecido a nuestro Señor; Él nos ha consagrado.

Por tanto, no debemos retirarnos, sino permanecer allí hasta el fin, orando sin cesar, para que cuando haya concluido el plazo de nuestra vida, y miremos atrás a una vida vivida en intimidad con la Cruz, el eco de la Sexta Palabra resuene en nuestros labios: «Consumado es.»

Y así, mientras los dulces acentos de aquel Ite, missa est alcanzan más allá de los corredores del Tiempo y atraviesan las "ocultas murallas de la eternidad," los coros angélicos y el ejército de blanco ropaje de la Iglesia Triunfante responderán: "*Deo Gratias.*"

☩ J.M.J. ☩

~ 26 ~

El Último Evangelio

"Padre, en tus manos encomiendo mi espíritu."

    Es una hermosa paradoja que el Último Evangelio de la Misa nos lleve de nuevo al principio, pues comienza con las palabras "En el principio." Y tal es la vida: el final de esta vida es el comienzo de la siguiente. Es muy apropiado, entonces, que la Última Palabra de nuestro Señor fuera Su Último Evangelio: "Padre, en tus manos encomiendo mi espíritu." Como el Último Evangelio de la Misa, también Él regresa al principio, pues ahora vuelve al Padre de donde vino. Ha completado Su obra. Comenzó Su Misa con la palabra: "Padre." Y la termina con la misma palabra.

    "Todo perfecto," dirían los griegos, "viaja en círculos." Así como los grandes planetas sólo después de un largo periodo completan sus órbitas y luego regresan a su punto de partida, como para saludar a Aquel que los envió en su camino, así el Verbo Encarnado, que descendió para celebrar Su Misa, ahora completa Su carrera terrenal y vuelve a Su Padre celestial que lo envió en la misión de la redención del mundo. El Hijo Pródigo está a punto de regresar a la Casa de Su Padre; ¿acaso no es Él el Hijo Pródigo? Hace treinta y tres años dejó la Casa del Padre y la bienaventuranza del Cielo y descendió a esta tierra nuestra, que es un país extranjero — porque todo país es extranjero que está lejos de la Casa del Padre.

    Durante treinta y tres años, estuvo gastando Su sustancia. Gastó la sustancia de Su Verdad en la infalibilidad de Su Iglesia; Gastó la sustancia de Su Poder en la autoridad que dio a Sus apóstoles y a sus sucesores. Él pasó la sustancia de Su Vida en la Redención y los Sacramentos. Ahora que cada gota de ella se ha consumido, mira con anhelo hacia la Casa del Padre y, con un fuerte grito, arroja Su Espíritu en los brazos de Su Padre, no con la actitud de quien se sumerge en la oscuridad, sino como quien sabe adónde va: a un regreso a casa con Su Padre.

En esa Última Palabra y Último Evangelio, que Lo llevó de regreso al Principio de todos los principios, es decir, Su Padre, se revela la historia y el ritmo de la vida. El fin de todas las cosas debe, de algún modo, volver a su principio. Así como el Hijo vuelve al Padre; así como Nicodemo debe nacer de nuevo; así como el cuerpo vuelve al polvo, así el alma del hombre, que vino de Dios, debe algún día volver a Dios.

La muerte no es el fin de todo. El frío terrón que cae sobre la tumba no marca el finis de la historia de un hombre. La manera en que ha vivido en esta vida determina cómo vivirá en la siguiente. Si ha buscado a Dios durante la vida, la muerte será como la apertura de una jaula, permitiéndole usar sus alas para volar a los brazos del Divino Amado. Si ha huido de Dios durante la vida, la muerte será el comienzo de un vuelo eterno lejos de la Vida, la Verdad y el Amor —y eso es el infierno.

Ante el trono de Dios, de donde vinimos en nuestro noviciado terrenal, un día debemos regresar para rendir cuentas de nuestra administración. No habrá criatura humana que, cuando se coseche la última gavilla, no se encuentre habiendo aceptado o rechazado el don divino de la Redención y, al aceptarlo o rechazarlo, haya firmado la orden de su destino eterno.

Así como las ventas en una caja registradora se registran al final de nuestra jornada comercial, así nuestros pensamientos, palabras y obras se registran para el Juicio final. Si vivimos a la sombra de la

Cruz, la muerte no será un final sino un comienzo de la vida eterna. En lugar de una despedida, será un encuentro; en lugar de una partida, será una llegada; en lugar de ser un final, será un Último Evangelio — un retorno al principio. Mientras una voz susurra: «Debes dejar la tierra», la voz del Padre dirá: «Hijo mío, ven a Mí.»

Hemos sido enviados a este mundo como hijos de Dios, para asistir al Santo Sacrificio de la Misa. Debemos tomar nuestra posición al pie de la Cruz y, como aquellos que estuvieron bajo ella el primer día, se nos pedirá declarar nuestra lealtad. Dios nos ha dado el trigo y las uvas de la vida, y como los hombres que, en el Evangelio, recibieron talentos; tendremos que mostrar el fruto de ese don divino.

Dios nos ha dado nuestras vidas como trigo y uvas. Es nuestro deber consagrarlas y devolverlas a Dios como pan y vino — transubstanciados, divinizados y espiritualizados. Debe haber cosecha en nuestras manos después de la primavera de la peregrinación terrenal.

Por eso el Calvario está erigido en medio de nosotros, y nosotros estamos en su sagrado monte. No fuimos hechos para ser meros espectadores, agitando nuestros dados como los verdugos de antaño, sino para ser partícipes del misterio de la Cruz.

Si hay alguna manera de imaginar el Juicio en términos de la Misa, es imaginarlo como el Padre saludó a Su Hijo, es decir, mirando Sus manos. Ellas llevaban las marcas del trabajo, las callosidades de la redención y las cicatrices de la salvación. Así también, cuando nuestra peregrinación terrenal termine y regresemos al principio, Dios mirará ambas manos nuestras. Si nuestras manos en la vida tocaron las manos de Su Hijo Divino, llevarán las mismas marcas lívidas de los clavos; Si nuestros pies en la vida han recorrido el mismo camino que conduce a la gloria eterna a través del desvío de un Calvario rocoso y espinoso, también ellos

El Último Evangelio

llevarán los mismos moretones; Si nuestros corazones laten al unísono con el Suyo, también mostrarán el costado abierto que la pérfida lanza de la tierra celosa traspasó.

Bienaventurados, en verdad, son aquellos que llevan en sus manos marcadas por la Cruz el pan y vino de vidas consagradas, selladas con la señal y el sello del Amor redentor. Pero ¡ay de aquellos que vienen del Calvario con manos sin cicatrices y blancas!

Dios conceda que, cuando la vida termine y la tierra se desvanezca como el sueño de quien despierta, cuando la eternidad inunde nuestras almas con sus esplendores, podamos con humilde y triunfante fe repetir la Última Palabra de Cristo: «Padre, en tus manos encomiendo mi espíritu.»

Y así termina la Misa de Cristo. El *Confiteor* fue Su oración al Padre por el perdón de nuestros pecados; El *Ofertorio* fue la presentación sobre la patena de la Cruz de pequeñas hostias del ladrón y de nosotros mismos; el *Sanctus* fue Su encomendarse a María, la Reina de los Santos; la *Consagración* fue la separación de Su Sangre de Su Cuerpo, y la aparente separación de la Divinidad y la humanidad; la *Comunión* fue Su sed por las almas de los hombres; el *Ite, missa est* fue la conclusión de la obra de la salvación; el *Último Evangelio* fue el retorno al Padre de donde Él vino.

Y ahora que la Misa ha terminado, y Él ha encomendado Su Espíritu al Padre, se prepara para devolver Su Cuerpo a Su Madre Bendita al pie de la Cruz. Así, una vez más, el fin será el principio, porque al comienzo de Su vida terrenal reposaba en Su regazo en Belén, y ahora, en el Calvario, tomará su lugar allí de nuevo.

La tierra le había sido cruel; Sus pies vagaron tras las ovejas perdidas, y nosotros los herimos con acero; Sus manos extendieron el Pan de la vida eterna, y nosotros las clavamos con clavos; Sus labios pronunciaron la Verdad, y nosotros los sellamos con polvo. Él vino a darnos Vida, y nosotros le quitamos la suya. Pero ese fue nuestro error fatal. En realidad no se la quitamos. Solo intentamos quitársela. Él la entregó por Sí mismo. En ninguna parte dicen los Evangelistas que Él murió. Dicen: «Él entregó el espíritu.» Fue una renuncia voluntaria y autodeterminada de la vida.

No fue la muerte la que se acercó a Él; fue Él quien se acercó a la muerte. Por eso, al acercarse el final, el Salvador ordena que se le abra el portal de la muerte en presencia del Padre. El cáliz se va vaciando poco a poco del rico vino rojo de la salvación. Las rocas de la tierra abren sus bocas hambrientas para beber, como si tuvieran más sed de los tragos de la salvación que los corazones resecos del hombre; La tierra misma tembló de horror porque los hombres habían erigido la Cruz de Dios sobre su seno. Magdalena, la penitente, como de costumbre, se aferra a Sus pies, y allí estará de nuevo en la mañana de Pascua; Juan, el sacerdote, con un rostro como un molde fundido de amor, escucha el latido del Corazón cuyos secretos Él aprendió, amó y dominó; María piensa en lo diferente que es el Calvario de Belén.

Hace treinta y tres años, María miró hacia abajo Su rostro sagrado; ahora Él la mira a ella. En Belén, el Cielo miraba hacia el rostro de la tierra; ahora, los papeles se invierten. La tierra mira hacia el rostro del Cielo – pero un Cielo marcado por las cicatrices de la tierra. Él la amó por encima de todas las criaturas de la tierra, porque ella era Su Madre y la Madre de todos nosotros. La vio primero al venir a la tierra; Él la verá por última vez al partir de ella. Sus ojos se encuentran, iluminados por la vida, hablando un lenguaje propio. Hay una ruptura de un corazón a través de un éxtasis de amor, luego una cabeza inclinada, un corazón quebrantado. De vuelta a las manos de Dios, Él entrega, puro y sin pecado, Su Espíritu, en voz alta y resonante que proclama la victoria eterna. Y María permanece sola, Madre sin hijos. ¡Jesús ha muerto!

María alza la mirada hacia Sus ojos, que son tan claros incluso ante la muerte: «Sumo Sacerdote del Cielo y de la tierra, ¡Tu Misa ha terminado! Deja el altar de la Cruz y retírate a Tu Sacristía. Como Sumo Sacerdote saliste de la sacristía del Cielo, revestido con las vestiduras de la humanidad y portando Tu Cuerpo como Pan y Tu Sangre como Vino.»

Ahora el Sacrificio ha sido consumado. La campana de la Consagración ha sonado. Ofreciste Tu Espíritu a Tu Padre; Tu Cuerpo y Tu Sangre al hombre. Ahora no queda más que el cáliz vacío. Entra en Tu Sacristía. Quítate las vestiduras de la mortalidad y ponte las blancas ropas de la inmortalidad. Muestra Tus manos, pies y costado a Tu Padre celestial y di: «Con estos fui herido en la casa de los que me aman.»

Entra, Sumo Sacerdote, en Tu Sacristía celestial, y como Tus embajadores terrenales alza el Pan y el Vino; muéstrate al Padre en intercesión amorosa por nosotros hasta la consumación del mundo. La tierra ha sido cruel contigo, pero Tú serás amable con la tierra. La tierra Te levantó en la Cruz, pero ahora Tú levantarás la tierra hacia la Cruz. ¡Abre la puerta de la Sacristía celestial, oh Sumo Sacerdote! He aquí que ahora somos nosotros quienes estamos a la puerta y llamamos.

Y María, ¿qué Te diremos? María, Tú eres la Sacristana del Sumo Sacerdote. Fuiste Sacristana en Belén cuando Él vino a Ti como trigo y uvas en el pesebre de Belén. Fuiste Su Sacristana en la Cruz, donde Él se convirtió en el Pan y Vino vivos por medio de la Crucifixión. Ahora eres Su Sacristana, mientras Él viene desde el altar de la Cruz llevando sólo el cáliz agotado de Su sagrado Cuerpo.

"Al posar ese cáliz en tu regazo, puede parecer que Belén ha regresado, porque Él es una vez más tuyo. Pero sólo parece, porque en Belén Él fue el cáliz cuyo oro debía ser probado por el fuego; pero ahora, en el Calvario, Él es el cáliz cuyo oro ha pasado por los fuegos del Gólgota y del Calvario. En Belén era blanco al venir del Padre; ahora es rojo al venir de nosotros. ¡Pero tú sigues siendo su

Sacristán! Y como la Inmaculada Madre de todas las hostias que van al altar, haz tú, oh Virgen María, que vayamos puros y nos mantengas puros, hasta el día en que entremos en la Sacristía celestial del Reino de los Cielos, donde tú serás nuestra eterna Sacristán y Él nuestro eterno Sacerdote."

Y vosotros, amigos del Crucificado, vuestro Sumo Sacerdote ha dejado la Cruz, pero nos ha dejado el Altar. En la Cruz estuvo solo; En la Misa, Él está con nosotros. En la Cruz sufrió en Su Cuerpo físico; en el altar, sufre en el Cuerpo Místico que somos nosotros. En la Cruz fue la Hostia única; En la Misa, nosotros somos las pequeñas hostias, y Él la gran Hostia que recibe Su Calvario a través de nosotros. En la Cruz fue el vino; En la Misa, somos la gota de agua unida al vino y consagrada con Él. En ese sentido, Él sigue en la Cruz, sigue diciendo el Confiteor con nosotros, sigue perdonándonos, sigue encomendándonos a María, sigue sediento por nosotros, sigue atrayéndonos al Padre, porque mientras el pecado permanezca en la tierra, la Cruz seguirá permaneciendo.

"Siempre que hay silencio a mi alrededor
De día o de noche –
Me sobresalta un grito.

Bajó de la Cruz.
La primera vez que lo escuché
Salí y busqué –
Y encontré a un hombre en los dolores de la Crucifixión.

Y dije: «Te bajaré»,
y traté de sacar los clavos de Sus pies,
Pero Él dijo: «Déjalos, porque no puedo ser bajado hasta que cada hombre, cada mujer y cada niño se unan para bajarme».

El Último Evangelio

Y dije: «Pero no puedo soportar tu llanto. ¿Qué puedo hacer?»
Y Él dijo: «Ve por el mundo –
Di a todos los que encuentres –
Que hay un Hombre en la Cruz».

Elizabeth Cheney

www.ingramcontent.com/pod-product-compliance
Lightning Source LLC
LaVergne TN
LVHW051822080426
835512LV00018B/2685